中国式现代化苏州新实践

主　编／张　健

产业科技
双融互促

本册主编／吉永峰

南京大学出版社

丛书主编

张　健

丛书编委会成员

沈明星　汤艳红　仇光辉　金伟栋

本册主编

吉永峰

目　录

序　　/ 001

企业篇

◆ 聚力科技创新　构建创新发展新格局
　——江苏永鼎股份围绕"两研"推动科技创新的经验启示　　/ 002

◆ 聚焦市场痛点　持续科技创新
　——九识智能打造自动驾驶物流配送新模式　　/ 009

◆ 传承精华　守正创新
　——威胜生药的中医药自主创新之路　　/ 017

◆ 聚人才之力　筑产业之基
　——赛诺神畅以高端人才引领高端医疗器械产业高质量发展的经验启示　　/ 023

◆ 心脑同治　打造"苏械智造"品牌名片
　——沛嘉医疗的协同创新之路　　/ 031

◆ 坚持自主可控　永攀科技高峰
　——博云信创扎根国产云技术坚持自主创新的经验启示　　/ 039

◆ 勇当先进材料一体化技术创新先锋
　——长三角先进材料研究院创新实践与启示　　/ 048

- 牢记殷殷嘱托　坚持"四个面向"

  ——海苗生物聚力生物医药全链条创新的实践启示　/ 056

- 服务药物创新　造福人类社会

  ——昭衍医药聚焦市场痛点推动新药研发的经验启示　/ 066

- 坚持科创赋能　推动绿色转型

  ——国富氢能的创新驱动发展之路　/ 073

- 催生"产业大脑"　服务千行百业

  ——苏州协同科技夯实标识数据底座的创新经验与启示　/ 082

- 以创新联合体优化产业集群生态

  ——长光华芯打造"中国激光芯"的实践与启示　/ 093

- 打造创新服务平台　探索产业发展新路

  ——海鹰空天材料研究院军民融合的创新蝶变之路　/ 102

- 构建学习型组织　培育创新动能

  ——丘钛微推动新质生产力的培育之路　/ 111

- 坚持"四个面向"　聚力协同创新

  ——苏州世名助力科技创新和产业化升级　/ 120

- 围绕市场需求　推动形成核心技术攻关合力

  ——绿的谐波围绕产业化扎实推进科技创新　/ 128

- 以小微球的大用途成就生命健康大事业

  ——为度生物的科创探索与启示　/ 136

- 围绕国家战略需求　厚植新质生产力

  ——商业航天科创领域的天兵探索与实践　/ 144

- 锚定市场痛点　推动科技创新

  ——山石网科科技创新的实践与探索　/ 153

人才篇

- 以人才集聚赋能科创引领
  ——江苏集萃微纳自动化所人才管理实践与启示　/ 164
- 人才引领　产研结合
  ——中科智清打造名城水治理"智慧大脑"的经验与启示　/ 170
- 坚持"四个面向"　推动"四链融合"
  ——信达生物以人才为牵引推动全链条创新的实践探索　/ 175
- 放大人才效应　推动科创产业深度融合
  ——绿控科技创新打造新质生产力的人才模式　/ 183
- 以人才建设助力生产力"焕新"
  ——清越科技的创新进阶之路　/ 192
- 坚持自主可控　推动科技自立自强
  ——锴威特自主强"芯"的探索启示　/ 199
- 以科技引擎点燃汽车产业创新驱动力
  ——清华大学苏州汽车研究院的科创之路　/ 205
- 技术为根　文化铸魂
  ——中华老字号李良济守正创新发展实践案例　/ 213
- 栽下梧桐树　引来金凤凰
  ——高新区海外引进人才成功创业案例　/ 224

制度篇

- 实施高水平科技招商　推动新质生产力发展
  ——苏州工业园区科技招商的做法与经验　/ 230

- 以研发产业化培育发展新动能
  ——智能液晶技术研究所的科创启示 / 239
- "四链融合"助力3D打印产业全"链"通
  ——常熟市3D打印产业的科创案例与启示 / 246
- 强化引培力度 优化人才生态
  ——苏州高新区打造科技人才集聚高地的做法与启示 / 251
- 以高水平引才培育新质生产力发展新动能
  ——太仓市招才引智案例与启示 / 259
- 产研结合打造科技园区发展的创新模式
  ——张家港市推动科技创新的案例与经验 / 268
- 系统集成 融合创新
  ——易程（苏州）科技创新的实践与启示 / 278
- 以开放共享赋能新型研发机构可持续发展
  ——中科苏州药物研究院创新模式与启示 / 288
- 强化科技创新引领 构建产业孵化生态
  ——哈工大苏州研究院的科创"心路" / 296
- 构建校地融合一体化产业技术创新体系
  ——浙大苏研院的创新实践与经验启示 / 304
- 培育生物医药领域的区域战略科技力量
  ——苏州系统医学研究所的创新引领之路 / 313

后记 / 319

序

苏州是中国改革开放的前沿阵地，在中国式现代化实践探索中一直走在前做示范。早在2009年，时任国家副主席的习近平同志就寄语苏州，"像昆山这样的地方，包括苏州，现代化应该是一个可以去勾画的目标"，并在2012年对苏州提出更高的期望，要求苏州"勇立潮头、当好排头兵"，"为中国特色社会主义道路创造一些经验"。党的十八大以来，习近平总书记对苏州工作多次作出重要讲话、重要指示。2013年提出"'天堂'之美在于太湖美，希望苏州为太湖增添更多美丽色彩"，2014年提出"中新合作苏州工业园区在开放创新、综合改革方面发挥试验示范作用"，2023年提出"上有天堂下有苏杭，苏杭都是在经济发展上走在前列的城市。文化很发达的地方，经济照样走在前面。可以研究一下这里面的人文经济学"。2023年7月，习近平总书记亲临苏州考察，对苏州刚柔并济织就成"科技""人文"共荣共生的"双面绣"给予了高度肯定："苏州在传统与现代的结合上做得很好，不仅有历史文化传承，而且有高科技创新和高质量发展，代表未来的发展方向。"2024年3月，习近平总书记参加十四届全国人大二次会议江苏代表团审议时，勉励张家港市南丰镇永联村："走共同富裕的乡村振兴道路，你们是先行者，要把这个路子蹚出来。要继续推进共同富裕，走中国式现代化道路。"可以说，苏州是习近平新时代中国特色社会主义思想的坚定信仰者、忠实践行者，承载着习近平总书记"勾画现代化目标""为中国特色社会主义道路创造一些经验""代表未来的发展方向"的殷切期望，必须以加倍的努力承担起为中国式现代化贡献地方实践智慧和经验方案的时代使命。

江苏苏州干部学院是集党的理论教育、党性教育、履职能力培训和知识更新为一体的省党性教育干部学院，2022年入列中央组织部公布的72家省（自治区、直辖市）党性教育干部学院目录。学院坚持以习近平新时代中国特色社会主义思想为指引，牢记"为党育才，为党献策"初心，全面落实全国干部教育培训规划要求，讲好发生在苏州的中国故事。中央高度重视干部培训教材建设，十八大以来习近平总书记亲自为第四、第五、第六批全国干部学习培训教材作序。《干部教育培训工作条例》《全国干部教育培训规划（2023－2027年）》等对干部培训教材建设做了明确部署。为此，江苏苏州干部学院大力推进干部培训教材体系建设，用主题突出、各具特色、丰富生动、务实管用的《中国式现代化苏州新实践》丛书作为干部培训系列教材，系统总结习近平新时代中国特色社会主义思想在苏州的创新实践，生动描绘苏州贯彻落实习近平总书记考察江苏、苏州重要讲话精神的奋进图景。

《中国式现代化苏州新实践》丛书以苏州深入贯彻落实习近平新时代中国特色社会主义思想为视角，深入剖析了中国式现代化的内涵与特征，通过翔实的资料、生动的案例，展现了苏州在经济建设、政治建设、文化建设、社会建设、生态文明建设和党的建设等方面的实践与创新，全面汇编党的二十大以来苏州聚焦"四个新"重大任务、"数字化改革"助力赋能、"生态绿色"发展质地、"'三农'发展"坚实支撑、"党的建设"政治保障等不同领域奋力推进中国式现代化新实践的先进典型。丛书不仅是一部实践记录簿，更是一部理论探索之作。编者们通过深挖苏州率先探索中国式现代化道路背后的深层逻辑，揭示出苏州在推进中国式现代化过程中走在前做示范的关键要素与路径机制，编制了独具特色的"苏州密码"。这些理论提炼与实践案例的深度融合，既是对苏州经验的高度凝练，也为全国其他地区乃至全球范围内探索符合自身实际的现代化之路提供了有益启示。在内容组织上，汇编的每个案例跳出案例发展本身设置了导学（引言）和研学（案例点评）内容，前者突出理论溯源，以习近平总书记的重要论述、重要讲话精神为主，后者突出实践要求，以案例可学习可复制的实操要点为主，注重了理论与实践的有机结合。在呈现形式上，运用数字化手段，每个案例都可以通过扫描二维码实现 VR 展播，是一本富有科技色彩的电子读本、立体教材，增强了读者的感性认识，有助于读者实现在此基础上的理性跃升。

　　作为党员干部学习借鉴苏州现代化之路的教学蓝本，社会各界观察理解苏州现代化之路的展示窗口，《中国式现代化苏州新实践》系列图书正在陆续出版发行中，将和广大读者逐一见面。丛书的出版发行是江苏苏州干部学院对"用新实践感悟新思想""用新思想指导新实践"干部教育培训理念的积极探索，为参加干部培训的学员提供了一个学习、借鉴苏州现代化之路的教学蓝本,为社会各界提供一个观察、理解苏州现代化之路的展示窗口,让大家在学习过程中更好地领会习近平新时代中国特色社会主义思想的理论伟力和实践要求,更好地感受苏州传统与现代完美结合、科技与人文共荣共生的鲜活脉动和发展智慧。

苏州大学特聘教授、博士生导师
苏州大学"东吴智库"首席专家
方世南

企业篇

聚力科技创新　构建创新发展新格局
——江苏永鼎股份围绕"两研"推动科技创新的经验启示

【引言】 2023年12月11日至12日，习近平总书记在中央经济工作会议上强调，深化供给侧结构性改革，核心是以科技创新推动产业创新，特别是以颠覆性技术和前沿技术催生新产业、新模式、新动能，发展新质生产力。新质生产力之"新"，核心在于以科技创新推动产业创新。我们要牢牢把握这次新科技和产业变革机遇，整合科技创新资源，优化科技创新体系，强化国家战略科技力量，培育壮大科技领军企业，全面促进科技创新与产业创新协同发展。

【摘要】 科技是第一生产力，创新是第一动力。坚持"四个面向"，聚焦关键核心技术"卡脖子"问题，加大开展原创性、自主性、引领性基础研究，以基础研究推动应用研究，以应用研究倒逼基础研究，把科技的命脉牢牢掌握在自己手中，不断提升自主创新能力和国际竞争力。永鼎始终秉持"做强光纤、做精光器件、做实超导应用、提高系统集成能力，实现新跨越"的理念，持续推进光通信产业的发展，利用自行投资、合作建设、兼并重组等手段，形成国内一流的光通信全产业链；始终以技术创新为核心，不断加大研发投入，建立科研创新平台，深化产学研合作，大力培养集聚一流科技人才，培育适宜创新的土壤，释放创新潜能和活力，推动人才优势转变为企业创新优势、科技优势和产业优势。

【关键词】 科技创新；产业发展；供给侧改革

扫码看VR

一、基本情况

江苏永鼎股份有限公司，创建于 1994 年，于 1997 年 9 月在上海证券交易所荣誉上市，是中国光缆行业首家民营上市公司。经历了三十余载的创新与发展，现已成为集实业、投资、国内外贸易为一体的综合性大型高新技术企业。公司已从最初的单一通信线缆制造，发展成为如今涵盖光纤光缆、电线电缆、特种光电缆、光器件、通信器件及设备、通信大数据及工程服务、系统集成方案提供等通信全产业链覆盖的业界领先企业之一。

在经济全球化和"一带一路"倡议实施大背景下，在"中国制造2025""工业强基""军民融合创新"等实施规划的引领下，永鼎率先致力于海外工程、汽车产业、超导产业的创新发展，已形成了以通信科技产业为核心，四大产业齐头并进的产业格局。旗下拥有数十家控股、参股公司和研发机构，并在全球十多个国家和地区设立分公司，公司跻身中国民营企业 500 强、中国民营企业制造业 500 强，中国电子元件百强企业，中国电子信息百强企业，成就了具有国际影响力的"永鼎"品牌。

作为国家技术创新示范企业、国家制造业单项冠军企业、国家知识产权示范企业和国家服务型制造示范企业，永鼎拥有国家企业技术中心、国家博士后科研工作站、国家 CNAS（中国合格评定国家认可委员会）认可实验室等创新平台，依托这些平台，永鼎提升创新动力，强化创新氛围，集聚创新人才，抢占产业竞争制高点，由高速增长向高质量发展加速转型。

长期以来，永鼎始终以诚信为基础，国际化发展为方向，战略和人才为依托，技术创新为重点，旨在实现品牌化、高端化、国际化的发展目标。

二、做法成效

（一）紧跟时代步伐，增强企业盈利能力

公司坚持"光电交融，协同发展"的战略布局，秉承"以人为本，以诚载信，质量为根，创新为魂"的核心价值观，在做强做专传统业务的同时，积极布局光芯片、光器件、光模块、数据中心互联等新产业，业务结构进一步优化。在光通信领域，光纤光缆产品结构优化，海外业务稳定增长；光芯片、光器件、光模块、DCI（数据中心互联）子系统形成完整业务链条。在电力电能领域，公司海外电力工程业务稳健展业，已开工工程稳步推进；电线电缆业务精心布局，新开发电缆产品获得市场认可，产销量均有较大提高；汽车线束业务扭亏为盈，新项目线束逐步量产；高温超导业务技术领先，产业化应用曙光初现。同时，公司保持高强度的技术创新投入与"智改数转"投入，运营效率与经营质量较上一年显著提升。

（二）弘扬科研精神，提升核心竞争力

人才一直是企业的发展之本、核心资源。公司自成立以来，一直坚持科学发展观，将技术研发和人才培养作为公司的发展目标，积极引进国内外优秀人才，现已形成一支配备合理的老中青研发团队，团队人员

的专业横跨半导体、物理、化学、通信和材料，技术专长和研究经历覆盖了公司生产的所有工艺。近年来，在公司核心研发团队的共同努力下，团队获批"姑苏创新创业领军人才计划"3项，江苏省产业教授1人，江苏省双创博士1人。在通信科技和超导产业上荣获"江苏省科学技术奖"2项，在光芯模组产业上获批"江苏省科技成果转化专项资金项目"和"江苏省核心技术攻关项目"。

（三）聚焦产业转型，打造光电产业新集群

2023年，公司进一步立足光通信产业，通过棒纤缆一体化，夯实产业链，继续提升光纤预制棒、光纤、光缆、通信电缆等的全产业链产品的生产能力。同时基础设施是"数字经济"建设和运行的重要基础，而"数字经济"基础设施建设为公司创造了业务发展机会，尤其固网宽带"双千兆"和数据中心建设，直接促进公司光芯片、光器件、光模块、光设备业务发展，因此公司抢抓"数字经济"发展机遇，已形成光芯片、光器件、光模块、DCI（数据中心互联）子系统完整业务链条。

大力开展电力传输产业，以"一带一路"和"中孟缅印经济走廊"建设为契机，加快走出去步伐，公司不断深耕海外电力工程EPC，将独具特色的中国源网荷储能力带到海外市场服务世界，把企业打造成集研发、品牌、营销为一体的综合体。面对电线电缆市场的激烈竞争，公司在自动化设备用电缆、车用低压，以及新能源电缆、军工用电缆、特种电缆等细分领域精心布局，坚持稳健经营的策略，小步快走，快速完成项目的规划和投资建设并形成产能。随着国家对新能源汽车市场的高度重视，公司在大力拓展新能源汽车高压线束产品基础上，逐步布局高压线束接插件，加速产品升级换代。随着高温超导头部地位逐渐增强，

作为战略性新兴产业，在持续投入 10 余年的基础上，公司继续完善超导材料及其应用，循序渐进地推进超导磁体在医疗等领域的应用。

三、经验启示

（一）加大技术研发投入力度

企业要实现技术创新，首先就要加大技术研发投入力度。只有在加大研发投入的情况下，才能保证企业在技术上处于领先地位。永鼎始终以技术创新为核心，每年研发投入占营业收入的比例超过 4.5%。通过大量的技术研发和人才培养，永鼎已经成为国内外通信领域市场的领导者之一。

（二）建立科研创新机制

企业只有建立科研创新机制，才能够不断地引进新技术，掌握技术的开发和应用。公司自 2016 年被评定为国家级企业技术中心，经过不断完善运行机制，整合各类创新资源，有效地提升了企业的综合创新能力，公司建立的国家级博士后科研工作站累计培养博士后人员 15 名。截至 2023 年年底，公司拥有省级以上研发创新平台 7 个，这些研发机构持续开展领先的技术研究和开发，不断推动企业向更高层次迈进。近年来公司累计投资上亿元，改建了 20 000 平方米的智能化科研及中试基地，建设了光通信器件实验室，添置了国际先进水平的测试仪器设备数百台（套），引进博士、高级专家 37 人，进一步增强了企业技术研发机构的自主创新能力，极大地提升了公司在各领域的国际形象和国际竞争力。公司的平台建设目前已比较完善，具有成熟的硬件技术条件，建设技术研发机构已建立了8个分中心，配备了超过400台/套研发和检测仪器设备。

（三）建立高效的技术创新团队

企业只有建立高效的技术创新团队，才能够实现技术创新。企业应该注重人才培养，打造一支专业、高效的技术创新团队。永鼎积极引进国内外优秀人才，拥有专职研发工程师206余人，其中高级职称34人，中级职称48人。公司拥有横跨半导体、物理、化学、通信和材料领域具有丰富经验的国内外资深专家、高水平的管理团队和专职研发人员，技术专长和研究经历覆盖了生产的所有工艺。这些工艺彼此关联，每一步都影响最终产品的性能，核心人员对各自的制备工艺都有创建性经历，各有专长，知识互补。另外，公司每年都会进行校招，招聘海内外一流高校的毕业生，他们具有较强的创新意识和实践能力。

（四）积极开展产学研合作

企业在技术创新方面，需要与其他企业、高校、科研机构等进行合作，以取得更好的技术效果。永鼎每年出资超过1000万元，与数十家高校、科研院所建立了广泛联系和合作，引进先进技术成果4项，技术水平达到国内先进水平，部分技术达到国际先进水平。国家火炬计划/国家高技术研究发展计划（863计划）8项，省级科技成果5项，与高校合作成立实践基地1个、共建研究院1个，合作开发新产品、新技术53项。公司与北京交通大学成立"应用超导技术联合研究中心"；与吉林大学签署校企合作协议；与中国科学院电工研究所、苏州大学、湖北大学、苏州科技大学等院校签署技术合作协议。

📖 案例点评

> 作为国家技术创新示范企业、国家制造业单项冠军企业、国家知识产权示范企业和国家服务型制造示范企业,江苏永鼎股份有限公司依托国家企业技术中心、国家博士后科研工作站等创新平台,以国际化发展为方向,战略和人才为依托,技术创新为重点,实施加大研发投入、创新平台机制和项目化人才团队建设,把科技的命脉牢牢掌握在自己手中,不断提升自主创新能力和国际竞争力,从而成长为业内一流、国际知名的光通信全产业链企业。

聚焦市场痛点　持续科技创新
——九识智能打造自动驾驶物流配送新模式

【引言】 习近平总书记指出，"要大力发展智慧交通和智慧物流，推动大数据、互联网、人工智能、区块链等新技术与交通行业深度融合，使人享其行、物畅其流"。2020年国务院办公厅印发的《新能源汽车产业发展规划（2021—2035）》中提及"到2025年L4汽车实现限定区域和特定场景商业化应用"，由此确立了L4级别自动驾驶的科技前瞻性地位。同年，国务院办公厅《关于进一步降低物流成本实施意见》及商务部等9部门《商贸物流高质量发展专项行动计划（2021—2025年）》，直接指出物流行业依托自动驾驶技术实现降本增效的发展导向。随着《汽车驾驶自动化分级》国家标准、《关于开展智能网联汽车准入和上路通行试点工作的通知（征求意见稿）》的发布，在智能驾驶测试、路权等方面给予政策规范，赋予了自动驾驶技术更多的发展空间，支持并期待自动驾驶技术带动传统物流转型变革。

【摘要】 L4级作为高阶自动驾驶技术，从研发测试到市场化运营，实际可行的商业落地模式是L4级自动驾驶技术能够持续推广、改进的关键。目前，在城乡开放道路场景的无人物流车配送领域，国内多数企业尚无商业化落地能力，虽有少数企业开始了示范性运营，但仅局限在试点城市的示范区内的指定线路上。而九识智能打造的L4级无人驾驶物流车率先实现了无人物流车配送新模式的商业落地应用，迄今已在全国各地70多个城市投放了800台车以上，实现了220万千米以上的安全无事故运营，部署的无人车日常运营中经受住了各种自然和道路环境、客户实际业务需求的检验，日常已能够实现 1∶100 以下的人车比。

【关键词】 人工智能；智能网联汽车；自动驾驶物流车

扫码看VR

在现代社会，科技的发展给人们的生活带来了翻天覆地的变化，而L4级自动驾驶技术作为交通创新的代表，以其卓越的性能和潜在的巨大效益，正在深刻重塑着城市的交通格局。九识智能基于L4级自动驾驶物流车打造的自动驾驶物流配送新模式，以其卓越的可推广性为业界瞩目，同时运营模式也已在城乡物流配送全景中得到验证。目前，公司正全面构建起智能城配物流的多城市运力地图，为城市物流基础设施升级注入新活力。

一、基本情况

目前我国城配物流市场总规模达到了 1.6 万亿元以上，现代物流业已渗透至日常商业场景的每一环节。而当前城配市场运营效率低下（车辆空载率接近 40%）、运营主体小而分散（Top10 企业仅占市场份额 3.5%），尚未形成有序的行业竞争格局。同时传统城配模式需要大量人力投入，人工操作的诸多不确定性隐患及人力资源短缺的阶段性矛盾最终加重成本负担，更带来安全隐患、行业监管等诸多难题，传统物流行业亟需变革。

而作为业内首家以"交钥匙售车"模式实现运行的 L4 级智能城配物流车企业，九识智能以产品能力和技术实力为依托，推动商业模式的良性运转，并进一步夯实了 180 千米内城配场景的技术研发和产品打磨，为全国的城配市场带来更具实力的无人智能车产品。不远的将来，九识智能也将逐步开展更远距离、更多场景的智能物流产品探索和研究，不断推动物流行业的效率优化，助力创造更加便捷、智能、绿色的物流生态。

二、做法成效

（一）联合头部企业客户，开展应用场景建设

九识智能领航打造的自动驾驶物流配送新模式重点聚焦城配物流市场，提供低成本、可靠的自动驾驶运力服务。城配物流市场的显著特征为市场规模巨大、但该市场中的终端客户极度分散，前十大城配物流商市场规模占比总和仅为3.5%，头部客户为货拉拉、唯捷城配等传统货车运输平台和公司，尚未出现有垄断效应的物流巨头。目前九识自动驾驶物流配送新模式主要聚焦快递、商超、服饰、消费品、医药、3C和母婴等行业，实际应用场景已经覆盖了生鲜配送、快消品配送、医药配送、电子产品配送、传统快递快运配送等多种业务场景，与20家以上各场景头部客户开展合作，已打造的自动驾驶物流配送新模式业务场景包括：

（1）生鲜/快消品配送。

落地社区团购配送场景，自动驾驶物流车配送中主要解决从网格仓到团长的配送。在网格仓装货完成后发车，车辆进入自动驾驶状态，到达小区后无人车触发短信发送至收货人，收货人凭取件码取货。

（2）传统快递配送。

自动驾驶物流车配送中主要解决快递的末端配送和接驳，包括从快递营业部到小区驿站，以及快递营业部到快递员的配送。

（3）医药配送。

自动驾驶物流车配送中主要解决从医药仓到药店的配送，定时为药

店补货。无人物流车配送全程进行监控，取货点凭验证码开箱取货。

（二）拓展运营线路站点，确保安全配送运营

以苏州市运营线路拓展案例说明，自2022年4月开始至今，九识Z5自动驾驶物流车在苏州市工业园区独墅湖科创区开展实际业务运营，目前已在独墅湖科创区开辟站点8个（社区团购3个、快鸽供应链3个、圆通1个、顺丰1个），投入无人配送车25台，运营线路8条，为美团、阿里、拼多多等社区团购及传统供应链客户提供配送服务，项目至今已经连续运营720余天，累计安全运营里程超132 000千米以上、安全运营时长超26 000小时以上。

九识智能主导打造的独墅湖科创区无人配送物流车在道路上遇到障碍可实现自动识别转向，遇到红灯会"耐心等待"，在中转仓库，我们也看到更多正在忙碌中的九识智能无人配送小货车。拣货员只需将货品放置于小车货仓相应位置，并在车身的显示屏幕上，设置好目的地和配送顺序，这些无人配送物流车便会缓缓驶出仓库，独自上路。

而在九识智能的精心打造下，一张科幻感十足的"无人城配网"正在苏州工业园区逐渐成型。2023年，九识智能下线全球首款L4级城配量产产品九识Z5系列，可实现快递配送、场内物流、生鲜配送等城市载物细分场景的全覆盖，并能够应对雨雪天气、复杂路口、隧道高架等复杂路况场景。同时，九识智能已经规划和搭建起面向市场需求的整车生产体系。

三、经验启示

（一）政府引导物流模式创新，市场推动需求持续提升

在过去，无人物流车的落地和上路通常由政府发挥引导作用，呈现出自上而下的政策推动状态，而现在，市场需求正成为推动城配无人车上路的"主力军"。九识智能的 Z5 系列，主要穿行在城市中各个驿站与快递网点之间，取代了传统的人工派件模式。在苏州相城区的渭塘镇，某中通网点在投入使用九识 Z5 城配无人车的情况下，可以节省从网点到驿站之间的人员和管理成本，再通过对无人车运营模式的不断打磨，最终实现高达 46% 的降本效益。通过使用无人物流车，客户招工难、成本高的痛点问题得到极大缓解，就会有动力去自发推动无人车推广，长此以往，这一现象将引起政府的重视，当政府看见越来越多的成功案例之后，政府便会将城配无人车看作一个有潜力、惠民生的科技工程，后续推动出台相关的指导文件以支持各地的项目落地，从而形成政府与市场相互促进的良好局面。

而今在苏州工业园区，常能见到浅蓝色的物流车穿梭在园区道路上，保持整齐的队列向前行驶，有条不紊地穿梭于快递的网点与驿站之间。城配无人车的上路，已从政策引导驱动变成了市场需求驱动。

（二）引导市民便捷物流消费，改善市民生活质量

城配物流无人车开始上路行驶，完成无人化货物配送，意味着智能物流已成为一种新的市场趋势。随着国内老龄化程度日益严重，物流行

业出现"招工难"现象，传统人力与运营成本不断攀升。因此，在城乡物流领域，降本增效成为各大物流企业追逐的目标之一。为了解决物流行业的这些痛点，各地政府也开始发力，出台相关政策来刺激使用城配物流无人车的需求。

九识 Z5 无人物流车的投入示范运营，降低了社会流通成本、缓解了当今社会物流人员短缺的问题，间接减少了交通事故造成的人员损伤比例。除了降低事故率，无人车还能提高交通效率。无人车之间通过智能通信系统实现实时互联，优化道路利用率，使原本拥堵的道路变得更加畅通。它们可以根据实时路况和导航系统，选择最佳路线，规避拥堵，减少行车时间和能源消耗。这种高效的交通管理方式，不仅提升了出行体验，也为城市交通运输注入了新的活力。

基于无人配送车提供的可规模化的低成本运力以及无安全员的自动驾驶运输服务，改变了传统物流配送的成本结构，通过科技手段为货主降本增效，从而获取更高的市场份额，以期成为国内城配物流市场的技术和产业引领者。

随着时代发展的需要，苏州工业园区的物流产业也在加快由传统物流向现代物流智能化的转变。近年来苏州工业园区物流业迅速推进信息化、智能化建设，利用信息技术提高物流效率和质量，在物流信息平台、电子商务物流等领域成绩显著，为物流业的创新带来了新的机遇。苏州工业园区在推进"自动驾驶无人物流车"方面的工作扎实有序推进，取得了良好开局，在助力市民便捷化物流运输，改善市民生活质量方面取得了明显成效。

（三）节能减排协同发展，共建物流配送绿色生活

九识智能无人城配车如同一道绿色的画卷，以科技的力量为环保事业注入了新的生机。苏州作为国内智能无人城配车系统的先行者，积极响应国家发展战略，致力于构建绿色、高效、可持续的城市交通体系。在苏州工业园区相关部门的指导和引领下，九识智能无人城配车系统以其精准调度、高效运营的优势，显著提升了城市交通效率，减少了能源消耗，降低了碳排放，实现了经济效益与环保效益的双赢。在实施过程中，九识智能严格执行环保法规，采用电池动力，以实际行动践行绿色出行理念。这不仅是对国家绿色发展战略的有力响应，也是九识对社会责任与百姓民生的担当。通过智能无人车的应用，苏州正逐步构建起智能、绿色、人文的现代城市交通新蓝图，为城市居民提供了更加便捷、舒适的生活环境。在未来，九识也将不断深化科技与环保的融合，为建设美丽中国、实现可持续发展贡献力量。

案例点评

> 自动驾驶已经成为交通领域新的风口和必然趋势，而L4级自动驾驶技术作为交通创新的代表正在深刻重塑城市的交通格局。九识智能基于L4级自动驾驶物流车打造的自动驾驶物流配送新模式在拓展应用场景、推进线路站点建设的同时，注重驾驶模式的更新推广和市民消费需求的引导，还把节能减排绿色配送作为工作重点，实现了自动驾驶领域经济效益和环保效益的双丰收。

传承精华　守正创新
——威胜生药的中医药自主创新之路

【引言】 党的十八大以来，习近平总书记高度重视中医药工作，殷切嘱托我们要"切实把中医药这一祖先留给我们的宝贵财富继承好、发展好、利用好"。青蒿是我国特有的中药材资源，青蒿素是我们国家的重大发明，被世界卫生组织认定为21世纪替代奎宁的最有效的抗疟疾药。屠呦呦因此获得2015年诺贝尔生理学或医学奖。但这一伟大发明长期被国际获利，其产业的关键技术一直被国外巨头垄断，导致国内青蒿素产业一直处于高产量、低产值、低利润的极不合理的状态。

【摘要】 整合青蒿资源，建立青蒿种植基地、培育新品种、建立青蒿素及其衍生物生产线、成药生产线，之后拓展青蒿新应用、研发青蒿新药，推动青蒿素新药走进"一带一路"共建国家，探索产业链拓宽和综合开发，提高国际市场份额。

【关键词】 青蒿；青蒿素；抗疟疾

扫码看VR

一、基本概况

威胜生物医药（苏州）股份有限公司成立于2012年11月，注册资本6 102万元，自成立以来，一直秉持科技创新的理念，致力于高端医药中间体、原料药和食品添加剂的研发与生产。其中，青蒿素衍生物半合成技术全球领先，是全球青蒿素衍生物药品研发、生产与销售的领军企业。目前已完成青蒿素全产业链布局，形成了以"1个新药研发中心，3个产业化基地"的医药产业格局，打破了国外企业对行业的垄断，具有对全球青蒿素及衍生物的定价权，是WHO（世界卫生组织）认定的青蒿素类产品优秀供应商。

公司在行业细分领域也屡获殊荣，先后荣获国家级"专精特新'小巨人'"企业、高新技术企业、苏州市"独角兽"培育企业、苏州市首批生物医药地标培育企业、江苏省疫情防控重点保障企业、苏州市最具活力创新企业、张家港"攀峰计划"企业、张家港小巨人企业等荣誉称号。在2020年，公司的"坚持创新驱动，打造青蒿产业独角兽"项目更是荣获全国农业创新创业大赛二等奖、江苏省农业创新创业大赛一等奖。

公司不仅在研发方面取得了显著成果，还致力于科技成果的产业化。其中，"原料药磷酸氯喹关键技术研究及产业化项目"被列为苏州市科技发展计划紧急启动的"新型冠状病毒感染应急防治"科技专项。此外，公司还建有江苏省青蒿素工程技术研究中心、江苏省企业技术中心、苏州市外籍专家工作室等公共研发平台，为公司的科技创新提供了强有力的支持。

二、做法成效

青蒿，被誉为中国的"黄金草"，其内含的青蒿素在抗疟领域发挥着关键作用，每年拯救了数以百万计的疟疾患者。此外，青蒿素在治疗红斑狼疮、血吸虫病以及白血病等领域亦展现出显著疗效。然而，我国在青蒿素的提取技术上仍面临挑战，优质品种的缺乏以及种植管理的非标准化，使得相关产业收益微薄，市场主要由外资掌控。当前，国外正在研发更为高效的青蒿素提取合成方法，这一趋势若持续，将可能使数万农户陷入返贫的困境，同时，中医药这一瑰宝也可能面临失传的风险。

威胜经过持续的技术攻关，以青蒿素衍生物的合成技术为突破口，对青蒿产业链进行了上下游的拓展与深化。这一创新不仅打破了原先仅依赖出口原料和中间产品的被动局面，还成功构建了全球首个完整的青蒿产业链。

威胜以青蒿精深加工为起点，持续延伸产业链，汇聚国内外高端人才，注重科技研发和产学研合作，加速一二三产融合。自 2014 年起，开始建立青蒿标准化、规模化种植基地。2015 年，与中科院近代物理研究所展开合作，对青蒿种子进行辐照育种，成功筛选出优良品种 2 个，并广泛推广，为农户提供幼苗和技术指导。同时，还向后端延伸，建设了青蒿素制剂和配伍药物 GMP 工厂，打造了全球最大的青蒿素衍生物生产线。2018 年，青蒿产业链高附加值端的产业生产基地全面建成（GMP 生产工厂）。2019 年，与中科院亚热带生态研究所团队合作，共同研发青蒿饲料添加剂。目前，威胜医药已成为全球青蒿素衍生物药品研发、生产与销售的领军企业，其核心技术处于国际领先地位，青蒿素提取率领先国内同行15%，成功突破蒿甲醚国际技术封锁，且合成率领先国际10%。公司实现了从青蒿育种到成药全过程的质量控制，为青蒿的种植和青蒿素的提取环节创造了盈利机会，有力推动了整个青蒿产业的发展。

如今，威胜已完成了从青蒿育种到青蒿素类药物的研发、生产、销售的全过程，构建了完整的产业闭环。公司拥有授权发明专利47项，申请美国专利2件，并主持参与了多项国家和省级科技项目，实现了"一个青蒿研发中心、三个青蒿产业化基地"的产业布局。

习近平总书记在致中国中医科学院成立60周年贺信中强调，"当前，中医药振兴发展迎来天时、地利、人和的大好时机，希望广大中医药工作者增强民族自信，勇攀医学高峰，深入发掘中医药宝库中的精华，充分发挥中医药的独特优势，推进中医药现代化，推动中医药走向世界，切实把中医药这一祖先留给我们的宝贵财富继承好、发展好、利用好"。

在深入学习贯彻习近平总书记关于中医药工作的重要论述中，坚持传承精华、守正创新，不仅推动青蒿素类新药走进"一带一路"共建国家，还致力于开发青蒿中药创新药在抗红斑狼疮、抗肿瘤、免疫调节等多个领域的应用。除了药物应用，还积极探索青蒿素产业链的拓宽和综合开发，利用技术基础，开发青蒿精油、洗手液、洁面皂、洗发水等日化产品，并正在撰写相关专利。这些创新举措大幅提高了终端产品（高附加值）在国际市场上的份额，将"青蒿"这一中国特色的中药材推广到国内外市场。

三、经验启示

威胜医药所展现的创业历程和成功经验，给我们企业发展的重要的启示是：

首先，创新是推动企业持续发展的关键驱动力。在青蒿素衍生物的合成技术，以及青蒿产业链的上下游拓展与深化等方面，均取得了显著的技术突破和创新成果。这充分证明了，只有不断创新，企业才能在激烈的市场竞争中保持领先地位。

其次，坚守并持续提升产品质量标准，是赢得市场信任和客户满意的基础。坚持并倡导规范、创新的核心价值观，注重产品质量和安全性，赢得了广大消费者的信赖和市场的广泛认可。这再次强调了，只有坚持并不断提升产品质量标准，企业才能赢得客户的信任和支持。

再次，产学研的紧密结合是推动企业科技进步和产业升级的重要途径。积极与科研机构展开合作，共同研发新技术和新产品，有效推动了科技成果的转化和应用。这种产学研合作模式不仅提升了企业的技术水平和市场竞争力，也促进了相关产业的快速发展。

最后，强烈的企业家精神是推动企业成功和实现行业引领的重要动力。

案例点评

威胜生物医药（苏州）股份有限公司面对国内青蒿素产业产量高、产值低、利润低的困境，经过持续的技术攻关，以青蒿素衍生物的合成技术为突破口，对青蒿产业链进行了上下游的拓展与深化。打破了原先仅依赖出口原料和中间产品的被动局面，成功构建了全球首个完整的青蒿产业链。由此可见，技术创新、产品质量和产学研全产业链合作是推动企业持续发展的关键因素，威胜生物医药（苏州）股份有限公司在这一领域为我们提供了示范。

聚人才之力　筑产业之基
——赛诺神畅以高端人才引领高端医疗器械产业高质量发展的经验启示

【引言】　习近平总书记强调,"加快关键核心技术攻关,突破技术装备瓶颈","加快解决一批药品、医疗器械、医用设备、疫苗等领域'卡脖子'问题"。医疗装备是医疗卫生和健康事业的重要物质基础,直接关系人民群众的生命安全和身体健康。党中央、国务院始终将医疗装备产业的发展置于重要战略地位,高度重视并持续推动其健康、快速发展,以确保人民群众能够享受到更为优质、高效的医疗服务。

【摘要】　苏州市在高端医疗装备——医疗器械领域积极引进人才,以孙箭华博士为例,他创办的赛诺神畅医疗科技有限公司(简称"赛诺神畅"),推动神经介入医疗器械的技术创新和产业升级。苏州市政府通过提供优惠政策、支持研发、提供良好环境等措施,吸引并留住人才和企业,使得苏州市的神经介入医疗器械产业进一步升级。这一策略不仅促进了经济发展,也为人民群众的健康事业做出了贡献。同时,苏州市的精准定位、优化环境和持续创新的人才引进方法,为其他城市和领域提供了借鉴。这些做法强调了人才引进与产业发展的契合度,注重人才的全面发展和生活需求,为其他地区的人才引进工作提供了宝贵的经验和启示。

【关键词】　医疗器械;精准引才;鼎力助才

扫码看VR

苏州市一直以来都高度重视人才的引进与培养，深知人才是推动城市发展的关键力量。尤其对于高端医疗装备—医疗器械行业，苏州市更是寄予厚望。苏州市期望通过吸引和汇聚国内外优秀人才，推动医疗器械行业的技术创新和产业升级，不断提升产品质量和竞争力。同时，也期待人才能够助力苏州市打造成为医疗器械领域的创新高地，为人民群众的健康事业贡献更多的力量。2020 年，正值"十三五"规划圆满收官之际，苏州市成功引进了一位在高端神经介入医疗器械领域具有卓越才能的创业人才——孙箭华博士。

一、基本概况

苏州市位于中国东部沿海地区，是长江三角洲重要的中心城市之一。近年来，随着产业结构的优化升级和科技创新的深入推进，苏州市对高端人才的需求日益迫切。神经介入医疗器械作为医疗装备领域的重要分支，具有广阔的市场前景和巨大的发展潜力。因此，苏州市将神经介入医疗器械领域作为人才引进的重点方向之一。2020 年，苏州市成功吸引了国家级重大人才孙箭华博士。孙博士凭借其深厚的学术背景和丰富的实践经验，在苏州市吴中区创立了赛诺神畅医疗科技有限公司，这是一家专注于高端神经介入医疗器械研发与生产的创新型企业。此举不仅为苏州市的医疗器械行业注入了新的活力，也进一步提升了该市在高端医疗器械领域的核心竞争力。

赛诺神畅医疗科技有限公司正式成立于 2020 年 08 月 18 日，注册资本为 1.35 亿元，经营面积超 1 万平方米。2022 年获首轮融资，为生物医药领域专业投资机构道远资本领投，融资总额达 1 亿元，投后估值

13亿元。

自该企业创立以来，凭借其卓越的表现和出色的成绩，多次荣获各级政府授予的荣誉资质。这些荣誉包括江苏省"潜在独角兽"企业、江苏省"创新型中小企业"、苏州市"独角兽"培育企业等。此外，企业还成功建立了"苏州市高端神经介入器械工程技术研究中心"，进一步彰显了其在技术创新和研发方面的实力。创始人孙博士自被引进苏州以来，凭借其卓越的学术成就和创业能力，先后荣获"东吴领军创业人才""苏州市姑苏领军创业人才""江苏省双创人才"等多项人才资质，充分展现了其专业实力与领军地位。

赛诺神畅在神经介入领域布局较早并拥有完整的产品线，先发优势明显。企业在售的颅内药物洗脱支架系统（NOVA）是全球首个专用于颅内动脉狭窄治疗的药物洗脱支架，也是全球首款愈合导向颅内支架，目前国内外市场尚无设计和预期用途相似的其他同类产品上市。企业 NeuroLPS 颅内球囊扩张导管是继 NeuroRX 之后用于治疗颅内动脉狭窄疾病的升级产品，该产品通过选用更薄更柔软的球囊材料，产品通过直径进一步降低，柔顺性和通过性大幅提升，从而减少对颅内血管内膜的损伤，进一步降低颅内手术的风险，保证患者手术安全，是一款国际领先的颅内球囊扩张导管。

得益于赛诺神畅卓越的技术实力和强大的市场营销能力，自企业成立的次年起，其营业收入便呈现出迅猛的增长态势，一举突破1亿元大关。在短短四年的发展历程中，企业的总营业收入更是达到了4亿元。同时，赛诺神畅积极履行社会责任，纳税金额高达1400余万元，为苏州市的经济发展做出了积极贡献。

值得一提的是，赛诺神畅核心创新产品的上市销售不仅逐步打破了进口品牌的垄断与限制，为下游医院和国内患者提供了优质的器械供应与保障，更是积极响应国家创新驱动发展战略，推动医疗器械产业的自主创新。公司通过不懈努力，致力于将神经介入手术普及至中小医院，提升手术渗透率，为国家公共卫生和医疗健康事业的蓬勃发展作出积极的政治担当和社会贡献。这一系列的成就，充分展现了赛诺神畅的社会责任感与使命感，彰显了其在推动社会进步和行业发展中的重要作用。

二、做法成效

（一）制定精准引才策略，提升政策引领效能

生物医药作为苏州市的"一号产业"，近年来呈现出强劲的发展势头。其中，药企的发展尤为突出，不仅数量上稳步增长，而且质量上获得了显著提升，多款新药的成功上市，为苏州市的生物医药产业贡献了重要的力量。

然而，与药企的蓬勃发展相比，医疗器械企业的发展尚显不足。相较于国内外先进地区，苏州市的医疗器械行业在企业规模、创新能力以及产品差异化等方面仍有一定差距。为了弥补这一短板，制定精准引才策略，提升政策引领效能显得尤为重要。

为此，苏州市政府深入分析了医疗器械产业的发展现状和未来趋势，制定了一系列精准引才策略。这些策略旨在吸引国内外优秀的医疗器械人才来苏州创业发展，通过他们带来的先进技术和管理经验，为苏州医疗器械产业的创新注入新的活力。例如，成功引进赛诺神畅创始人孙箭华博士，显著推动了当地神经介入高端医疗器械领域的蓬勃发展。

同时，政府还加大了政策引领力度，出台了一系列优惠政策，如《关于支持建设苏州生物医药及高端医疗器械国家先进制造业集群》等，为医疗器械人才和企业提供了良好的发展环境。这些政策的实施，不仅降低了企业的运营成本，也激发了人才的创新活力，有力推动了医疗器械产业的快速发展。

此外，苏州市还积极落实《"十四五"医疗装备产业发展规划》中的相关政策措施，加强对医疗器械产业的规划和布局。通过优化产业发展环境，为医疗器械企业提供更好的发展空间和条件，进一步提升了产业的整体竞争力。

（二）聚焦人才培育发展，全面强化精准支持

苏州市在神经介入医疗器械领域聚焦人才培育发展，全面强化精准支持，孙箭华博士的引进无疑是一个成功的案例。孙博士本科、硕士毕业于北京大学生物系生化专业，博士毕业于美国佛罗里达州立大学分子生物物理学专业，拥有逾二十年的神经介入医疗器械研发和管理经验，是医疗器械领域连续成功创业的典范。他的加入，为苏州市的神经介入医疗器械产业注入了新的活力，成为推动产业创新发展的关键力量。

孙博士在苏州创办赛诺神畅之后，迅速组建了一支高端神经介入医疗器械研发团队。该团队深挖神经领域治疗难点和临床需求，建立器械研发全产业链技术平台，实现产品开发的快速迭代和优化。团队坚持自主创新，对标国际品牌垄断产品，引入内外部专家资源，围绕临床痛点进行创新研发，提供"人无我有、人有我优"的具有国际领先水平的优质"杀手锏"产品。这些产品不仅填补了国内市场的空白，还在国际市场上占据领先地位，为苏州市的神经介入医疗器械产业带来了更广阔的

发展空间。

孙博士及其企业的成功崛起，离不开苏州政府全面强化精准支持的有力举措。在厂房用地方面，企业所在的吴中区经开区展现出极大的诚意与决心，提供数千万的装修补贴和减免三年厂房房租的优惠政策，为企业硬件设施升级和减轻经济压力提供了有力支持。这些措施使得企业能够轻装上阵，专注于研发与生产，为产业发展注入强大动力。

在人才项目申报方面，苏州政府同样给予了孙博士及其企业精准的支持。政府通过提供一系列的优惠政策与扶持措施，帮助企业吸引和留住优秀人才，为企业的创新发展注入了源源不断的活力。这些人才带来的先进技术和管理经验，为企业长远发展奠定了坚实基础。

在日常运营方面，苏州政府也为企业提供了极大的便利与支持。无论是政策解读、项目对接还是问题解决，政府都提供了高效、专业的服务，为企业创造了良好的发展环境。这种全方位的支持不仅提升了企业的运营效率，也增强了企业在市场中的竞争力。

可以说，孙箭华博士及其企业的成功是苏州市聚焦人才培育发展、全面强化精准支持结出的硕果。未来随着双方合作的不断深入与拓展，相信孙博士的企业将在苏州这片热土上绽放出更加璀璨的光芒，为苏州的经济发展作出更加卓越的贡献。

三、经验启示

（一）精准定位，提升引才契合度

在引才工作中，苏州市展现出了精准定位的战略眼光。它不仅仅满足于人才的数量积累,更追求人才质量与本地产业发展的高度契合。以神经介入医疗器械领域为例,苏州政府通过深入调研该领域的前沿技术和市场需求,有针对性地制定了引才策略,确保引进的人才能够直接为产业发展注入活力。这种精准定位不仅提升了人才引进的效率,也确保了人才与城市发展的紧密结合,实现了人才与产业的双赢。这一经验启示我们,在引才过程中,必须紧密结合产业发展需求,精准识别并引进能够推动产业创新升级的关键人才,以提升引才工作的实效性和针对性。

(二)优化环境,强化人才归属感

苏州市深知优化人才发展环境对于吸引和留住人才的重要性。因此,它致力于打造一个高品质、全方位的人才发展平台。通过提供优厚的薪酬待遇,苏州市让人才在经济上得到充分保障;同时,它还完善了服务体系,为人才提供住房、教育、医疗等全方位的支持。这些举措不仅满足了人才的基本生活需求,更让他们在苏州找到了归属感和家的温暖。这一经验告诉我们,在引才工作中,除了提供物质保障,更要注重人才的情感需求和精神满足,通过优化环境、提升服务,让人才真正融入城市、扎根发展。

(三)持续创新,增强引才竞争力

面对日益激烈的人才竞争,苏州市始终保持开放和创新的态度,不断探索新的引才方式和方法,形成了具有地方特色的引才机制。通过与高校、科研机构等合作,搭建产学研合作平台,苏州市吸引了大量高层次人才前来创新创业;同时,它还充分利用现代信息技术手段,开展线上招聘、远程面试等活动,拓宽了人才引进的渠道。这些创新举措使得苏州在引才工作中更具竞争力，能够在全球范围内吸引和聚集优秀人才。这一经验提醒我们，在引才工作中要保持开放和创新的思维，不断适应和应对人才市场的变化和挑战，以提升城市的引才竞争力和吸引力。

案例点评

> 生物医药产业是苏州的支柱产业之一，针对本地紧缺的高端医疗装备——医疗器械行业，苏州市通过企业成本优惠政策、科技研发支持、改善人才生活环境等措施，保障公司厂房建设用地，支持企业人才项目申报，吸引并留住人才和企业，让生物医药人才真正融入城市、扎根发展，使苏州市的神经介入医疗器械产业获得了跨越式升级。

心脑同治 打造"苏械智造"品牌名片
——沛嘉医疗的协同创新之路

【引言】 习近平总书记指出:"创新的事业呼唤创新的人才。实现中华民族伟大复兴,人才越多越好,本事越大越好。知识就是力量,人才就是未来。我国要在科技创新方面走在世界前列,必须在创新实践中发现人才、在创新活动中培育人才、在创新事业中凝聚人才,必须大力培养造就规模宏大、结构合理、素质优良的创新型科技人才。要把人才资源开发放在科技创新最优先的位置,改革人才培养、引进、使用等机制,努力造就一批世界水平的科学家、科技领军人才、工程师和高水平创新团队,注重培养一线创新人才和青年科技人才。"

【摘要】 在沛嘉医疗走向全球化的征程上,创新是沛嘉医疗的基因和立足之本,张一博士作为国内血管介入领域的领航者,带领沛嘉医疗落户苏州工业园区,并成功赴港上市,坚持求是创新,带领国产医疗器械走向世界。

【关键词】 医疗器械;创新创业;苏械智造

扫码看VR

一、基本概况

2002年,在美敦力(Medtronic)和佳腾(Guidant)两大全球知名医疗器械公司任职多年的公司创始人张一,带着打造中国高端医疗器械品牌的愿景,满怀激情归国,受邀担任微创医疗器械(上海)有限公司的首席执行官。带领微创公司从市场占有率1%增长到超过70%,使微创公司研发生产的介入心脏支架成为该领域国内市场无可替代的第一国产品牌。

2012年,公司创始人将目光放在了器械的"明日之星"——瓣膜领域,创办沛嘉医疗。在一次去国外考察的飞机上,张一博士偶遇时任苏州工业园区党工委委员、管委会副主任孙燕燕。两人的谈话以及随后与苏州工业园区招商团队的接触,让张一博士感受到了苏州前瞻性布局产业的诚意和魄力,加之政策的"灵活",以及此前到苏州创业同行的良好口碑,最终沛嘉落户苏州工业园区。

对于沛嘉医疗未来的发展规划,张一博士有着清晰的认知。他表示:"我们的目标不仅仅是在国内,沛嘉拥有独创的技术专利,所以我们有能力走出国门,在最先进的产品领域与同行进行直接竞争。我们不仅局限于中国市场,我们的目标放得更远,靠我们的创新和技术去进入并逐步扩大海外市场。"

张一曾获国家科技进步二等奖,上海市科技进步一、二等奖,上海市科技创业领军人物,江苏省留学回国先进个人,苏州市魅力科技人物,姑苏创新创业领军人才以及园区领军人才等荣誉,目前还担任复旦大学学位行业导师。

二、做法成效

（一）以全球视野引领创新发展

张一认为企业不能永远做世界舞台的"模仿秀"。技术创新决定企业的未来，只有通过技术创新获得核心竞争优势，不断成就自身的技术壁垒，才能进一步实现产品升级，站稳市场。

沛嘉医疗以打造全球一流的医疗器械平台为战略目标，在美国、新加坡、日本、法国等布局全球创新中心及研发中心，开展前沿技术研究、产品开发、临床研究与商业开拓。在生物材料处理、精密制造等方面拥有国际领先的关键技术，长期与国内外心血管医疗领域主要院士专家开展医工合作，引领行业创新方向。现拥有380多项国内外专利（含申请），建设有医用高分子精密管材研发和中试平台、医用高分子膜材料制备与复合研发平台、血管内植入物抗凝处理技术研发平台、微加工切割技术平台、CNAS瓣膜性能检测平台等五大平台，先后获评国家高新技术企业、江苏省工程技术研究中心、江苏省专精特新中小企业、江苏省外资研发中心、苏州市企业技术中心、苏州市生物医药地标企业、姑苏创业领军人才企业等。

（二）打造协同创新共同体

沛嘉医疗进行布局的全球化，是立足于本土的全球化，除了引进国际项目，沛嘉医疗还联合苏州工业园区管委会、苏州市产业技术研究院发起设立集生命科技产业孵化、运营和投资平台于一体的苏州思萃介入医疗技术研究所。孵化国内的高端医疗器械企业，在1到100这个阶段，赋能创业企业。研究所将着力打造"四个平台"：面向国家需求以前瞻布局为手段的产业引领平台、面向国民健康以市场运作为特征的产品升级平台、面向国际前沿以技术创新为目的的技术交流平台和面向区域发展以技术服务为核心的项目孵化平台。研究所将创新发展模式，除为入驻项目提供符合药品生产质量管理规范（GMP）的实验室、检验检测设备设施、通用生产设备物业服务外，还为其提供系列专业化增值服务，包括技术咨询、法规咨询、市场信息服务、专利服务、临床试验、医疗器械产品注册、产业化平台、市场推广等，全力打造从"0-1-10000"的全生态链创新模式和服务。

沛嘉医疗联合高校、医院、创新型企业、生命科技产业孵化、运营和投资平台等各方力量，牵头组建苏州生物医药领域首个生态融合型创新联合体——苏州市介入医疗技术创新联合体。以介入医疗为核心领域，联合开展多项"卡脖子"技术和关键核心技术协同攻关与国产替代，构建集技术攻关、平台建设、企业孵化、成果转化、产业培育、人才引进、提升临床医学服务为一体的产业创新生态，推动国内高端医疗器械产业高质量发展。

（三）搭建全球化专业教育平台

沛嘉医疗在心脏瓣膜病经导管技术领域搭建全球化专业教育平台"医嘉学院"，与国际国内著名瓣膜病介入治疗中心携手共建多元化、多维度临床技术与学术交流与合作，并加大在术者培训、基层教育、疾病科普等方面的支持力度，为中国瓣膜病介入治疗的技术普及而不断努力，惠及更多患者。

（四）实施数字化管理

沛嘉医疗致力于智能化制造与数字化平台建设，搭建从成本到物料到生产统一的数字化管理平台，多系统实现数据互联互通，打破了业务壁垒，提升运营效率。此外，还搭建了UDI（唯一器械标识）业务流程管理平台，电子签名、审计追踪等功能，严格把控每一项采购、销售、生产等业务数据，达到精确掌控，全面建立医疗器械行业的合规信息化，实现数字化创新，为企业高质量发展赋能。

"企业上云"是企业数字化转型的重要一步，企业以互联网为基础进行信息化基础设施、管理、业务等方面应用，并通过互联网与云计算手段连接社会化资源、共享服务及能力的过程，是公司实施数字化转型的重要手段。沛嘉医疗获得省级"三星级上云企业"认定，将坚定不移推进数字化建设，深度挖掘企业潜能，提升企业运营效率，为医疗器械行业数字化高质量发展贡献力量。

三、经验启示

（一）坚持创新引领

创新是发展的原动力，是推动社会进步的关键。我们生活和工作的环境正在发生着巨大的变化，技术不断更新，市场竞争日益激烈，这就要求我们必须不断地创新，才能适应时代的发展，提高竞争力，实现自身的发展。

当前，经济发展的竞争压力越来越大，竞争最激烈的领域越来越集中在科技创新上。谁能在科技创新上先人一步、快人一拍、高人一筹，谁就能在激烈的竞争中抢占先机，掌握优势，赢得主动。当然，创新并不是一蹴而就的事情，需要付出艰辛的努力和不断地探索。需要有创新的意识和精神，勇于尝试新事物，敢于面对失败和挑战，不断地学习和积累经验。只有不断地迈向前方，才能赢得更广阔的天地。

坚持以科技创新为引领，以原创性、颠覆性技术创新开辟发展新领域新赛道、塑造发展新动能新优势。科技创新能力成为企业实力最关键的体现。在经济全球化时代，一个企业具有较强的科技创新能力，就能在世界产业分工链条中处于高端位置，就能创造激活企业经济的新产业，就能拥有重要的自主知识产权而引领社会的发展。

（二）坚持协同发展，培育新质生产力

产业链创新链融合发展，既有利于打通基础研究与应用研究的通道，实现创新由"点"向"链"的延伸，又有助于及时将科技创新成果应用到具体产业和产业链上，提升发展新质生产力的速度和效率。由龙头企业牵头，构建上下游紧密合作的创新联合体，促进产学研融通创新，加快科技成果向现实生产力转化。各创新主体以共同参与、利益共享、风险共担为基本准则，为共同完成重大科技项目进行分工协作。

随着科技发展，创新活动的技术复杂性与融合性不断增加，关键核心技术的研发往往跨越多个领域，企业仅凭自身资源和能力越来越难以取得突破，利用外部资源进行合作研发、协同创新成为攻克技术难关的必然选择。为此，除了从战略上分行业、分类、分重点让每个领域的领军企业、龙头企业组建创新联合体，政府也要发挥引导作用，把企业牵头组建的创新联合体作为社会主义市场经济条件下新型举国体制的重要

组成部分来加以支持和共同建设。

(三) 加快数字技术赋能

数字技术是世界科技革命和产业变革的先机，也是驱动生产力跃升的重要引擎。近年来数字基础设施不断加快，数字技术应用场景日益丰富，数据资源总量呈现出"爆发式增长"的特征，并逐渐成为指导决策的主要依据和驱动发展的重要力量。数据不仅可以直接作为生产要素促进经济增长，也可以通过改善生产要素的配置间接提升生产效率，推动生产力的跃迁。数字技术链接并赋能万物，极大地降低了整个生产系统中信息交换的成本。移动互联网技术使人与人之间的交流与沟通突破时空限制、达到前所未有的便捷，工业互联网技术则让万物连接成为可能，实现人与物、物与物之间自然高效的信息交换，劳动生产的各个环节得以深度融合与高效匹配。

提高数字技术基础研发能力，不断提高原创技术水平，打好关键核心技术攻坚战。加强数字技术先行突破，为更广泛的原创性、颠覆性科技创新提供先进的要素、工具和手段。通过推动数字化、智能化设备更新和技术改造，加快制造业数字化转型步伐，促进工业经济高质量发展，推动"强工业"行动迈上新台阶。在数字化技术加持下，数字经济与实体经济深度融合，产业形态重塑升级，推动生产力不断进步。

案例点评

沛嘉医疗创始人张一博士是国家科技进步二等奖获得者。"创新就要做别人没有做的,敢于做别人没有的,勇于做别人不能做的。"这是他常挂在嘴边的话。他领导下的沛嘉医疗坚持全球视野,坚持协同创新,坚持数字赋能,通过搭建全球化专业教育平台"医嘉学院",与全球业内机构共建多元化、多维度临床技术与学术交流与合作,与苏州市建设高水平创新型城市和具有全球影响力的产业科技创新高地的发展策略不谋而合,共同为加快建设展现"强富美高"新图景的社会主义现代化强市提供了强有力的政策保障和科技支撑。

坚持自主可控　永攀科技高峰
——博云信创扎根国产云技术坚持自主创新的经验启示

【引言】　2023年3月5日，习近平总书记在参加十四届全国人大一次会议江苏代表团审议时强调，加快实现高水平科技自立自强，是推动高质量发展的必由之路。在激烈的国际竞争中，我们要开辟发展新领域新赛道、塑造发展新动能新优势，从根本上说，还是要依靠科技创新。我们能不能如期全面建成社会主义现代化强国，关键看科技自立自强。在国家推动信息技术应用创新和国产化战略的大背景下，江苏博云科技股份有限公司（以下简称博云）的信创容器云解决方案应时而生，为政企数字化转型提供了强大的技术支撑，展现了国产软件在云计算领域的创新力量和广阔前景。

【摘要】　博云信创容器云解决方案是国内领先的容器云管理平台，通过与国产芯片和操作系统的深度适配，为政企客户提供了安全、高效、可控的云原生技术平台。该方案已在金融、证券等多个领域成功落地，显著提升了IT管理效率和业务敏捷性，为国产化信息技术应用创新树立了标杆。

【关键词】　国产化；云原生；信息技术应用创新

扫码看VR

随着信息技术的飞速发展，数字化转型已成为推动经济社会发展的关键力量。博云紧抓国产化战略机遇，依托自身技术优势，推出了博云信创容器云解决方案，致力于构建安全、高效的国产化云技术生态。

一、基本概况

博云作为国内领先的高新技术企业之一，自 2012 年成立以来，一直专注于云计算核心技术研发与创新，致力于推动政企数字化转型。依托苏州工业园区的创新氛围和政策支持，博云迅速成长为国内云计算领域的佼佼者。

博云的核心产品——博云信创容器云平台，是一款容器云管理平台，它不仅提供了容器发布所需的底层资源，还涵盖了应用容器化全生命周期的管理能力。该平台以其简洁友好的操作界面，使得复杂的管理工作变得简单、便捷，极大降低了平台运行维护的难度。

在国产化适配方面，博云容器云平台展现出卓越的兼容性和适配性。平台全面支持国产化芯片架构，并与众多国产操作系统实现了广泛兼容。此外，博云还与多家国产技术厂商完成了适配，并获得了互认证证书，进一步强化了产品的国产化生态兼容性。

博云信创容器云平台的推出，不仅响应了国家信息技术应用创新和国产化战略，也为政企客户提供了安全、高效、可控的云原生技术平台，帮助客户加快数字化转型步伐。公司凭借卓越的技术实力和服务质量，赢得了市场的广泛认可，并获得了多项权威机构的质量认证和评测。博云的创新实践，不仅推动国产化信息技术应用创新，也为云计算技术的未来发展提供了新的思路和方向。面向未来，博云将继续秉承

"让云计算更简单"的使命，深耕技术创新，携手合作伙伴，共同推动国产化信息技术应用创新迈向新的高度。

二、做法成效

（一）坚持政策主导，狠抓创新积极进取

在国家信息化发展战略的引领下，坚持政策主导，积极创新进取，通过不断的技术革新和产品升级，推动国产化信息技术应用创新的深入发展。博云的创新之路，是一条与国家政策同步、与市场需求同行的创新之路。在技术创新与产品研发方面，博云建立了一支由资深专家和年轻人才组成的研发团队，他们在云计算、大数据、人工智能等前沿技术领域具有深厚的专业知识和实践经验。通过持续的大量研发投入，推动了容器云技术的创新应用，成功打造了博云信创容器云平台。

在国产化适配与优化方面，博云针对国产芯片和操作系统的特性，对容器云平台进行了深度定制和优化，确保了平台在国产化环境下的高效运行和优异性能。公司与国内主流的芯片厂商如飞腾、鲲鹏、海光、兆芯、龙芯等，以及操作系统厂商如银河麒麟、统信、中科方德、欧拉等进行紧密合作，完成了容器云平台的全面适配，为国产化信息技术生态的建设作出了重要贡献。

在权威认可与认证方面，博云的创新成果得到了国家和行业的广泛认可。公司产品通过了中国软件评测中心、中国电子技术标准化研究院赛西实验室等权威机构的严格测试，并获得了多项产品质量测试报告。此外，国家工业信息安全发展研究中心对博云容器资源管理软件进行了

源代码开源风险评估，进一步证明了博云在保障软件安全方面的技术实力。

在引领行业标准制定方面，博云积极参与信创工委会工作，作为云计算工作组的活跃会员，公司在相关领域积极参与行业标准的制定，推动了国产化信息技术的规范化发展。通过与行业内的其他参与者合作，博云共同推动了国产化信息技术应用创新的健康发展。

（二）推动生态合作与共赢

博云深知生态合作的重要性，积极与国内主流信创厂商展开合作，进行产品兼容互认证测试，加强了信创生态的建设。公司通过构建合作共赢的产业生态，促进了国产化信息技术应用创新的繁荣发展。

坚持创新实践，不仅提升了公司的核心竞争力，也为国产化信息技术应用创新树立了新标杆。面向未来，博云将继续坚持创新驱动发展战略，不断推出更多创新产品和解决方案，为推动国产化信息技术应用创新贡献更大的力量。同时，公司也将持续深化与国产软硬件厂商的合作，共同打造更加完善的国产化信息技术生态，为政企数字化转型提供更加坚实的技术支撑。

（三）坚持资源融合，引领产业优化升级

在推动信息技术应用创新的过程中，坚持资源融合策略，通过整合内外部资源，促进了产业的优化升级，并在国产化信息技术领域发挥了引领作用。

博云积极与上下游企业、科研机构及高校建立合作关系，包括南大、苏大、南理工、南信大、中科院、中电科等，形成了产学研用一体

化的创新链条。公司通过整合各方的技术资源、人才资源和市场资源，加速了技术创新和产品迭代，推动了产业链的整体优化和升级。

在技术创新方面，博云不仅注重自主研发，还积极与国内外知名厂商和技术生态开展合作研发，包括 Red Hat、VMware、Linux Foundation、Kubernetes、华为（Huawei）等。通过合作，博云得以接触、吸收更多的前沿技术和创新思维，不断提升自身的技术水平和创新能力。

博云致力于构建国产化信息技术生态，通过与国产软硬件厂商的深度合作，包括海光、龙芯、飞腾、麒麟、统信、中科可控等，推动了容器云平台与国产芯片、操作系统的全面兼容。公司还积极参与信创工委会工作，推动行业标准的制定，为国产化信息技术的规范化发展贡献力量。

在行业解决方案提供上，博云依托自身的技术优势和产品优势，为多个行业提供了定制化的云解决方案，这些解决方案帮助客户解决了实际问题，提高了业务效率，降低了运营成本，促进了行业的数字化转型。

博云的创新实践和成功案例，为同行业企业提供了可借鉴的经验和模式。公司的容器云平台和云管理平台等产品，在多个行业领域的成功应用，展示了国产化信息技术在推动产业优化升级方面的巨大潜力和价值。博云始终坚持资源融合策略，深化与各方的合作，推动产业链的协同创新和优化升级，依托自身的技术优势和产品优势，为更多行业提供高质量的国产化信息技术服务，引领产业优化升级。

坚持精神传承，提高服务质量实效在追求技术创新和产业发展的同时，坚持精神传承，不断提升服务质量，确保企业服务的高标准。

三、经验启示

（一）全员共创创新意识

在推动国产化信息技术应用创新的征程中，博云始终坚持全员共创的原则，充分发挥集体智慧和力量，共同书写企业的发展篇章。

一是培养集体创新意识。博云深知，创新不是少数人的行为，而是需要全体员工共同参与的。因此，公司积极培养员工的集体创新意识，鼓励每一位员工提出创新想法和解决方案。通过定期的创新研讨会、思维风暴会议等形式，公司为员工提供了一个自由交流和碰撞思想的平台，激发了员工的创新潜能。

二是搭建协作共创平台。为了实现全员共创，博云建立了跨部门协作机制，打破了部门间的壁垒，促进了信息和资源的共享。公司通过建立项目管理平台、内部沟通协作系统等工具，提高了团队协作的效率，确保了创新项目的顺利推进。

三是构建开放包容的企业文化。博云致力于构建一种开放包容的企业文化，鼓励员工敢于尝试、敢于失败。公司领导层以身作则，尊重每一位员工的意见和创意，为员工提供了一个充满信任和尊重的工作环境。在这样的文化氛围中，员工更愿意分享知识、交流经验，共同推动企业创新。

四是促进知识共享与传播。博云注重知识的共享与传播，通过内部培训、知识库建设、案例分享等方式，促进了知识的积累和传播。公司建立以周为单位的全员培训机制，鼓励内部分享，传播先进技术和管理经验，不断提升员工的专业素养，为全员共创提供了坚实的知识基础。

五是持续优化共创环境。博云持续优化全员共创的环境，不断完善创新管理体系，提高创新活动的组织性和系统性。公司通过定期评估创新活动的成效，及时调整和优化创新策略，确保全员共创活动的有效性和持续性。

（二）整合资源打造强大的集体创新能力

面向未来，博云将继续坚持全员共创的原则，不断激发员工的创新活力，共同推动企业在国产化信息技术应用创新领域的持续发展。博云以信创容器云为核心，全面点燃科技创新的火苗，激活了整个行业未来的发展潜力。在信息技术应用创新的大潮中，博云不仅推动了自身的技术革新，更引领了整个行业的转型升级。

一是激活技术创新潜力。博云通过持续的研发投入和技术创新，不断优化和升级信创容器云平台。公司利用容器化技术的优势，实现了对传统IT架构的革新，提高了资源的利用效率和应用的部署速度。通过这种方式，博云激活了技术创新的潜力，为行业提供了更加灵活、高效的云计算解决方案。

二是点燃产业协同效应。博云积极构建开放的合作生态，与上下游企业、合作伙伴共同推动产业的协同发展。公司通过信创容器云平台的推广应用，促进了产业链各环节的深度融合，实现了资源共享、优势互补，从而点燃了整个产业的协同效应，加速了行业的数字化转型。

三是推动行业标准制定。在推动国产化信息技术应用创新的过程中，博云不仅参与了多项行业标准的制定，还通过自身的技术创新和实践经验，为行业标准的制定提供了有力的支持。这些标准的制定和实施，有助于规范市场秩序，提升整个行业的技术水平和服务质量。

四是培育创新人才队伍。博云深知人才是创新的关键，因此公司注重创新人才的培养和团队的建设。通过内部培训、外部引进、高校合作等多种方式，博云建立了一支具有创新精神和专业能力的技术团队。这些人才的加入，为公司的持续创新提供了源源不断的动力。

五是强化创新成果转化。博云注重将创新成果转化为实际的产品和服务，满足市场和客户的需求。公司通过建立高效的成果转化机制，确保创新成果能够快速落地，为客户带来实实在在的价值。这种成果转化的能力，不仅提升了公司的市场竞争力，也为行业的技术进步做出了贡献。

六是引领行业创新发展。博云的信创容器云平台，以其卓越的性能和广泛的适配性，成了国产化信息技术应用创新的重要标杆。公司的创新实践和成功经验，为行业内其他企业提供了宝贵的借鉴，引领了行业的创新发展。

通过全面点燃科技创新的潜力，博云不仅推动了自身的快速发展，也为整个行业的未来点燃了希望之光。面向未来，博云将继续坚持创新驱动的发展战略，深化技术创新，加强产业合作，推动行业标准的制定和实施，培育创新人才，强化创新成果的转化，引领行业不断向前发展。

📖 案例点评

> 　　大数据、云计算、人工 AI 是未来科技发展的前沿阵地。江苏博云科技股份有限公司在信息技术的不断进步和国产化进程的深入推进背景下，以信创容器云平台为核心，推动云计算技术的广泛应用和深度融合，致力于构建更加开放、协同、高效的信息技术生态系统，推动云计算、大数据、人工智能等前沿技术的创新发展，为社会经济的数字化、智能化、绿色化转型贡献更大的力量。在科技创新的征途上，博云不断超越自我，以更加开放的心态、更加务实的行动、更加卓越的技术，为实现中华民族伟大复兴的中国梦贡献智慧和力量。

勇当先进材料一体化技术创新先锋
——长三角先进材料研究院创新实践与启示

【引言】 长三角地区是我国经济最具活力的区域之一，制造业发达、产业技术需求旺盛、开放创新走在全国前列。2018年11月5日，习近平总书记在首届中国国际进口博览会上宣布，支持长江三角洲区域一体化发展并上升为国家战略。为深入践行长三角一体化发展战略，推动材料产业高质量发展，长三角先进材料研究院（以下简称研究院）在苏州相城应运而生。自成立以来，研究院用实际行动践行总书记关于"长三角区域要加强科技创新和产业创新跨区域协同"的重要指示，担当长三角先进材料一体化技术创新先锋，取得了一系列创新实践和成果。

【摘要】 研究院立足于我国最大最强的先进材料产业基地，在推动产业科技创新、科技成果转化、助力区域产业合作方面取得有益启示。

【关键词】 先进材料；一体化；创新先锋

扫码看VR

先进材料是国际高技术竞争的关键领域，也是我国高新技术产业的先导和高端制造业的基石。研究院自成立以来，立足长三角、面向海内外，以材料前沿引领技术和产业关键共性技术研发为核心任务，构建集研发载体、产业需求和创新资源于一体的技术创新体系，着力提升共性技术研发和平台支撑能力，致力于打造国际一流的新型研发机构，成为长三角先进材料一体化技术创新的先锋。

一、基本概况

研究院位于苏州相城区，由江苏省联合中国科学院、中国宝武钢铁集团和中国钢研科技集团共同发起，于 2019 年 12 月 28 日在苏州揭牌成立。研究院以材料前沿引领技术和产业关键共性技术研发为核心任务，聚焦"科学—产业"的关键环节打通束缚新质生产力发展的堵点卡点，打造创新资源集聚、组织运行开放、治理结构多元的材料领域创新高地。研究院具有共性技术与平台支撑、战略策划与集成攻关和资源集聚与融合创新三大核心功能，已相继获批国家级平台 2 个，省级平台 4 个，分别是：国家新材料测试评价平台区域中心、国家引才引智示范基地，江苏先进材料技术创新中心、江苏省关键金属材料产业创新中心、江苏省材料大数据公共服务平台，江苏省特种合金技术创新中心等。

二、主要做法

（一）重点领域"急、难、困"关键问题得到有效解决

在国家战略结构材料研发方面，研究院突破了航空发动机单晶叶片

制备技术，解决了国内航空发动机大修的战略急需问题。开发航空航天及轨道交通等领域"用得起·用得好"先进复合材料结构制件，将低成本一体化成型工艺及整体化结构设计理念应用于碳纤维复合材料制件产品生产，推动国产碳纤维的大规模应用，通过了多个重大型号的考核验证，助推战略装备性能提升。面对高端仪器受制于人的局面，完成了超级表面电子显微镜首台原型机的开发，实现了高分辨光电子能谱仪、X射线显微镜及原位表征装置的国产替代开发及产业化，仪器技术指标对标国际先进水平，突破了相应领域的高端仪器设备"卡脖子"问题。

（二）区域性技术服务平台建设卓有成效

区域性技术服务中心材料分析表征平台、材料大数据平台已初具规模。

分析表征平台通过了中国计量认证（CMA）、中国合格评定国家认可委员会（CNAS），取得 NADCAP 资质，面向材料领域提供一站式分析测试服务。累计服务科研院所、企业千余家，完成检测任务 8 000 多项，积累了大量案例，为客户解决诸多"卡脖子"问题。

材料大数据平台建成国内首个材料数据卡库，包含 5 万张材料卡，数据超过 100 万条；完成材料连接大数据智能设计（AlphaJoint），通用结构疲劳（AlphaFatigue）等 5 套工业软件基础模块开发，为企业、高校院所等提供由材料大数据驱动的服务 30 余项，为长三角乃至全国制造业的数字化升级与转型作出了贡献。

（三）产学研合作创新技术转化应用成果斐然

研究院全面推进与先进材料及其应用领域龙头企业的合作，在与企业联合创新方面,已达成合作110余项。其中,与无锡派克新材的合作解决了航空发动机用大型金属环轧件对残余应力演化和调控的技术需求,突破航空重点装备"卡脖子"难题,有效提高性能和材料利用率;若干重点项目已孵化成立公司,其中苏州华萃仪器有限公司实现高分辨光电子能谱仪的国产替代,开发了核心部件半球形能量分析器;微旷科技苏州有限公司开发了具有自主知识产权的多功能X射线显微镜及原位环境装置。

三、取得成效

(一)创新管理运行机制,形成联合创新"策源地"

研究院作为省属事业单位,无行政级别,实行理事会领导下的院长负责制,成立了以多名院士专家组成的专家咨询委员会,从顶层设计、战略研究等方面给予指导。创新管理运行机制,建立"1+N+X"("1"是指研究院本部,"N"是指N个专业研究所,"X"是指X个企业联合创新中心)的组织架构。院本部依托事业法人作为国有资产、政府资金的承载主体,引进创新资源、组织重大研发项目、建设公共技术平台、孵化企业,推动材料领域重大科技成果转化。各专业研究所、企业联合创新中心负责细分领域技术研发。同时成立集萃新材料研发有限公司,作为研究院市场化运行主体。运用"一所两制""合同科研""团队控股"等一系列创新举措和激励机制,推陈革新管理运行机制,不断完善、优化事业单位和企业两个主体、两个体制下的管理体系,激发科技创新活力。

（二）创新集聚资源优势，形成高端化、国际化、多元化的创新"强磁场"

研究院以"人才＋项目＋平台"的引育模式，集聚了低能电子显微镜发明人 Enrst Bauer 教授，以及国家重点人才计划获得者陈志平、刘飞扬、石功奇、金平实等一批高层次人才。2022 年，牵头成立苏州市先进金属材料产业创新协会，积极与上海、无锡、镇江，以及宁波象山等金属材料产业聚集地区开展交流互动，实现跨区域优势互补、错位发展。2023 年，研究院发起组建材料学科长三角创新联盟和材料领域重点实验室长三角创新联盟，首批成员单位包括清华大学、北京大学、上海交通大学等 23 家高校的材料学院，以及高分子材料工程国家重点实验室、纤维材料改性国家重点实验室等 19 家全国重点实验室，旨在推动材料领域优势创新资源与长三角材料产业协同创新，利用创新机制推进成果转化、概念验证、人才培养、产业需求攻关等。通过与地方政府合作建设专业研究所，与行业龙头企业联合打造创新中心，与社会资本联合设立专项资金池，集聚优势资源打通材料科学到技术转化的关键环节，推动科技成果从"实验室"走向"生产线"，促进创新链、产业链、资金链、人才链"四链"深度融合，赋能材料产业高质量发展。

（三）创新科技人才培养模式，打造"教育、科技、人才"技术创新"孵化器"

以产业需求为导向，通过在学科设置、培养方式、课程安排、导师选聘、评价体系等方面全方位引入新机制和新资源，与西交利物浦大学、南京航空航天大学、北京科技大学等 22 所高校的 25 个院系签署联合培养协议，联合培养研究生累计600余名，切实提升人才培养质量和解决实际问题能力。为进一步探索新时代卓越工程师创新培养模式，吸纳国内外顶尖高等院校以及中国科学院的优质资源，提出创建新型"非全过程培养"大学——集萃理工学院，构建集项目孵化、资源共享、人才培养于一体的"教育、科技、人才"技术创新体系，成为省产研院首批综合改革试点。

四、经验启示

研究院立足于我国最大最强的先进材料产业基地，担当先进材料技术创新先锋，打造集创新资源、开放组织、多元参与于一体的创新高地，对推进我国材料产业高质量发展有重要启示。

（一）创新科研体制机制，以更好推动产业科技创新

当前，我国推进科技自主创新亟需突破体制机制困境。研究院运用"一所两制""拨投结合""合同科研"等创新机制，推动科研成果评价机制改革，集聚一批创新研发载体，激励科研人员进行原创性、前瞻性的科技研究，攻克关键核心技术，加快科技成果转化，让科研能"顶天"，服务更"立地"，闯出一条从科技到产业的新路。实践证明，推进区域一体化技术创新，必须创新科研体制机制，建立开放透明、高效务实的管理体系，加强科技成果的转化和应用，促进科技创新资源的有效配置和利用。

（二）共建区域科研载体，以更好实施科技成果转化

科技创新载体是推动产业创新发展、加快成果转化的重要阵地。研究院积极引进国际先进的研发理念和成果转化模式，建立与国际先进水平接轨的创新资源整合平台，吸引全球优秀科研力量参与合作，促进跨领域、跨行业的创新合作，整合海内外资源优势加速科技成果向产业转化，为长三角乃至全国先进材料一体化创新发展注入新的动力。实践证明，推进区域一体化技术创新，必须打造高水平的联合创新载体，强化应用型基础研究，推动关键技术攻关和前沿科技创新，培育具有自主知识产权的核心技术。

（三）营造开放包容环境，以更好助力区域产业合作

开放包容环境能够有效地吸纳各类人才和社会资金聚焦产业发展。研究院制定开放、透明、规范的科技合作政策和机制，以协调各方利益，鼓励跨国合作、共享科技成果、集聚人才、扩大领域，积极营造敢为人先、开放共享、多元国际的创新氛围，为区域协作创新奠定良好基础。实践证明，推进区域一体化技术创新，必须营造更加优良的创新环境，持续优化科技创新打造服务，构建多层次产业合作生态，共享创新资源和技术成果，进而推动区域产业深度协作与发展。

📖 案例点评

> "长三角区域要加强科技创新和产业创新跨区域协同",在长三角一体化发展不断拓展和深入的新时代,作为国际高技术竞争的关键领域——先进材料,是长三角先进材料研究院的技术攻关核心领域,作为省属事业单位,研究院无行政级别,实行理事会领导下的院长负责制,通过创新科研体制机制、共建区域科研载体、鼓励合作共赢等全方位措施,实现了一系列先进材料技术突破和业内影响力提升,对推进我国材料产业高质量发展、打造新质生产力跃升具有重要推动作用。

牢记殷殷嘱托　坚持"四个面向"
——海苗生物聚力生物医药全链条创新的实践启示

【引言】 习近平总书记2020年9月11日在主持召开科学家座谈会强调，希望广大科学家和科技工作者肩负起历史责任，坚持面向世界科技前沿、面向经济主战场、面向国家重大需求、面向人民生命健康，不断向科学技术广度和深度进军。

新中国成立后特别是改革开放以来，我国卫生健康事业获得了长足发展，居民主要健康指标总体优于中高收入国家平均水平。随着工业化、城镇化、人口老龄化进程加快，我国居民生产生活方式不断发生变化，居民健康知识知晓率偏低，吸烟、过量饮酒、缺乏锻炼、不合理膳食等不健康生活方式比较普遍，癌症的发病率和死亡率逐年攀升。

癌症严重影响人民的健康，癌症防治工作是健康中国行动的重要组成部分，但相较外资巨头，国内癌症早筛产业尚处于起步阶段。国家卫健委发布《健康中国行动——癌症防治行动实施方案（2023—2030年）》明确指出，要以支撑癌症防治等关键技术突破为重点，以"精准、再生、智慧"为主攻方向，加强癌症防治重大源头创新和颠覆性技术创新，引领癌症防治技术取得原创性突破。

【摘要】 苏州海苗生物科技有限公司作为国家高新技术企业，自成立以来，一直以"癌症早筛技术为引擎，诊断产品为核心，诊断产品＋诊断服务"作为创新战略，专注于基因表达调控与癌症发病机理的研究，以及新发突发传染病领域的诊断试剂的开发。在国际上引领全新泛癌种癌症早筛理念和方法，以扭转中国癌症死亡率居高不下的困境。公司为推动科技创新与产业发展的深度融合，将技术研发作为企业发展的源动力，并与省内外多家高校和科研机构建立了产学研合作基地，签订了一系发展合作战略，构建起科研成果向产品转化的快速通道。海苗生物在癌症筛查产品领域建立了从原材料研究到诊断试剂产业化的完整产业链，均已达到国际水平，并处于国内领先地位，引领我国癌症早筛早诊行业发展。

【关键词】 技术创新；泛癌早筛；全球首创

扫码看VR

一、基本概况

苏州海苗生物科技有限公司（HymonBio）成立于2015年，公司专注于精准医疗行业和POCT（point-of-care testing，即时检验），主要产品涉及早期癌症基因筛查与新发突发传染病检测等相关产品的研制、开发、生产与销售。公司成立至今，先后与中科院、南京大学、东南大学等进行科研和临床的合作，并且聘请了国内外医学检验领域的权威专家成立一支顾问团队，为公司的产品开发提供专业的技术及科研的支持。目前拥有员工30人，其中博士4人、硕士10人，本科12人；公司科技人员为20人，占企业总人数的66.6%。

公司成立至今一直秉持"科研兴企"理念，开展多个技术攻关项目，科技成果年平均转化5项。公司已获得发明专利授权6项，实用新型授权12项，11个产品取得中国医疗器械证书，59个产品获得欧盟CE（Conformité Européene，欧洲合格）证书，1个产品获得FDA（美国食品药品监督管理局）证书，并通过ISO13485（医疗器械行业的质量管理体系标准）认证。先后获评高新技术企业、江苏省研发型企业、江苏省民营科技企业、江苏省"双创计划"扶持企业、姑苏创新创业领军人才企业、太仓创新创业领军人才企业、太仓市创业先锋企业、太仓慈善爱心企业等殊荣。2021年6月，获得了美国IVD（体外诊断产品）行业龙头企业珀金埃尔默创投公司的A轮独家投资，截至2024年7月，公司估值达12亿元。

二、做法成效

（一）科技创新报效祖国

《史记·扁鹊列传》记载，扁鹊对蔡桓公说："君有疾，在腠理，不治将深。"癌症的发生和发展也是一个渐进的演变过程。这个过程一般需要数年甚至数十年，如果在这一时期被发现并给予科学合理的干预、治疗，大部分患者可以获得满意的治疗效果，而如果到了中晚期，就失去了宝贵的早期治疗机会，恶性肿瘤发生浸润转移后，即使采用最先进、最前沿、最昂贵的治疗手段，也较难达到根治的目的。

国务院发布的《健康中国行动——癌症防治行动实施方案（2023—2030年）》指出要以习近平新时代中国特色社会主义思想为指导，全面贯彻党的二十大精神，坚持以人民为中心的发展思想，推进健康中国建设，把保障人民健康放在优先发展的战略位置。一方面，深入推进癌症早期筛查和早诊早治；另一方面，强调要加快重大科技攻关，推广创新成果转化进行工作部署。强调要集中力量加快科研攻关。

海苗生物创始人谭淼博士放弃了留在德国的机会，毅然决定回国发展，正是怀着这样一颗党员的赤子之心和一腔报效祖国的热情，2015年，她回国创办了苏州海苗生物科技有限公司，挂牌中科院生物与化学交叉学科研究中心产业化基地，从零开始闯出一片新的天地。谭淼博士回国后带领技术团队成功开发出以精准诊断技术为基础的癌症筛查系统，在基因精准诊断、早癌筛查领域掌握了相关核心技术，独创的痕量游离核酸富集技术、一步法核酸提取技术、纳米分子锁扩增技术以及多重PCR（聚合酶链式反应）检测技术等精准诊断技术，破解了基因突变/甲基化及疾病特异的早期肿瘤核酸标志物的微量检测及多基因项目同时检测的国际性技术难题，可以实现对恶性肿瘤、重大及新发突发传染病多重感染等复杂多位点基因标志物的早期筛查及鉴别。

（二）锚定成为癌症早筛的引领者

从全球范围来看，几乎所有的癌症患者最大的期待就是在尽量延长生命的同时保证生活质量，时至今日，"关口前移"被认为是最重要的癌症诊疗关键节点。

但在中国每年41万新发结直肠癌病例中，其中早期癌症不足20%。[①] 在临床诊疗领域，仍旧存在巨大的未被满足的需求。根据"健康中国2030"愿景，到2030年癌症五年生存率要提升至46.6%。这就需要通过早期筛查实现早期肿瘤的发现和临床治愈。但目前癌症早期筛查工作仍主要聚焦于少数几种癌症类型，且由于筛查过程中存在侵入性损伤，导致患者在配合度上面临较大挑战。而基于分子诊断的新型早筛技术，为突破癌症防治困境带来新的转机。

为了切实解决这一问题，海苗生物的自研技术打破国外垄断，成功推出了一款泛癌种无创早期筛查产品，不仅填补国内领域空白，更是做到了全球首创。该产品仅需一管血便可检测28种常见高发癌症。该产品的推出，不仅拓宽了癌症早期筛查的适用范围，还极大地提升了民众筛查体验的依从性，为癌症防治工作注入了新的活力。

---

① 数据见《健康中国行动——癌症防治行动实施方案（2023—2030年）》总体目标第二点。

由于血液中 cfDNA（循环核酸）含量很低，往往需要较多的样本。于是，海苗生物自主研发出 ECS 高效磁珠提取技术，利用自有专利技术制备的纳米磁珠，独创的表面化学修饰组合，造就最适于低浓度小片段核酸亲和吸附及洗脱的多重物理化学特性；专利工艺控制的特定纳米尺度粒径分布，保证了充分的磁珠比表面积和核酸吸附容量；该纳米磁珠易于悬浮，自沉降时间长，磁感应吸附迅速，易于适配自动化高效核酸提取工作流程。提高了痕量小片段游离核酸提取效率，将目前市场平均水平 30% 提高到 90% 以上，大大降低了采血量。

伴随液体活检等新型检测技术的推广，其能够高效、精准地帮助医生和患者发现早期癌症的优势深受认可。海苗研发团队独创的 MoLock 纳米抗体分子锁技术在美国 PE 公司获得诺奖技术平台上进行了自主技术研发创新，利用纳米抗体的特异性和高亲和性，将自主专利纳米抗体分子锁技术应用于多重 PCR 中，实现对变异基因选择性特异扩增，另外通过抗体结合"锁定"野生型基因，防止其扩增，保证突变基因扩增产物压倒性优势。本技术解决了野生型基因对突变型基因扩增的干扰，提高突变基因检测准确性，"杂音"去除效率达到 80%—90%，能够特异性识别、扩增有效突变基因。对突变基因可以达到万分之一的临床多重检出。该研究成果获得了美国 PE 的实验室验证和认可，以及美国 PE 的独家 A 轮投资，此外海苗的试剂盒产品更是获得了美国 FDA 证书以及美国药监局局长的官方推荐。

（三）拓展全球布局，迎接出海挑战

近年来，全球分子诊断市场规模不断扩大，即使市场经济受到冲击，也不影响全球分子诊断市场增长步伐，分子诊断的需求正以前所未

有的速度在增长。但是要想在海外市场竞争中抢占先机，绝非一蹴而就。海苗生物依靠硬核的研发能力和创新技术推开国门，通过与海外企业、高校等达成战略合作签下高额采购订单，产品获得FDA突破性医疗器械认定及欧盟CE认证等方式，拿下出海增长点。

传统的分子诊断试剂一般以液体试剂为主，在保存和运输过程中，为保证分子诊断试剂有效成分的生物活性，在运输过程中需要使用冰袋、干冰等保温措施，保证试剂在−20℃左右的冷链环境中储运，这增加了运输和储存中的成本，一定方面限制了国外市场的营销。

为解决这一问题，海苗独创的冻干技术，在保持制品原有的结构、活性和生物特性前提下，将诊断试剂冻干成粉末，通过真空冷冻干燥，使得制品的稳定性得到提升，同时在常温中也可保存，保质期较长；可免除冷链储运成本，降低由于温度控制不当导致试剂活性降低的风险。而且加样体积更灵活，检测灵敏度更高。

对于刚刚接触海外市场的海苗来说，往往较难在短期内搭建起覆盖全国的营销及服务渠道，因此不免有一些客户对试剂盒存在疑似质量问题，为了解决不必要的质量纠纷，海苗生物独创的DIDC双内标质控系统，可实现从样本取样到检测的全流程监控，在提高检测灵敏度和特异性的同时，有效避免假阴性及假阳性结果。

（四）深入产学研合作，共谋发展新机遇

随着知识经济的发展，高等教育与地方的合作已成为推动人才培养、科技创新和社会进步的重要手段。新时代新征程，深入推进校企地合作，更是实现教育、科技、人才一体化的应有之义。海苗生物始终坚持以人为本的发展理念，形成了"内部学历提升＋外部联合培养"的人

才培养体系。对内鼓励员工进行在职学历提升，公司承担相应的学杂费用；对外先后和华东理工大学、延安大学、东南大学等成立科研教学实践基地，签订合作发展战略，从而进一步推动学科交叉共建，推进全方位、深层次、可持续的人才培养模式，建立研究生合作培养的长效机制，构建起科研成果向产品转化的快速通道。

三、经验启示

（一）技术创新为根本

作为科技创新与产业创新的主体，企业必须聚焦关键技术攻关，努力突破"卡脖子"难题，打造更多原始性创新、颠覆性技术，以实现高水平的科技自立自强。海苗生物作为生物科技领域的领军企业，自然深知其中关键所在。9年深耕细作，先后与多家国内外知名企业、医疗机构以及院校达成了科研合作项目，进行了高端诊断方面的各种探索合作。

百舸争流不进则退，唯创新者行稳致远。海苗生始终坚持专研创新技术，独创ECS高效磁珠提取技术，大大提高了痕量小片段游离核酸提取效率，能达到90%以上。全新的MoLock纳米抗体分子锁技术和DIDC双内标质控系统，可实现从样本取样到检测的全流程监控，提高检测灵敏度和特异性，有效避免假阴性及假阳性结果。

在研发平台建设方面，海苗构建以自主开发为主、合作开发和引进技术开发为辅的多形式技术"产、学、研"相结合创新模式，通过整合高校科研优势和科技创新平台实现优势互补、合作双赢，提升公司的研发实力。

（二）构建团队产学研优势

作为一家高新企业，人才是企业发展的第一竞争力。在研发人才队伍建设上，海苗生物打造了一支生命科学领域的人才组成的老中青研发团队，均来自企业、高校、医院等不同层面，覆盖从诊断试剂的开发、临床试用、评价、产品商业化全流程。

在培养人才、留住人才方面，海苗生物的"一家人"计划持续升级。首先，公司坚持学历提升政策，高度重视职工的培养工作，提倡和鼓励在职员工通过研究生进修提升学历，并且在各个方面为再学习人员提供便利条件和支持帮助，促进企业与员工共同成长。其次，公司设立股权激励机制，这是为了激励和留住核心人才而推行的一种长期激励机制，公司在普通员工入职满三年，经理级以上入职满一年后会给予一定的股权作为激励，以此培养员工的主人翁意识，从而帮助企业实现稳定发展的长期目标。

（三）充分利用医药政策支持

企业的快速发展更离不开政府生物医药政策的扶持。一方面，政府的支持力度大，例如项目落地补贴、注册奖励等政策的支持，让企业有更多的市场启动资金，从而开拓出广阔的市场份额；另一方面，政府服务有深度，快速的审批流程，缩短了公司相关项目注册申报过程，加快了产品的上市，能够让企业更快地获得经济效益。

案例点评

随着新一轮科技革命和产业变革的深入推进，新质生产力正迎来其形成与发展的关键时期。海苗生物在这一背景下坚持"科学→技术→产品→品牌"的企业发展逻辑，以科技创新不断解锁生命科学的潜力，不仅独创痕量游离核酸富集技术、一步法核酸提取技术、纳米分子锁扩增技术以及多重PCR检测技术等精准诊断技术，破解了国际性技术难题，而且将分子诊断液体试剂升级为独创的冻干技术，同时产学研协同推进，积极推动肿瘤早筛的发展，为行业的发展和进步贡献了海苗力量。

服务药物创新　造福人类社会
——昭衍医药聚焦市场痛点推动新药研发的经验启示

【引言】　生物医药产业作为国家战略及国内众多地区的支柱产业，持续获得了国家产业政策的支持，国内药物研发投资热度持续上涨；国际药物研发保持了旺盛的势头，国际及国内药物研发合作不断增加，支持了增加的药物研发的服务需求；同时由于国内CRO机构（委托临床研究组织）在国际化服务能力方面的提升，使得国际注册更加便捷且成本降低，故而国内企业的国际注册需求大幅增加；由于带量采购政策的影响，医药研发企业将不得不重视自主药物的研发，尤其是创新药物；在新药开发竞争加剧与研发收益减少的情况下，CRO机构可以助推医药研发企业高效、专业地管理研发活动，降低其成本及风险。上述因素将使得国内非临床CRO市场规模持续增加。

【摘要】　在苏州全力打造具有国际竞争力、全球影响力的生物医药产业创新集群的号召下，昭衍医药致力于提供创新服务，支持客户在中国乃至全球拥有最具开创性和复杂性的新药研发项目。为实现该目标，昭衍医药一直不断投资提高服务能力，并积极参与政府支持重大研究项目。上述投资使他们能够保持在业内最新技术趋势的前沿，为客户开发新颖的解决方案并保持他们的竞争地位。通过内部研发、与大学和研究机构合作、与客户合作以及对他们所获得的技术进行开发和改进，进一步提高他们的技术能力。

【关键词】　药物安全性评价；GLP体系；创新药物研发

扫码看VR

一、基本情况

昭衍（苏州）新药研究中心有限公司位于江苏省苏州太仓市生物医药产业园，是北京昭衍新药研究中心股份有限公司（昭衍新药）的全资子公司，昭衍新药于 2017 年 8 月在上交所上市，2021 年 2 月在港交所上市。昭衍（苏州）成立于 2008 年 12 月，注册资本 5 亿元，于 2009 年开始动工，2011 年 5 月正式对外运营，是一家专业的药物临床前安全性评价机构。公司资产规模不断扩大，财务状况良好，盈利能力增强，经营业绩不断提高。2023 年实现服务收入 14.26 亿元，税收 1.04 亿元。

1. 行业资质

昭衍（苏州）同时具有 CFDA（国家食品药品监督管理总局）、OECD（经济合作与发展组织）、MFDS（韩国食品药品安全部）、GLP（药物非临床研究质量管理规范）认证资质，所提供的试验报告可同时被中、美、日、韩以及欧盟组织成员国等多个国家的食品药品监管部门认可，并通过了 AAALAC（国际实验动物评估和认可委员会）的认证，具备了支持全球药物注册申报的能力与资质，可实现一份实验报告的全球申报。

2. 设施规模

昭衍（苏州）建有符合国际标准的现代化功能实验室和实验动物饲养管理设施，建筑面积超 80 000 平方米。功能实验室配备先进的仪器设备，满足各项药物研发的临床前研究评价工作。动物设施的设计以及管理全面符合国际动物福利理念，可饲养猴、狗、猪、兔子、豚鼠及大小鼠等实验动物，收容能力可以满足大规模、多项目试验的要求。

3. 技术实力

经过10多年的发展和技术积累，企业已经形成了国内一流的毒理学研究评价团队、药理学研究评价团队、药代动力学研究评价团队、眼科研究评价团队等多个专业团队。集聚了美国前FDA现场法规处审查官姚大林博士（Dr. Dylan Yao）、美国前FDA高级药理毒理评审员张永斌博士（Dr. Yongbin Zhang）、美国前亨廷顿生命医学评价中心简·伊丽莎白·皮尔斯博士（Dr. Jane Elizabeth Pearse）等高端技术人才，全职在我司工作。团队学科背景交叉融合、本土及海归高层次人才优势互补，可为客户提供研发项目设计个性化方案、药物筛选、药效学研究、药代动力学研究、安全性评价和临床试验以及注册服务的一条龙外包服务，覆盖了从药物发现直到新药注册的全过程。

目前，国内药物研发100强企业，有80家与昭衍建立了业务往来，有50家是战略合作；国内医药工业100强企业，有70家是昭衍的客户。昭衍在为客户服务的过程中获得了良好的口碑。同时公司也得到了各级主管部门的认可，获得国家服务外包平台专项资金、江苏省新药研发外包公共服务平台、江苏省工程技术研究中心、江苏省工程研究中心等50余项荣誉称号。

二、主要做法

公司围绕提高企业自主创新能力，以高层次创新型科技人才为重点，努力培养一批国内一流的科技领军人才和创新团队，建立了理论知识和实践锻炼相结合、国内培养和国际交流合作相衔接的开放式培养体系。为使创新药物的研发和评价技术手段达到国际水平，支撑和有力推动创新药物的研发和评价，不断增加公司的综合竞争力，其中具体开展的创新型项目如下。

（一）符合国际规范的 GLP 体系建设

通过实验室信息化管理系统（LIMS）、GLP 体系国际化、技术标准国际化这三方面建设来加强技术规范和关键技术服务的能力，所建立的符合国际规范要求的 GLP 体系和具有规模化、国际化服务能力的临床前安全评价技术平台，提高了公司的国际竞争力，为国内外生物医药企业提供了国际化、现代化、产业化和高质量的生物医药外包服务，支撑我国药物的自主创新。

（二）建立符合国际标准的生殖毒理、安全药理、眼科药物安全性试验、生物分析技术的评价体系

伴随国家新药研发的扶持政策，国内越来越多的新化合物被合成出来。大部分适应证集中在长期服用的疾病，如：心血管、糖尿病、肝炎等，这些化合物在走上临床前都必须经过符合国际标准的动物实验评价，由于国外此类实验成分相当高（国内的数倍），很多公司在中国寻求合作伙伴，当前的中国其他 CRO 还不具备综合评价此类实验的能力。为提高昭衍（苏州）的市场份额，近三年通过不断创新研究，在眼科临床前综合评价技术研究、药物生殖发育毒性评价方法、生物大分子药物的临床前安全药理学评价技术体系、多成分药物的同时定量分析、

复杂代谢产物的分离和鉴定技术等相关方面取得技术突破，是昭衍新药掌握了全面的新药临床前评价能力，加大了公司的综合竞争力。

（三）建立疾病模型动物饲养管理设施、生物安全实验室

中国目前在动物疾病模型方面存在严重的不足，很多疾病模型无法复制，致使该适应证的药物无法在国内得到系统评价，需寻求国外服务机构的帮助，致使研究周期变长，成本增加。为力求改变现状，昭衍（苏州）通过自身的发展与国际合作，在相应领域填补了中国的空白，并形成了特色服务，提高综合服务能力。

相应国际服务体系的建立，提高了昭衍（苏州）生物医药研发服务企业（机构）的国际竞争力，同时使一些国内急待提高的药物非临床评价关键技术获得突破，对引领江苏生物医药服务外包产业的腾飞发展，具有重要的意义。

三、成效及启示

（一）勇于创新，推动质量体系进一步提升

昭衍（苏州）在应对变化的同时也进一步夯实基础，提升质量，接受并顺利通过了国家药监局 GLP 认证复查，欧盟 OECD 的 GLP 认证复查，国际动物福利 AAALAC 复查，农业农村部兽药审评中心对兽药项目的 GLP 检查，ISO9001 监督检查以及江苏省药监局 GLP 监督检查。其中 OECD 的认证检查，使得昭衍（苏州）成为疫情后少数拥有欧盟 GLP 资质认证的 CRO 企业，可以更加全面地支持国内创新药物研

发企业走出中国，走向全球。

（二）聚力客户痛点，推动品牌进一步凸显

为了满足客户需求，提高服务竞争力，公司注意加强服务质量，重视科技的力量，加强技术研发。多年来，公司先后自主研发多项专利技术，让产品为客户着想。在研发机构建设上，建立了拥有国家级"高新技术企业"、江苏省工程研究中心、江苏省工程技术研究中心、江苏省企业技术中心、江苏省苏州新药研发外包技术服务中心、江苏省中小企业公共服务示范平台、苏州实验动物及疾病模型开发与应用工程技术服务中心，获得江苏省博士后创新实践基地、江苏省企业研究生工作站、江苏省产教融合型试点企业、江苏省外国专家工作室、苏州市企业院士工作站、华侨大学研究生工作站等荣誉称号，承担了国家十三五重大新药创制"生物大分子药物特殊评价关键技术研究"、国家服务外包平台专项资金项目、江苏省战略性新兴产业项目。

（三）锚点全产业链 推动业务架构科学合理

为了适应行业新形势，2023年昭衍主动求变，进行了业务架构调整，按业务板块分为非人灵长类事业部、药物发现事业部、非临床评价事业部、临床研究事业部、昭衍药检和海外业务事业部。公司继续保持在非临床评价的核心业务领域的市场领先优势，持续增加公司客户群体，努力让每一个国内创新药物公司都了解昭衍、信任昭衍。加大新业务板块的市场推广与宣传力度，包括医院基地、临床试验、临床检测以及细胞检定等板块，积极向产业链前后端以及海外市场进行拓展，现已成长为一家具备提供创新药物研发全产业链服务能力的国际化CRO公司。

（四）服务人民生命健康，切实履行社会责任

2021—2023年，三年来，公司资产规模扩大，财务状况良好，盈利能力增强，经营业绩不断提高。2023年实现服务外包销售收入14亿元，税收超1亿。目前拥有近1 400人的专业技术团队，2024年将继续加大招才引智力度，新增研发人员200人。公司一直坚持主动参加社会慈善事业，多年来，在发展壮大企业同时，秉承"三利原则"，即"利国利民利企业"，潜心发展，真诚服务，将"回报社会"作为企业重要发展理念，严格履行法定社会责任，积极履行道义社会责任，把实现经济效益和社会效益统一起来，努力塑造优秀企业形象。在社会需要的时候，向社会捐助物资，并提供志愿者服务。

📖 案例点评

> 带量采购政策的影响使得医药企业越来越重视创新药物的研发，新药开发竞争加剧与研发收益减少的趋势使得国内非临床CRO市场规模持续增加。昭衍（苏州）新药研究中心有限公司及时把握这一行业市场格局：打造体系标准架构设施、提高服务能力、参与政府支持研究项目、开发针对性解决方案，通过昭衍公司内部技术研发及外部机构合作双管齐下，积极履行社会责任，成长为一家创新药研发全产业链服务的国际化CRO公司。

坚持科创赋能　推动绿色转型
——国富氢能的创新驱动发展之路

【引言】 2014年6月，习近平总书记站在党和国家事业发展全局高度，提出"四个革命、一个合作"能源安全新战略，为我国新时代能源高质量发展提供了根本遵循。十年来，在以习近平同志为核心的党中央坚强领导下，我国大力推动能源绿色发展，积极壮大清洁能源产业，促进能源清洁高效利用，助力全球能源转型，不断释放发展新动能，取得举世瞩目的成就。氢能被誉为"21世纪终极能源"，更是在碳达峰、碳中和大背景下，加速开发利用的一种清洁能源。"十四五"规划《纲要》提出，在氢能与储能等前沿科技和产业变革领域，组织实施未来产业孵化与加速计划，谋划布局一批未来产业。国家发展和改革委员会发布的《氢能产业发展中长期规划（2021—2035年）》规划，明确了"氢能是未来国家能源体系的重要组成部分""氢能是用能终端实现绿色低碳转型的重要载体""氢能产业是战略性新兴产业和未来产业重点发展方向"。

【摘要】 作为北京冬奥会用氢能装备供应商之一，国富氢能凭借国产化科技实力，顺利完成了冬奥会的氢能保供任务。这一实践不仅验证了国富氢能产品的先进性和可靠性，更体现了其在推动绿色能源转型、助力绿色奥运方面的积极贡献。国富氢能的高效、安全、环保的氢能装备为赛事提供了稳定的能源保障，赢得了广泛赞誉。同时，国富氢能也积累了丰富的氢能产业链运营经验。此次实践的成功，进一步坚定了国富氢能继续加大技术创新和产业链整合力度的决心。未来，国富氢能将继续深耕氢能领域，推动清洁能源的广泛应用，为实现"双碳"目标和可持续发展贡献更大力量。

【关键词】 加氢站；车载供氢系统；低碳能源

扫码看VR

国富氢能抢抓"双碳"战略机遇，积极响应政策号召，在氢能全产业链的高端装备环节进行了产品布局和技术储备，打通从水电解制氢、氢液化、储运配送到终端利用的氢能全产业链。此举不仅有助于实现绿色发展目标，对苏州市氢能产业链起到较强的带动和辐射作用，也为能源产业的结构调整和创新发展注入了新动力。

一、基本概况

江苏国富氢能技术装备股份有限公司成立于 2016 年 6 月，是国家级专精特新"小巨人"企业，获评第一批、第二批重点"小巨人"企业，国家高新技术企业，是江苏省新能源集群氢能产业链中准链主企业、江苏省优秀企业、苏州"独角兽"培育企业、苏南国家自主创新示范区潜在独角兽企业、江苏省高新技术产业开发区瞪羚企业。建有江苏省氢能制储装备工程技术中心、江苏省企业技术中心、江苏省氢能源产业链装备工程技术研究中心。

国富氢能为国内首台大功率氢能源调车机车"氢龙一号"提供国内最大储氢能力的供氢系统，为北京冬奥会及 2023 年成都大运会提供国产车载供氢系统。完全自主研发的 70 MPa 集装箱式高压智能加氢成套装置荣获 2021 年度能源领域首台（套）重大技术装备项目认定，并成功助力 2022 年北京冬奥会，2023 年，自主开发的国内首台 10TPD 氢液化工厂核心设备成功下线，标志着液氢制储运领域核心技术"卡脖子"问题取得重大突破。未来，国富氢能继续以液氢、四型瓶、智能制造为发展战略，打通从电解水制氢、氢液化、储运配送到终端利用的氢能全产业链，为可再生能源制绿氢和绿氢大规模储运利用提供装备全产业链解决方案。

国富氢能公司地处中国经济最具活力的地区之一，制造业基础雄厚，供应链配套完毕，技术人才聚集。公司通过在氢能行业的先发优势、不断扩大的生产制造能力和灵活创新的商业模式，同时与上游的能源化工行业巨头和下游的"海陆空"新能源相关企业强强联合建立产业联盟共同发展，对氢能产业链起到较强的带动和辐射作用，从而助推涉氢省市经济发展。

二、做法成效

（一）坚持产品创新，加大科技投入力度

国富氢能持续开展新产品新技术研究、持续加大创新投入，积极加快研究成果产业化落地应用，推进产品科技含量，通过科技自强、智能制造、降本增效等手段，补强技术短板，着力提升全产品线优势。致力于智能制造提升产能规模和产品一致性，以引进吸收和自主创新相结合的先进技术引领行业行为，超前布局加氢基础设施，建立高效的液氢产业链，不断提升国产化率和降低成本，推进有中国特色的氢能经济和产业发展。

（二）聚焦技术创新，加大专利申报力度

国富氢能及其子公司已申请氢能源产业领域专利知识产权 440 余件，已授权的自主知识产权 270 余件（其中发明专利 66 件），已获得软件著作权 39 项，所有知识产权均来自企业自有技术；参与编制国家标

准9项、地方标准与团体标准15项;承担了国家重点科研专项2项、国家质量基础的共性技术研究与应用重点专项1项、国家重点研发计划氢能技术重点专项1项、国家重点研发计划交通基础设施重点专项1项。

(三)强化产业引领,助推科创升级

公司"35 MPa、70 MPa混合式集装箱式高压智能加氢成套装置"和"低成本高储氢密度70 MPa车载高压储氢供气系统"获得江苏省汽车产业重点领域先进技术产品;"QN35集装箱式增压加氢装置与氢气加气机"获江苏省首台套重大装备认定;"35 MPa集装箱增压加氢装置与氢气加气机"于2017年12月通过省级新产品鉴定;《智能化氢气增压加注装置》《铝内胆碳纤维全缠绕储氢气瓶》已通过中国机械工业联合会科技成果鉴定;《高压氢气供氢系统关键技术及产业化》已通过中国汽车工程学会科技成果鉴定。

国富氢能建有装备产业基地,总投资19.8亿元,占地190.8亩,列入江苏省重大项目清单,项目分三期进行,拥有国内首条氢瓶智能化产线,具备年产高压氢气Ⅲ型瓶10万只及500套水电解制氢成套,高压氢气四型瓶年产3 000只、液氢加氢站和高压加氢站100套、大型液氢容器20台、氢气液化工厂成套装置年产2—3套的生产能力。

多年来在科技、产业、产品全方位立体式创新引领之下,企业在业界取得了多点突破。

在车载供氢系统方面,国富氢能车载高压供氢系统出货量和市占率位居国内行业第一,与中国重汽、厦门金龙、宇通客车等主要商用整车厂和亿华通、上海重塑、上海捷氢等龙头燃料电池系统集成厂商建立了稳定的合作关系；国富氢能为国内首台大功率氢能源调车机车"氢龙一号"提供国内最大储氢能力的供氢系统，为北京冬奥会及2023年成都大运会提供国产车载供氢系统。国富氢能车载供氢系统采用严格的设计准则，针对内胆结构设计方案，碳纤维铺层设计方案，进行优化、改良，并成功应用于内胆的强旋以及收口工艺上，通过自主独立研发的缠绕呼固化工艺，实现制造工艺的阶段性突破，在保证疲劳寿命、抗压强度的基础上实现气瓶的轻量化，最终通过设立不同的试验方案进行测试验证。2022年在北京冬奥会期间，国富氢能陆续为北京和张家口两个城市共230辆燃料电池公交大巴，提供车载高压氢瓶和供氢系统，配套福田、吉利、宇通等客车品牌。特别是在2021年12月与搭载国家电投氢腾电堆的宇通客车一起作为延庆赛区保供车辆通过测试是冬奥核心赛区用100%国产化FCEV，为冬奥赛事提供交通接驳保障服务。国富氢能专业的保供团队服务于第一线，保证车辆冬奥会期间"0延误、0事故、0投诉"，全面实现交通领域绿色用能。

在加氢站设备方面，采用国富加氢设备的加氢站在全国加氢站总保有量中位居行业首位，与中国石化、东华能源、嘉化能源等能源集团和三水发展、淄博金路通等地方城市运营平台建立合作关系；国富氢能加氢站成套设备已经实现在全国五大燃料电池汽车示范应用城市群全覆盖，同时被应用于北京王泉营加氢站和河北崇礼西湾子加氢站，服务2022年北京冬奥会，保障"用氢"环节。国富氢能参与建设全球首座商业化运营燃料电池有轨电车配套高明加氢站，全国首座中石化油氢合建樟坑站，全国首座港口加氢青岛港站，全国最大钢铁企业厂内晋南钢铁加氢站，为国内70Mpa加氢站产业化应用实现重大突破。

在场景应用方面，2022年在北京冬奥会期间，国富氢能共支撑两座 70 MPa 加氢站加氢，分别为王泉营加氢站及河北西湾子加氢站。

中国石化河北崇礼西湾子加氢站不仅是河北首座 70 MPa 加氢站，也是国内率先商业化投运的 70 MPa 加氢站，丰田汽车赞助北京冬奥的 70 MPa FCEV 数百辆"第二代 MIRAI"和"柯斯达氢擎"都将在这里补充氢燃料。作为冬奥期间加注车辆最多的 70 MPa 加氢站，中国石化河北崇礼西湾子加氢站，在试运营期间和冬奥服务期间，加氢设备安全、稳定、可靠运营，未出现过因为设备和服务原因导致的车辆加氢停止和延迟。平均每天加氢 80—100 辆丰田燃料电池汽车，所有 70 MPa 车辆加注均能保证 3—5 分钟完成。秉持绿色环保理念，切实践行低碳应用，为冬奥会的零碳排放做出应有的贡献，助力国家实现"双碳"目标早日实现。

王泉营加氢站，日供氢能力 1 500 公斤，每天可为 60 辆 70 MPa 氢燃料公交车提供加氢服务。河北西湾子加氢站，具备 35 MPa 和 70 MPa 加氢能力，日加氢气能力为 1 000 kg。

2022 年 5 月，王泉营加氢站 70 MPa 集装箱式高压智能加氢成套装置认定为国家能源局首台（套）重大技术装备。

三、经验启示

（一）坚持创新驱动发展

国富氢能的成功经验表明，创新是推动企业发展的重要动力。在氢能领域，只有不断进行技术创新和研发投入，才能保持领先地位并满足市场需求。因此，企业应加大创新力度，加强技术研发和人才培养，不断提高自身的核心竞争力。

（二）深化产学研合作

国富氢能在冬奥会中的成功应用得益于产学研的深度合作。通过与高校、科研机构等单位的紧密合作，企业可以充分利用各方资源和优势，共同推动氢能技术的研发和应用。这种合作模式不仅有助于提升企业的技术创新能力，还可以促进科研成果的转化和应用。

（三）市场需求导向

国富氢能在产品开发和技术创新过程中始终坚持以市场需求为导向。这种市场导向的策略使得企业能够紧密跟踪市场需求变化，及时调整产品和技术方向，从而满足客户的实际需求。因此，企业在发展过程中应密切关注市场动态，以市场需求为导向，不断调整和优化自身的发展战略。

（四）绿色可持续发展

国富氢能的成功应用为绿色可持续发展提供了有力支持。在应对气候变化和环境污染问题日益严峻的背景下，绿色可持续发展已成为全球共识。因此，企业应积极践行绿色发展理念，推动清洁能源技术的研发和应用，为实现绿色发展目标贡献力量。

案例点评

氢能是用能终端实现绿色低碳转型的重要载体,也是战略性新兴产业和未来产业重点发展方向。江苏国富氢能技术装备股份有限公司在加氢站和氢能源汽车领域都布局了自主专利的集成设备,公司已申请专利知识产权 440 余件,其自主开发的国内首台 10TPD 氢液化工厂核心设备标志着液氢制储运领域核心技术"卡脖子"问题取得重大突破。国富氢能以技术突破为根本,以氢能全产业链布局为天地,为可再生能源提供了全产业链解决方案。其完全自主研发的加氢装置成功助力 2022 年北京冬奥会能源保障,向世界展示了中国氢能源企业的自主氢能源保障设施和全天候优质服务。

催生"产业大脑" 服务千行百业
——苏州协同科技夯实标识数据底座的创新经验与启示

【引言】 习近平总书记指出，要深入实施工业互联网创新发展战略，系统推进工业互联网基础设施和数据资源管理体系建设，发挥数据的基础资源作用和创新引擎作用，加快形成以创新为主要引领和支撑的数字经济。工业互联网标识解析体系是工业互联网网络体系的重要组成部分，是支撑工业互联网互联互通的神经中枢。随着我国工业互联网标识解析体系"夯基架梁"工作已基本完成，正式进入规模化发展期，2024年工信部等部门联合发布了《工业互联网标识解析体系"贯通"行动计划（2024—2026）》，提出了未来发展的量化指标，进一步深化标识解析体系作为数据基础服务基建的核心价值。

【摘要】 苏州协同科技作为推进标识解析体系建设的先驱，为充分发挥工业互联网标识解析的数据融合和数据底座作用，贯通千行百业，构建"1"个服务于工业体系融合贯通发展的工业数据底座，催生包括行业机理模型、产业生态图谱、企业应用数仓在内的"工业大脑"，支撑"平台+"生态、智改数转、创新应用、节能减排"4"大服务能力，助力企业数字化转型，产业创新化发展。此外苏州协同作为国家"专精特新"小巨人企业以及苏州市数字产业化发展"头雁"企业，走出了具有平台服务特色的"两业融合"发展模式，先后承担多项国家工业互联网创新发展工程项目，以标识解析促进数据和应用的互联互通，以平台应用推动市场化的高效服务，不仅自身作为全国领先的产业数字化的优秀服务商,"平台+"的创新模式更促使苏州协同成为众多数字化服务商与制造企业需求的高效对接枢纽和桥梁。

扫码看VR

一、基本概况

苏州协同创新智能制造公司致力于打造工业互联行业标杆，深耕工业互联网标识解析赛道，是国内唯一具备硬件载体、软件连接器、公共服务平台、工厂实施一整套技术储备和相关资质的公司，是江苏省首家完成国家工业互联网创新发展工程—工业互联网标识解析二级节点（综合型应用服务平台）及产业集群应用服务平台验收的高新技术企业。自主研发的"苏云工业互联网平台"以制造业为建设基础，赋能制造业高质量发展，被评为江苏省重点工业互联网平台、国家工业互联网试点示范企业、国家级专精特新"小巨人"企业等，获多项荣誉资质。2022年，公司实现3.2亿元营业收入，完成B轮融资，自主研发的软件平台覆盖多个产业集群，助力多领域、多行业的制造业企业自动化、数字化发展。

（一）工业互联网及标识解析平台成效突出

自主研发的"协同 X-TECH 工业互联网平台"荣获国家级特色行业工业互联网平台、江苏省重点工业互联网平台荣誉称号，当前平台累计接入设备近100万台，入驻企业4 000余家，提供应用300余款，成为制造型企业与数字化服务商链接的重要枢纽和桥梁。

（二）承担国家级重大项目建设

承担"国家级跨行业协同应用及数据要素平台""江苏省标识解析公共服务平台"等工信部工业互联网创新发展工程及省级重大项目6

项，打造主动标识载体、工业软件连接器、平台中间件等重要技术攻关工具，承担国家级标识解析综合型二级节点及应用服务平台，当前标识注册量累计 110 亿，标识解析量 320 亿，上架标识创新应用 200 余项，标识运营成效全国领先。

（三）智改数转服务水平走在全国前列

在智改数转网联领域，联合西安交通大学等知名高校开展智能制造诊断服务工作，已累计服务企业 2 500 余家，连续 3 年获评苏州市优秀智改数转服务商。提供智能生产管理、产品全生命周期管理、设备远程运维、能源管理等产品服务，累计建设智能车间及智能工厂项目 200 余项，赋能企业数字化、智能化、绿色化发展。

二、主要做法

（一）打造"1+4"服务矩阵

苏州协同科技作为推进标识解析体系建设的先驱，为充分发挥工业互联网标识解析的数据融合和数据底座作用，贯通千行百业，构建"1"个服务于工业体系融合贯通发展的工业数据底座，催生包括行业机理模型、产业生态图谱、企业应用数仓在内的"工业大脑"，支撑"平台+"生态、智改数转、创新应用、节能减排"4"大服务能力，助力企业数字化转型，产业创新化发展。此外苏州协同作为国家"专精特精"小巨人企业以及苏州市数字产业化发展"头雁"企业，走出了具有平台服务特色的"两业融合"发展模式，先后承担多项国家工业互联网创新发展工程项目，以标识解析促进数据和应用的互联互通，以平台应用推动市场化的高效服务，不仅自身作为全国领先的产业数字化的优秀服务商，"平台＋"的创新模式更促使苏州协同成为众多数字化服务商与制造企业需求的高效对接枢纽和桥梁。

协同科技以标识解析体系数据融合贯通能力为基础，构建"1"个服务于工业体系融合贯通发展的工业数据底座，催生包括行业机理模型、产业生态图谱、企业应用数仓在内的"工业大脑"，支撑"平台＋"生态、智改数转、创新应用、节能减排"4"大服务能力。

1. 数字化工业服务数据底座建设点评

协同科技联合中国信息通信研究院、清华大学、深圳数据交易所等国家重点科研单位，围绕跨产业数据要素共享开展专项研究工作，构建了基于标识解析的数据要素共享服务平台。平台通过建立统一的数据交互底座，实现跨企业、跨行业、跨区域的数据汇聚、共享与协同，为产业链上下游企业提供全面、开放、安全的数据要素登记确权和协作环境，助力工业大脑数据底座构建，加速推动工业互联网的跨领域、跨行业融合和发展。

2. 产业平台服务生态建设

标识解析公共服务平台面向工业企业、工业化服务商、政府单位、研发机构，通过将信息流、资金流、人才流、工具流进行云端整合，向接入平台的主体进行共享，形成社会化、共享化的协同发展和扁平化的组织模式，实现跨企业、跨行业、跨领域的立体式融合。

共享生产平台面向模具产业集群内生产制造企业，以企业制造资源需求为核心，通过打造生产设备、专用工具、生产线等制造资源的在线交易共享解决方案，实现制造业与生产服务行业融合新模式。

3. 企业智改数转服务建设

苏州协同以为企业降本增效、提质保量为宗旨，面向制造企业，通过搭建线上数字化诊断平台工具以及成立专业的线下诊断专家团队，为企业提供诊断、评估、改造全流程的一站式智改数转服务体系。

4. 工业互联网创新应用建设

苏州协同面向制造业企业，以"基于标识的数据采集和基于人工智能的互联网实现"为技术手段，以"公共服务平台"为窗口打造协同智能制造、定制化生产管控、设备远程运维、供应链管理、人工智能、大数据分析等场景下的创新应用服务，完善数字化、网络化、智能化制造应用和服务体系。

5. 绿色低碳节能减排服务建设

苏州协同面向高能耗的制造型企业，通过先进主动标识载体技术，实现设备能源信息间的泛在链接，以及对生产所需能源的智慧化监控和管理；同时，通过星火链网提供的智能合约，保障数据安全确权，实现碳合约、碳交易等场景的应用服务。

6. "政产学研金服用"创新模式建设

协同科技着力打造工业互联网发展生态，探索出"政产学研金服用"融合创新模式。联合西安交通大学、清华大学、苏州大学、北京工商大学等国内知名高校，中国信息通信研究院等一流研究院所，苏州银行、江苏银行等金融机构，四川长虹、吴中医药、浙江新凤鸣等国内产业龙头，以创新中心为纽带，各自发挥优势，取长补短，实现协同发力，探索协同共生、持续创新的"政产学研金服用"融合创新的一种新模式，构建起人才、技术、资本、项目、服务等要素高效配置的创新生态圈。协同科技在推进制造业产业创新，全面实现新型工业化进程中，秉持"平台＋服务＋生态"的创新发展模式，筑巢引凤共建生态。在江苏省工信厅和苏州市工信局的支持引导下，面向产业内行业龙头企业、政府监管单位、科研高校机构，围绕产业供需对接、共性技术研究、应用规模化推广打造了江苏省工业互联网标识解析公共服务平台，加速产业资源结构优化以及产业链韧性提升。同时围绕新型工业化"两纵一横"新模式，以自主创新为核心理念，在"绿色化服务"领域联合三峡科技围绕节能减排、能源管理、碳交易、碳足迹打造绿色应用服务新模式；以制造业化纤行业为标杆，联合龙头企业新凤鸣集团围绕"研产供服销"多环节的多场景探索落地数字化服务新应用，以创新优化服务，以技术驱动转型；以数据要素为核心抓手，联合中国信息通信研究院、清华大学等科研高校围绕跨产业应用的规模化推广以及数据要素的流转及交易，从标准制定、平台建设、跨行业及跨区域推广维度不断落实平台的创新模式落地；以智改数转为关键路径，联合西安交通大学等知名高校的专家团队以及生态合作服务商，为企业提供涵盖咨询诊断、场景建设、改造实施等一站式数字化转型服务，赋能企业数字化、智能化、绿色化转型。

三、取得成效

苏州协同以工业互联网标识解析数据贯通能力为支撑，构建智改数转、创新应用、节能减排、生态构建四大服务，从技术创新、应用赋能、高效服务三个维度持续发挥了"制造＋服务"叠加优势，形成了"融合＋创新"组合效应，持续激发产业发展内生动力。

（一）平台生态日益完善

其中标识解析公共服务平台累计接入二级节点12家，接入企业节点4 544家，覆盖汽车及零部件、高端装备、新型电力装备、新能源、电子信息等全省13个重点行业；制造资源交易共享平台接入用户120余家企业用户，日活企业65余家；苏云工业互联网平台累计接入江苏省12家重点工业互联网平台，服务工业企业4 000余家。

（二）智改数转成效显著

苏州协同连续多年作为诊断服务商参加苏州、扬州、镇江区域的智能车间与智能工厂诊断服务工作，累积诊断服务企业超2 500余家，改造场景覆盖化纤、汽车零部件、模具、医药等多个江苏省重点行业，打造了一批标杆工厂以及智能车间示范应用。

（三）应用场景全面覆盖

以"龙头企业立标杆，中小企业铺场景"的业务模式，围绕制造业的全产业链路提供标准化场景应用。当前已覆盖智能排产、智能仓储、智能物流、智能售后、防伪追溯、能源低碳等在内的产品全生命周期标识创新应用服务。

（四）节能减排成果突出

苏州协同研发的绿色低碳能源管理平台面向企业和区域的节能减排及能源监管等诉求，接入耗能设备4 500余台，帮助两百余家企业实现月均节约能耗5%，最大程度减小企业能源成本，降低碳排放。

（五）人才创新成果斐然

2024年7月协同科技现有员工238人，其中全职人员179人，研发人员95人，硕士、博士占比达36%以上，团队以苏州高端智能制造协同创新中心为载体，融合了产学研用各领域主体单位，并建立高效、协同的创新运行机制和内部管理制度，各类主体责权利明确，形成产学研用协同创新的创新机制，同时以公司化运营，市场化运作，项目制管理，股份化分配的运营模式，通过技术成果转化、企业孵化、人才团队引进、为企业提供公共服务等方式实现创新成果转化。截至2024年7月，累计成果转化55项、转化收入2 370万元，累计孵化企业42家；累计申请知识产权239件，获授权160件，其中发明专利授权14件；形成国家或行业标准23个。

（六）资质荣誉斩获众多

协同科技作为工业互联网及标识解析行业的先驱者及践行者，当前荣获国家级专精特新小巨人企业、国家级高新技术企业、工信部工业互联网试点示范、江苏省现代服务业领军企业、苏州市生产性服务业领军企业、苏州市瞪羚企业和独角兽培育企业等 60 余项国家级省级市级荣誉资质。

四、经验启示

（一）打造"平台+"的产业协同新生态

大力发展标识数据融合和"平台+"资源汇聚优势，激发市场供需活力，以标识数据底座为支撑，以"平台"为载体汇聚制造业与服务业企业，打造协同发展新生态。

（二）构建"1+1+N"产业服务新体系

围绕以标识为核心的"工业大脑"基础服务能力支撑，通过标识解析公共服务平台、智能车间/工厂改造、场景应用，构建资源对接服务、实施改造服务、应用部署服务打造全生命周期一站式"1+1+N"服务新体系。

（三）推动重点行业推广新路径

苏州协同面向区域内龙头行业产业链中的核心环节，打造核心标杆示范案例，形成可复制、可拓展的推广模式，实现跨企业、跨行业的应用服务规模化推广新路径。

（四）注入企业数字化转型新动力

企业智改数转过程中，需秉持"解决问题是核心，技术应用是关键"的理念，通过区块链、标识解析、元宇宙等创新技术，驱动企业生产模式变革，突破制造型企业发展瓶颈，为企业持续健康发展提供强劲动力。

案例点评

苏州协同创新智能制造公司坚持致力于打造工业互联行业标杆，深耕工业互联网标识解析赛道，以标识解析体系数据融合贯通能力为基础，构建一个工业数据底座和四大服务能力："平台＋"生态、智改数转、创新应用、节能减排。同时协同公司探索出的"政产学研金服用"融合创新模式发挥各产业环节优势，构建起人才、技术、资本、项目、服务等要素高效配置的创新生态圈。公司也成为我国工业互联网网络体系构建和规模化发展的一个闪亮缩影，生动体现了标识解析体系在工业未来发展中的重大价值。

以创新联合体优化产业集群生态
——长光华芯打造"中国激光芯"的实践与启示

【引言】 2022年6月28日，习近平总书记在湖北武汉考察期间，强调指出，"光电子信息产业是应用广泛的战略高技术产业，也是我国有条件率先实现突破的高技术产业"。习近平总书记指出，"把科技的命脉掌握在自己手中，国家才能真正强大起来"。十几年前，随着激光技术应用深入到各行各业，激光行业的上游核心半导体激光芯片的科技攻关和国产化成为中国激光产业良性发展的重中之重。因此，打破依赖进口现状，突破技术壁垒，掌握激光芯片制造核心技术是促进激光产业高质量发展的必由之路。

【摘要】 苏州长光华芯光电技术股份有限公司顺应国家激光产业发展和战略需要，围绕激光芯片核心难点，组建专业研发团队，搭建垂直整合工艺平台。历经十年，在人才、工艺、技术储备方面逐一破局，在芯片设计、关键设备、工艺技术和原材料方面实现了自主可控。围绕高功率半导体激光芯片的最核心指标——功率、亮度、寿命及效率，在腔面解理及钝化处理、芯片结构设计及制备工艺、外延结构设计及材料生长三大关键核心技术领域进行了10年的技术攻关和创新，在技术、产品和市场上都取得了重大突破。半导体激光芯片事业是技术密集型、人才密集型、重资产投入的产业，国产芯片的崛起需要技术、人才、资金上的深厚积累，需要"十年如一日"的时间沉淀。长光华芯秉持成为世界顶尖企业的愿景，持续投入研发资金和人才，在技术和产品上实现了全球领先。同时，积极推动行业生态建设，为壮大我国高能激光产业做出自己的贡献。

【关键词】 激光芯片；科研攻关；人才引领

扫码看VR

一、基本概况

苏州长光华芯光电技术股份有限公司于 2012 年由海外归国博士团队和中国科学院长春光学精密机械与物理研究所联合创立，位于江苏苏州。主要致力于高功率半导体激光器芯片、激光雷达与 3D 传感芯片、高速光通信芯片及相关器件、系统的研发、生产和销售。产品广泛应用于工业激光器泵浦、激光先进制造装备、生物医学美容、高速光通信、机器视觉与传感等领域。

长光华芯拥有一批高层次的人才队伍，包括多名国家级人才工程入选者，行业资深管理和技术专家以及 4 位院士组成的顾问团队等，研发队伍中硕士、博士占比超过 50%，团队多次获得各级部门重大创新团队和领军人才殊荣。已建成从芯片设计、MOCVD（外延）、光刻、解理/镀膜、封装测试、光纤耦合、直接半导体激光器等完整的工艺平台和量产线，是全球少数几家研发和量产高功率半导体激光器芯片的公司。高亮度单管芯片和光纤耦合输出模块、高功率巴条和叠阵等产品，在功率、亮度、光电转换效率、寿命等方面屡次突破，获多项专利，与全球先进水平同步。公司还建立了完整的研发、生产及质量管理体系，通过了 ISO9001 质量体系，以高性能和高可靠性产品服务客户。长光华芯于 2022 年在科创板上市，是国内激光芯片行业第一股。公司是国家级专精特新小巨人企业，建有"国家博士后科研工作站""江苏省工程技术研究中心""江苏省企业技术中心"等研发机构。2021 年，获批了本领域当年唯一国家级创新中心——"姑苏半导体激光创新中心"。2022 年，获批苏州市高功率半导体激光创新联合体（全市首批）。2023

年，获批江苏省创新联合体（全省5家）。"高亮度长寿命高功率半导体激光芯片关键技术及产业化"项目荣获2021年度江苏省科学技术奖一等奖、2022年度GF发明二等奖、2022年江苏省企业技术创新奖。

二、做法成效

20世纪有新的"四大发明"——原子能、半导体、计算机、激光。激光被誉为"最快的刀、最准的尺、最亮的光"。自1960年第一台红宝石激光器问世以来，激光应用得到飞速发展，使人类在科研、生产和生活领域获得了强大的工具，促进了社会生产力的进一步发展。半导体和激光，叠加在一起产生了半导体激光器，其发明和发展推动激光科技从可望而不可即的高端技术成为渗透进各行各业的普及型"先进工具"，推动世界进入了"光应用时代"。在"光制造"领域，半导体激光器是固体激光器、光纤激光器核心元器件，是材料加工激光装备核心光源的支撑。在"光传感"领域，半导体激光器是确保自动驾驶安全性必不可少的激光雷达的核心部件，伴随自动驾驶汽车技术的发展，未来市场可期。在"光通信"领域，半导体激光器作为光纤通信系统中的光源，是整个系统的核心部分，在信息的获取、传输、存储和处理，以及显示中发挥重要作用。半导体激光器在医学、显示和国防领域也有着重大的应用。

半导体激光芯片作为激光行业的上游核心元器件，是推动整个激光行业发展的关键，可以称为激光产业链的"定海神针"。但在高功率激光芯片方面，公司成立初期，国内企业长期以来一直未能突破壁垒，高度依赖进口，严重制约国内激光产业的发展。其主要原因：大功率半导体激光芯片的技术和工艺门槛极高，国内在技术、工艺、人才等方面都欠缺太多。半导体激光芯片从外延到流片要历经百余道工序，任何一道工序出问题都可能给产品性能和良率造成很大影响，因此，国产芯片厂商的崛起需要技术、人才、资金上的深厚积累，更需要"十年如一日"的时间沉淀。

正是在这样的背景下应运而生。2012年，海外归国博士团队在中国科学院长春光学精密机械与物理研究所支持下成立产业化公司。成立之初，公司的使命就确立为中国解决在高能激光产业上游缺乏关键核心激光芯片的"卡脖子"问题。公司持续引进行业资深专家，组建和优化专业研发团队，搭建垂直工艺平台，历经十年，在人才、工艺、技术储备方面逐一破局；聚集了一批包括多名国家级人才工程入选者、行业资深管理以及技术专家在内的高层次人才团队；建成了完全自主可控的器件设计、材料生长、芯片工艺、封装测试、光纤耦合、直接半导体激光器系统等完整的工艺平台和量产线。围绕高功率半导体激光芯片的最核心指标——功率、亮度、寿命及效率，在腔面解理及钝化处理、芯片结构设计及制备工艺、外延结构设计及材料生长三大关键核心技术领域进行了10年的技术攻关和创新，取得了重大突破，各项技术指标达到或优于国际龙头的水平，处于国际半导体激光器产业的第一梯队。在此基础上，长光华芯建成6吋砷化镓（GaAs）激光芯片量产线，为该行业内最大晶圆尺寸的半导体产线。至今，长光华芯已成功构建3吋、6吋两大半导体激光芯片晶圆垂直整合生产线，拥有边发射激光芯片（EEL）和面发射激光芯片（VCSEL）两大产品结构，砷化镓（GaAs）和磷化铟（InP）和氮化镓（GaN）三大材料体系，是国内外少数研发和量产高功率半导体激光芯片的公司之一。

公司形成由半导体激光芯片、器件、模块及直接半导体激光器系统构成的四大类、多系列产品矩阵，主要产品包括高功率单管系列产品、高功率巴条系列产品、高效率VCSEL芯片系列产品及光通信芯片系列产品等。高功率半导体单管芯片输出功率、转换效率等性能指标与国外先进水平同步，国内占有率超过50%，打破国外在该领域的技术封锁和产品管制，实现半导体激光芯片的国产化及进口替代，为我国激光领域打破了"有器无芯"的局面。长光华芯生产的高功率半导体激光芯片及其他产品广泛应用与光纤激光器、固体激光器及超快激光器等光泵浦激光器泵浦源、激光智能制造装备、国家战略高技术、科学研究、医学美容、激光雷达、3D传感、人工智能、高速光通信等领域，产品得到了下游客户的验证和充分肯定。2022年4月1日，长光华芯登陆科创板，成为A股半导体激光芯片第一股。

公司在苏州高新区支持下成立了苏州半导体激光创新研究院。通过研究院平台吸引全球顶尖人才，以长光华芯半导体激光器芯片技术的领先性和辐射能力，汇聚相关高端产业，构建可持续发展的领先的研发平台，打造具有国际影响力的半导体激光器芯片及相关领域创新高地和产业基地。

长光华芯持续投入科技创新，打造新质生产力和企业竞争力。公司秉持"一平台，一支点，横向扩展，纵向延伸"的发展战略，依托苏州半导体激光创新研究院平台，以高功率半导体激光芯片优势为支点，跟踪研判半导体激光产业发展趋势，扩展VCSEL激光雷达芯片、高速光通信芯片、可见光激光芯片以及探测器芯片等，挖掘更多"蓝海"产品。目前单管芯片产品功率达到50W，对比国际龙头Coherent公司在功率、效率和亮度均占据优势，产品国内市场占有率达50%。2024年

3月，公司报道了单管激光芯片功率132W的世界纪录，开启了百瓦级激光芯片新纪元。

利用上市公司优势，公司联合苏州高新区创投、华泰紫金等多家单位发起设立华泰华芯太湖光子产业投资基金。聚焦化合物半导体和激光产业链关键环节，投资孵化一批具有技术领先优势的化合物半导体与光电企业，赋能优质成长型项目，目前已经成功孵化匀晶光电、镓锐芯光等8家上下游企业。

同时公司积极响应苏州1030产业体系规划，在10个重点产业集群中的光子产业集权发展中积极担当领军角色，发挥支撑作用。负责建设化合物半导体与激光芯片技术平台，并牵头组织建设硅光工艺平台，为苏州光子产业未来发展打好高水平的硬件基础。

三、经验启示

（一）响应时代号召，投身国家需求

长光华芯成立前，中国在激光制造下游已初具规模，激光焊接、切割、打标等工业应用蓬勃发展，但在上游，国内无一颗量产的高功率半导体激光芯片，是严重的"卡脖子"问题，而激光正快速进入制造、通信、显示、国防等各种领域，造"中国激光芯"是时代号召也是国家需求，时代的使命感召唤海外和国内的人才纷纷加盟公司。爱国、向上的文化是公司成功的基础。

（二）顺应产业发展，充分利用政府支持

公司成立初期，一方面团队刚回国对国内情况不熟悉，遇到的各种

问题层出不穷；另一方面半导体集成电路产业情况特殊性，各类法规和政策要求比较多。高新区政府的大力扶持和帮助对企业早期的成长起到了很大的支持和助力，使公司能够顺利投产和正常运行。2022年，高新区将光子产业作为未来重点发展的核心产业，决策建设太湖光子中心，为光子产业发展提供了良好的土壤。作为光子领域的龙头企业，长光华芯以市场化的方式牵头基础光子工艺平台建设，在光子产业发展中贡献自己的力量。2024年年初，光子产业又被纳入全市"1030"产业链体系，下一步公司将积极谋划，勇于担当，在努力成为国际半导体激光领军企业的同时，为苏州的发展贡献企业的智慧和力量。

（三）坚持人才引领和科技创新发展新质生产力

科技创新是新质生产力的核心要素。高功率半导体激光芯片的技术和工艺门槛极高，创业初期国内在技术储备、工艺经验、人才等方面都欠缺太多，长光华芯专注半导体激光芯片领域的科技创新，攻克了高功率激光芯片一直饱受桎梏的一系列产品技术难题，建成了完全自主可控的IDM（集成设计制造）工艺平台和量产线。研发的高功率半导体单管芯片已处于国际领先水平，并进一步在激光雷达与3D传感芯片、高速光通信芯片等领域进行研发追赶。公司每年研发总投入均高于收入的四分之一，通过科技创新不断提高公司竞争力、发展新质生产力，推动我国激光技术及其应用的快速发展。

坚持人才是创新的核心要素。半导体激光芯片是典型的高技术行业，技术壁垒高，人才集中。要突破技术难关，需要大量高水平的人才，分工合作，优势互补，组成战斗力强的技术团队，才能够攻克难题，占据技术和产品优势。长光华芯始终将人才的引进和培养作为公司发展的宝贵财富。给予人才施展才能的发展空间和合理优厚的待遇。注重培养年轻、肯干有创新能力青年骨干，打造一直专业、创新、能力互补、战斗力强的创新梯队。

（四）洞察市场需求，提供优质服务

企业的生存和发展依赖对市场的洞察和运作。2017 年，掀起了 3D 传感热潮，作为 3D 传感技术核心组件的 VCSEL（垂直腔面发射激光器）激光芯片迎来井喷式增长，当时 VCSEL 芯片生产公司全球只有少数几家美国企业，国内尚无一家拥有 VCSEL 芯片量产能力。在此之前，公司就布局了 VCSEL 激光器的研发工作，攻克了材料外延生产的精确控制、稳定性难题以及激光电流的氧化限制控制难题，并通过可靠性认证，使产品得以快速切入市场。2022 年以来，人工智能得到广泛关注和市场青睐，其背后是对计算和数据传输的指数增长的需求。长光华芯基于现有平台发布单波 100Gbps［56Gbaud 四电平脉冲幅度调制（PAM4）］电吸收调制器激光二极管（EML）芯片，成为当前 400G/800G 超算数据中心互连光模块的核心器件。

公司针对客户和市场不断提升的产品技术需求，持续提高产品技术性能，开发新产品，满足下游客户、市场和我们国家高技术发展战略的需求。

（五）以创新联合体优化产业集群生态

2022 年，长光华芯获批了苏州市高功率半导体激光创新联合体，并于 2024 年初获批省创新联合体。创新联合体的运行围绕项目为核心，解决产业链关键问题，集聚创新要素，提高产业链水平。围绕大功率芯片散热、中远红外激光芯片、关键原材料等核心问题组织了一批科研项目，解决了产业链的一些关键技术和产品问题。在重要技术领域，为高功率激光产业链引进了一批人才和技术项目。通过联合设立的太湖光子产业投资基金，已投资8家光子战略性材料和关键技术产业项目。这些工作加强了高功率激光产业链的产学研用的紧密合作，推动了高功率激光产业链的升级，提升了产业集群的技术水平和产业生态。

案例点评

> 激光行业是全球的战略性新兴行业，但是我国在激光芯片领域仍然存在短板不足，苏州长光华芯光电技术股份有限公司以爱国使命和技术攻关为己任，在政府政策助力下，把国外"卡脖子"技术难题通过人才引领和科技创新一一破解，具备了全球领先的行业地位，同时以太湖光子产业投资基金等载体助力行业协同发展，是前沿高科技行业自力更生、打破垄断，实现可持续高质量发展的优秀案例。

打造创新服务平台　探索产业发展新路
——海鹰空天材料研究院军民融合的创新蝶变之路

【引言】 党的十九大报告中指出,"要坚持富国和强军相统一,强化统一领导、顶层设计、改革创新和重大项目落实,深化国防科技工业改革,形成军民融合深度发展格局,构建一体化的国家战略体系和能力"。这是我国长期探索经济建设和国防建设协调发展规律的重大成果,也是坚持实现富国和强军相统一的内在需求。

【摘要】 从航天科工三院空天材料产业军民融合发展模式入手,分析军民融合实践中的经验,并根据军工研究院的发展特点,以及产业转型升级的需要,结合军民融合面临的发展新要求,提出了以体制机制创新为抓手,以空天材料核心技术为依托,以海鹰空天材料研究院为军民融合的紧密支撑层,同时发挥开放式科技创新平台作用,实现军民融合可持续发展的思路。分析和经验表明,新形势下空天材料院应着重突破军民融合体制机制创新,以空天材料专业技术为牵引,实现军民融合的可持续发展,从根本上保障军民融合发展与国家安全形势相适应、与经济社会发展相一致。

【关键词】 军民融合；空天材料；军转民；民参军

扫码看VR

航天三院隶属于中国航天科工集团，是我国集预研、研制、生产、保障于一体，配套完备，门类齐全的飞航技术研究院，以重大专项、重点型号为代表，在导航制导与控制、精确制导、动力、惯性、新材料等专业技术领域处于国内领先地位，部分核心技术达到国际先进水平，为国防现代化建设做出了突出贡献。多年以来，在国家及中国航天科工集团的正确指导下，航天三院积极发挥航天高科技人才和技术研发优势，将航天科技成果转化应用于国民经济建设中，分别在信息技术及智慧产业、高端装备与先进制造、新材料及应用、现代服务业等领域自主开发出了一批具有国际、国内先进水平的军民两用技术、产品，培育了多家具有一定规模的科技型军转民企业，在军民融合发展方面进行了诸多有益的探索和实践。

一、基本概况

为构建北京以及长三角地区南北两地新材料产业协同发展格局，转变发展模式、优化产业布局、创新体制机制、释放发展潜力，建设国内领先的空天材料开放式科技创新平台和军民融合产业化基地，航天三院于2019年8月在苏州市设立了海鹰空天材料研究院（苏州）有限责任公司（以下简称空天材料院），作为三院军民融合产业发展的先行先试特区。空天材料院是经财政部和中国航天科工集团批准设立的国有控股企业，公司位于苏相合作区。围绕科技创新和产业化"双核心"，以行业领先技术助力民用航空、商业航天、压缩天然气（CNG）及氢能源储运装备、工业节能、电子温控等领域的产业升级，打造空天材料开放式科技创新平台和产业化基地，联动上下游产业链，形成全国重要的航空航天特色产业聚集区和协同创新示范区。

自成立以来,公司已获评国家高新技术企业、江苏省新型研发机构、江苏省工程技术研究中心、江苏省军民融合研究促进中心、江苏省军民融合创新平台、苏州市企业技术中心等资质荣誉,重点项目获评中央军民融合发展专项转移支付项目、江苏省战略性新兴发展专项资金等重点项目支持,2021年获得北京市科技进步二等奖;是2022年冬季奥运会、冬残奥会"飞扬"火炬的承制单位之一,负责火炬储氢复材气瓶的研制和生产任务。

二、做法成效

新材料是国家部署颠覆性技术研究的重点领域和战略性新兴产业方向之一,也是航天三院开展军民融合发展的重要领域和重点发展的产业方向之一。

(一)以装备研发的成熟技术作为军民融合发展基础

经过六十余年的发展,航天三院在保障国家重大装备和型号研制圆满完成的同时,积淀了一大批独具航天特色的空天材料技术,已建成树脂基复合材料、隔热控温材料、金属塑性成型、先进陶瓷材料、增材制造、钛材料等六大新材料核心产业,并推动了北京、哈尔滨市以及江苏省三大新材料研发中心的建设,形成了辐射京津冀、东北及环渤海、长三角的三大产业聚集区。

（二）推动航天科技成果投入国民经济主战场

立足航天防务产业，积极推动航天科技成果投入民用航空、商业航天、新能源、节能环保等国民经济主战场，大幅提升我国在航空大型复合材料结构部段、新能源储运装备等战略性新兴产业方向关键材料工艺和技术水平。十三五期间，大力推进航天复合材料等新材料工艺技术进入JM用航空领域，作为国产大飞机九大供应商中唯一的航天企业，承担了C919大型客机49%的复合材料零件的研制工作，助力"中国制造"迈出新步伐。

（三）拉动企业深入融入军民融合发展模式

通过需求和产业拉动，全方位与非军工企业开展产学研合作、特种原材料及通用型配套等合作。十三五期间，带动非军工企业参与军用产业配套254家、总规模超过12亿元。通过与特种工艺加工配套单位的合作，在极大地增强特种工艺服务与保障能力的同时，催生了一批研制能力强、制造水平高、工程经验丰富的民口配套单位，如：中简科技、江苏天鸟、无锡阿科力等上市企业，均已成为材料行业中的龙头企业。

以关键材料进口替代科研项目为牵引，联合国内优势原材料研制单位、工程化生产单位、材料应用单位，开展关键材料全产业链攻关，带动上下游产业链能力全方位提升。十三五期间，基于军品配套需求及一条龙科研模式，与中科院、哈工大、北航、湖南大学、山东大学等近50家非军工企业、院校开展合作项目35项。

三、经验启示

（一）创新军民融合体制机制

空天材料院积极打造"实体产业＋综合创新＋资本市场＋人力资源"四位一体的科技创新及产业化模式，通过技术创新、管理模式创新，协同社会资源、激发企业内在活力，实现跨越式发展。

1. 技术创新

以紧贴需求为导向，突出市场带动。针对新型空天飞行器、新一代武器装备对空天材料技术的新需求，开展关键材料设计、制备、基础性及前沿性研究，发展成为高水平的空天材料创新研发和对外合作交流平台。以紧贴前沿为牵引，突出技术驱动。以材料制备与应用向材料结构功能一体化、功能材料智能化、材料与器件集成化、制备及应用过程绿色化发展态势为牵引，逐步形成基础材料、结构与复合材料、功能与智能材料等新材料全体系发展。以开放合作为主线，突出协同创新。

2. 管理模式创新

实施骨干员工股权激励，作为航天科工集团的改革试点，具备实施骨干员工持股条件时，对骨干员工实施股权激励计划；打造军民融合成果双向转化平台，推动同地方政府、高等院校和外部企业的开放合作，将装备研制过程中积累的技术成果投入国民经济发展的主战场；构建"空天材料＋"产业发展模式，致力于提供军、民品材料应用整体解决方案，打造"空天材料+"产业发展模式，集聚材料上下游产业链优质资源，打造利益共同体，促进资源整合效应快速放大，打造具有示范效应的先进材料产业生态圈。

（二）建设空天材料开放式创新平台

依托航天科工和地方产业资源、政策资源，打造空天材料开放式科技创新平台——星空实验室，通过建设协同创新、成果转化和产业化平台，快速提升空天材料相关技术创新能力，带动和促进相关技术转化与产业化。

1. 协同创新平台建设

联合国内高校院所、知名科技型企业等创新科研力量，共同建设空天材料军民科技协同创新平台，以联合实验室为载体，协力开展关键技术攻关，解决空天装备关键材料产业链、供应链面临的"卡脖子"问题，构建原始创新的集中地、高水平创新人才的聚集地。

2. 成果双向转化平台建设

建设国防工业科技成果长三角转化中心孵化基地，打造军民科技成果双向转化平台，作为航天三院科技成果对外输出的窗口，促进航天高科技成果在长三角区域落地转化；梳理军用材料技术需求，牵引民口企业先进技术成果参与国防工业建设，带动产业链上下游协同发展。

3. 产业化平台建设

致力于搭建生态主导型新材料产业化平台，瞄准空天材料产业和行业发展中的重大需求，培育孵化一批优质企业，加强对 JM 两用材料产业链关联企业的吸附和集聚，提升产业链韧性和安全水平，构建以新材料产品和关联产业发展为主导方向的创新生态圈。

（三）打造军民融合产业化基地

在苏州市的大力支撑下，空天材料院产业园一期基础设施已全部建成，产业园占地 15.44 万平方米，建筑面积 21.5 万平方米，建设先进复合材料技术中心、新能源装备技术中心、热结构材料技术中心、协同制造中心、星空实验楼等 7 个建筑物，具备开展民用航空材料、新能源装备技术、隔热控温材料等空天材料产业军民融合产业化的基础设施条件。

1. 先进复合材料技术中心

中心重点实施民用航空材料军民融合产业化，瞄准空天防务、民用航空、商业航天领域发展，培育 CR929 宽体客机、通用航空、无人机、商用航空发动机等新项目，建设具有国际竞争力、国内领先的树脂基复合材料研发及军民融合产业化基地。中心建筑面积 42 451 平方米，面向航天防务领域，已建设四个技改项目设备，具备年产各类翼面类产品 5 000 套、舱段 1 000 套、天线罩 1 000 件生产能力；面向民用航空领域，已建成热压罐生产线 3 条，模压生产线 6 条，具备热压罐、模压产品生产能力；正在建设建设民用航空自动铺丝生产线，建成后将具备年产 15 架份宽体客机部段、15 套发动机短舱的自动化研制能力。

2. 热结构材料技术中心

中心实施隔热控温材料军民融合产业化，以国内一流的热防护材料设计、研发、制造和应用核心技术为基础，致力于提升空天防务、工业、建筑、新能源汽车等领域节能防火水平，建设国内领先的隔热温控材料军民融合产业化基地。中心建筑面积 8 357 平方米，面向航天防务领域，已建成相变微胶囊材料、高性能隔热模块生产线、碳/碳材料生产线、碳/陶材料构建生产线，满足年产 500—1 000 发产品、20 000 吨碳/碳材料、10 吨碳/陶材料生产能力需求；面向工业节能等民用领域，建成纳米明克材料生产线，满足年产 100 万平方米明克板材生产能力需求。

3. 新能源装备技术中心

中心重点实施新能源储运装备军民融合产业化，以国内一流的旋压超长/超薄/大管径旋压成型技术研发和生产能力为依托，立足铝合金旋压气瓶管、气瓶内胆等产业项目，培育 CNG 气瓶、氢气瓶及储罐、LNG 转运装备等新项目，打造行业领先的金属塑性成型制品军民融合产业化基地。中心建筑面积 54 871 平方米，已完成建设国内首条大容积铝合金内胆高压复合气瓶生产线，具备年产 2 万只江苏省委军民融合办、苏州市委军民融合办的 300—1 500 升气瓶能力。

案例点评

在国际竞争日益激烈的当下，新材料是战略性新兴产业方向，也是军民融合的重要方面，航天三院正是以开展军民融合发展为主要领域和重点发展的产业方向，在政府部门支持下，以技术研发奠定军民融合基础，并投入相关市场应用，打造空天材料开放式科技创新平台——星空实验室。同时以"实体产业＋综合创新＋资本市场＋人力资源"四位一体的科技创新及产业化模式，实现跨越式发展，获评省航空航天关键材料军民融合研究促进中心等一系列相关资质，展现了以技术创新和机制创新共同引领军民融合创新发展的苏州范例。

构建学习型组织　　培育创新动能
——丘钛微推动新质生产力的培育之路

【引言】 习近平总书记在中共中央政治局第十一次集体学习时强调："发展新质生产力是推动高质量发展的内在要求和重要着力点，必须继续做好创新这篇大文章，推动新质生产力加快发展。"新质生产力是创新起主导作用，摆脱传统经济增长方式、生产力发展路径，具有高科技、高效能、高质量特征，符合新发展理念的先进生产力质态。新质生产力的特点是创新，关键在质优，本质是先进生产力。随着5G商用、大数据、人工智能等技术加速发展，元宇宙和智能驾驶等产业迎来了蓬勃增长期，为光学技术的发展应用创造了条件。

【摘要】 丘钛微扎根昆山10余年，紧扣技术变革趋势，按照高质量发展要求做决策、抓研发。除了不断优化手机领域的客户结构和产品结构、持续提升市场份额，还布局智能汽车和物联网等非手机光学应用领域，在人才、技术、资源等多个维度高效推动影像技术创新，逐步成为大疆、科沃斯等行业龙头企业的核心供应商。基于在摄像头模组产业积累的专业技术，丘钛微凭借深厚的光学产业一体化能力厚积薄发，成为中国少数最先于摄像头模组制造中采用板上芯片封装、薄膜覆晶封装、板上塑封及芯片塑封技术，并且能够批量生产销售二百万至一亿八百万像素超薄摄像头、双（多）摄像头模组的企业之一，也是国内率先量产3D结构光模组和首家量产微云台摄像头模组的企业。

【关键词】　持续创新；智能制造

扫码看VR

公司以智造为驱动力，秉持"以客户体验为中心"的核心价值观，始终坚持创新驱动的发展战略，不断突破技术边界，生产车间自动超90％化，打造完备供应链，实现上下楼就是上下游。通过 AI、信息化、光学技术以及算法优化等持续在摄像头模组领域深耕。丘钛微与国内多所高等院校、研究机构建立合作关系，通过共建实验室、联合研发项目等形式推动了技术前沿探索。通过学习强军、改善提案、QTpro 等专项激励员工持续创新，让丘钛从制造迈向"智造"。

一、基本概况

昆山丘钛微电子科技股份有限公司（以下简称丘钛微）成立于 2007 年，是全球领先的智能移动终端中高端摄像头模组制造企业、江苏省示范智能车间企业、十大规模效益型企业、十佳智能化改造企业、昆山市优秀引才企业、昆山高新技术标杆企业、规模效益型领军企业。

在科技飞速发展的今天，摄像头模组作为智能设备的"视觉之窗"，其技术创新直接关联着用户对世界的感知体验。自 2007 年以来，丘钛微始终坚持创新驱动的发展战略，不断突破技术边界，致力于为智能手机、智能穿戴、智能家居、智能汽车等多元化领域提供前沿的光学解决方案。丘钛微以全球化视野布局，不仅在中国多个城市设立研发中心与生产基地，还在海外设立分支机构与生产基地，形成了一张覆盖全球的创新网络，为技术创新和市场拓展提供了坚实的支撑。

二、做法成效

（一）技术创新，开启视觉新纪元

1. 亿级像素的里程碑

实现创新发展，人才是第一资源。丘钛微自 2022 年开始，加大科研助理岗位招聘力度，主要投入技术创新部、产品开发部、软件开发部等研发部门。目前，车间智能化达 90% 以上，技术研发型人才为企业发展壮大提供了源源不断的创新力量，企业工人向"新"而行，众多"卡脖子"关键技术被一一破解。

近年来，各类新款手机产品背面的摄像头越来越多，而且用手机拍照录像的画质也越来越好，用一台小小的手机就能完成微距、远摄、广角等专业摄影功能，这些便利都与摄像头的迭代升级有关。

丘钛微在高像素技术研发上持续投入，不断探索图像清晰度的极限。通过在光学设计、图像传感器、算法优化等多方面的不懈探索，丘钛微确保了亿级像素下图像的清晰度与细节表现力，为智能手机摄影开辟了新的可能性。这不仅满足了消费者对高质量图像的追求，还为虚拟现实等领域提供更广阔的想象空间。

2. 稳如磐石的拍摄体验

面对运动拍摄带来的挑战，丘钛微在国内首发微云台防抖摄像头模组，解决了常规摄像头 OIS 光学防抖问题，从而得到更稳定的光学图像，提升拍摄效果。这一技术的成熟应用，大幅提升了用户的拍摄体验，特别是在运动摄影、夜间摄影等场景下，让用户不再受限环境，随心所欲地记录生活。

该系列摄像模组产品结合了人工智能的新型人机交互、智能决策等机器视觉控制系统，可大规模应用于智能驾驶、智能手机、穿戴式头盔、运动相机、无人机、扫地机器人等多种视觉融合的机器视觉领域。

丘钛微针对低光环境下的成像难题，研发出超感光夜拍技术，通过增强传感器的光敏度、优化图像处理算法，大幅提高了夜间的成像质量。即便是在昏暗的夜晚，也能捕捉到丰富的色彩与细节。

3. 致力提升用户体验

丘钛微融合 AI 技术，开发出具备场景识别、目标追踪、行为分析等智能功能的摄像头模组，广泛应用于智能家居等领域，助力实现智能化转型。

丘钛微将人工智能技术融入摄像头模组，通过 AI 算法实现场景识别、自动对焦、智能追焦等功能，显著提升了拍摄体验。例如，丘钛微开发的 AI 智能摄像头能够识别不同的拍摄场景，让用户在各种环境下都能轻松拍出满意的照片。

（二）开拓光学应用新天地

在创新上下好"先手棋"，这是丘钛微深深烙在骨子里的基因。在智能驾驶领域，丘钛微利用其在图像处理、低光环境下的高清晰成像技术，为自动驾驶车辆提供了可靠的眼睛，助力智能出行安全升级。

丘钛微迅速布局 3D 视觉技术领域，开发了基于结构光、TOF 等技术的 3D 摄像头模组，实现了深度感知、面部识别、手势识别等高级功能。这些技术的应用，不仅让智能手机的用户体验得到质的飞跃，还为智能家居、无人驾驶等新兴领域打开了新的交互维度。

面对 5G、大数据、人工智能等技术的蓬勃发展，丘钛微敏锐捕捉到元宇宙、智能驾驶等新兴产业的广阔前景，积极拓展车载和 IoT 等非手机光学应用领域，与大疆、科沃斯等行业领军企业建立深度合作，成为它们信赖的核心供应商，为万物互联的世界增添了"视觉"元素。而且研发的 6DOF 模组、SeeThrough 模组、Pancake 光机模组、3DTOF 模组等产品，与元宇宙产品密切相关。在无人机及运动相机模块，和客户整合数字一体化交付体系，持续保持行业领先供应商地位，行业无人机及手持产品如云台拍摄杆及运动相机等持续高速增长。而且在扫地机、割草机、3D 门铃、3D 门锁、视讯会议机等方面为客户提供软硬一体化的视觉方案。

（三）智能制造，提升新质生产力

1. 打造智慧工厂

屹立在产业风口，丘钛微从产品到工厂实施全方位数字化转型，用大手笔的投入打造产业内领先的自动化、数字化和智能化工厂，为企业创新发展积蓄新的势能。车间内，一排排先进智能设备稳定运转，显示屏上实时显示设备工作状态和过程，实现了生产数据可视化和生产过程透明化。截至 2023 年底，丘钛微通过引入先进的数字化技术和智能化系统，已经实现了业务流程的自动化、数据的实时分析和智能辅助决策。

丘钛微正谋求"在科技创新上取得新突破"。除了不断优化手机领域的客户结构和产品结构、持续提升市场份额，还在人才、技术、资源等多个维度高效推动影像技术创新。如今，丘钛微摄像头模组单月出货量已经超过4 000万颗。

2. 重塑生产新境界

丘钛微积极响应"智能制造2025"战略，引入自动化、信息化、智能化技术，打造了现代化的智能制造工厂，通过引入物联网、大数据、云计算等技术，实现了生产流程的自动化控制和智能优化。目前，生产车间智能化超90%，产品可以全流程追踪，可实时监控生产动态，大幅提升了生产效率和产品品质，降低了人工错误率，确保了产品的一致性和高质量。

公司推行精益生产管理，成立提案改善、六西格玛、QT-Pro等专项委员会，通过项目制的方式来持续优化生产流程，减少浪费，提高资源利用率，定期开展评审会及表彰会，营造比学赶超的氛围。同时，丘钛微还建立了严格的品质控制体系，从原材料入库到成品出库，每一道工序都经过严格检测，确保产品质量达到国际标准。

3. 践行可持续发展

在快速发展的同时，丘钛微始终不忘环境保护的社会责任，积极推行绿色制造策略，不仅体现在生产过程的节能减排上，更体现在产品设计的生态友好性。公司采用环保材料，优化生产工艺，减少有害物质使用，有效降低了生产过程中的碳足迹，让技术创新与环境保护可以并驾齐驱，共生共荣。

三、经验启示

（一）构建学习型组织

人才是创新的基石，丘钛微构建了一套全方位的人才培养体系，建立完善的新员工入职培训、在职技能培训、专项能力提升等多层次培训体系。丘钛微与国内多所知名高校建立合作关系、研究机构建立合作关系，通过共建实验室、校企合作项目等形式，为学生提供实习实训基地，同时也为公司吸纳优秀毕业生。此外，建立丘钛订单班，定期举办技术培训、管理课程和兴趣竞技等，鼓励员工跨部门、跨领域学习，提升综合能力。

打造学习强军品牌，秉持"全军一盘棋，先进带后进"的集体学习方针，企业内部通过项目制学习，以训战结合的方式培养员工能力，确保每位员工都能在岗位上持续成长。丘钛微设立"请进来走出去"专项，与国内多家高等院校、机构建立了紧密的产学研合作关系，通过不定期的交流会、研讨会、技术分享等专题活动，共同开展前瞻性技术研发，解决"卡脖子"难题。

丘钛微与其他机构建立联合影像实验室或技术交流平台，让员工通过与外界的交流来引进一些先进的"点子"，提升创新能力，持续为用户带来好的产品。这不仅加速了技术的突破与转化，还促进了学术与产业界的深度交流。

（二）建立创新机制激励

公司通过设立年度最佳创新奖来激励员工大胆创新，在日常工作中，定期评审出优秀者进行表彰奖励，针对在技术研发、工艺改进、产品设计等方面做出突出贡献的团队和个人给予奖励，激发全员创新热情。

丘钛微实施了一系列创新激励政策，对在技术研发、产品创新、工艺改进等方面做出突出贡献的个人或团队给予奖励，并且对突出个人或团队故事进行采访报道，让优秀的人更优秀，让想优秀的人变得优秀。公司还设立了"年度最佳创新奖"等荣誉奖项，营造了浓厚的创新氛围，激发员工的创新热情。

（三）培育创新型人才

人是新质生产力的创造者和使用者，是新质生产力生成中最活跃、最具决定意义的能动主体。数字化转型带来了业务模式的创新，改变传统的工作流程与之相配套的组织结构就要调整。与此同时，需要员工接受新的工作方式和技术，打破固有思维，转变意识。因此，公司计划培养更多新技术人才，从而满足数字化和智能化技术的需求。

在丘钛微的创新转型之路上，人才是驱动企业发展的核心动力。面对全球化的竞争与合作，丘钛微深刻认识到，拥有一支具备国际化视野和跨文化沟通能力的人才队伍，是企业持续成长的关键。

公司创新性地建立了"群英会"这一学习交流平台，通过组织英语角、在线英语课程、模拟商务谈判等多种形式的学习活动，营造浓厚的语言学习氛围。在这里，员工不仅能够提高英语听说读写能力，还能在模拟的真实场景中锻炼国际商务沟通技巧，为参与国际项目、拓展海外市场奠定语言基础。

案例点评

自动化生产率 90%、摄像头单月出货量超 4 000 万颗、亿级像素摄像头……这些数字的背后是昆山丘钛微电子科技股份有限公司的创新激励、人才培育、学习型组织构建等发展举措。在注重技术的同时，拍摄体验等用户体验也是丘钛微紧紧抓住的业务方向，正因为丘钛微以技术创新为核心，以服务和应用拓展为两翼的发展路径，从而成为国内率先量产 3D 结构光模组和首家量产微云台摄像头模组的企业。

坚持"四个面向" 聚力协同创新
——苏州世名助力科技创新和产业化升级

【引言】 科技创新是实现民族复兴的强大驱动力,习近平总书记在与科技工作者座谈时,提出了"坚持面向世界科技前沿、面向经济主战场、面向国家重大需求、面向人民生命健康,不断向科学技术广度和深度进军"的号召。通过产学研合作,企业提出明确的技术开发需求,充分利用大学的智力资源进行产学研合作开发,是将科学研究与产业化相结合的重要途径,也是科技工作者响应习近平总书记"面向经济主战场、面向国家重大需求"号召的重要方式。

【摘要】 印染废水是我国工业废水的重要来源,具有水量大、成分复杂、处理难度高等特点,原液着色技术是将各类着色剂直接加入纤维纺丝载体中直接纺丝制备有色纤维的技术,避免了传统染色带来的高能耗、高废水排放等问题,有利于促进纺织行业的节能减排进程,是近年来国家在纺织行业大力推广的纺织品着色技术,而缺乏可以满足要求的纤维原液着色剂(纳米色浆与母粒)是限制该技术推广的重要原因。苏州世名科技股份有限公司在已有的涂料色浆、胶乳色浆与造纸色浆等多个应用领域着色经验基础上,与江南大学、中国纺织科学研究院有限公司等高校和科研院所合作,通过产学研合作,开发了颜料表面改性、颜料浆料超细化加工等核心技术,并与下游的上海石化、赛得利(中国)、兰精(中国)等纤维制造大型企业合作,通过协同创新,优化了纺丝工艺,开发出粘胶、腈纶与超高分子量聚乙烯等溶液纺丝专用原液着色色浆、聚酯与聚酰胺纤维原位聚合用纳米色浆及母粒等多款原液着色剂品种，相关产品年产量超 15 000 吨，促进了纤维原液着色技术在国内的推广应用，减少了传统染色带来的高能耗、高废水排放等问题，先后获得江苏省科学技术二等奖、中国纺织工业联合会科技进步一等奖和技术发明一等奖等多项省部级科技奖项，创造了良好的经济效益和社会效益。

【关键词】 废水处理；协同创新；节能减排

扫码看VR

在目前经济增速放缓、市场竞争日趋激烈的情况下，转型升级和高质量发展是昆山地区企业发展的迫切需求。科技型中小企业如何充分利用外部智力资源、充分挖掘自身的技术优势，在产业链关键环节实现技术突破和市场占有率的快速提升，是很多科技型中小企业得以快速发展的重要措施，科技部门如何借鉴这些优秀案例，指导更多科技型中小企业高质量发展，是一个需要重点研究的领域。

一、基本概况

苏州世名科技股份有限公司是一家以技术创新作为企业发展驱动力的国家高新技术企业，于2016年实现了创业板上市，拥有江苏省水基颜料分散体工程技术研究中心、江苏省企业技术中心、江苏省研究生工作站、江苏省博士后创新实践基地等多个省级科研平台，公司拥有正高级工程师2人，高级工程师8人，是国内色浆领域规模最大、技术实力最强的企业。

为了在激烈的市场竞争中获得生存和发展，该公司与江南大学、上海交通大学、中国纺织科学研究院有限公司等国内知名高校和科研院所建立了长期的合作关系，在充分利用外部智力资源的基础上，逐步构建了颜料表面改性、颜料浆料超细化加工等核心技术，并坚持与下游企业展开协同创新，开发了一系列高新技术产品。该公司纤维原液着色色浆项目自2010年立项后，先后获得了江苏省自然科学基金（2012年立项）、苏州纳米专项（2013年立项）、江苏省成果转化专项资金项目（2016年立项）、国家重点研发计划项目课题（2020年立项）等多个科技项目的支持，开发出粘胶、腈纶与超高分子量聚乙烯等溶液纺丝专用原液着色色浆、聚酯与聚酰胺纤维原位聚合用纳米色浆及母粒等多款原液着色剂品种，相关产品年产量超 15 000 吨，促进了纤维原液着色技术在国内的推广应用，减少了传统染色带来的高能耗、高废水排放等问题，经济效益和社会效益显著。

二、做法成效

（一）发挥技术优势，引领产业升级

苏州世名科技股份有限公司在开发涂料色浆、胶乳色浆与等产品过程中，逐步掌握了颜料表面改性、超细化分散等核心技术，并通过分析了解到 Clariant、DIC、Ployone 等国外企业如何构建核心技术、产业升级的方法。在开发纤维原液着色色浆的过程中，逐步掌握了亚微米及纳米级色浆制造的核心技术，为后续开发电子喷墨色浆、彩色光刻胶颜料分散液等高附加值产品，提供了良好的技术积累。

目前，公司纤维原液着色色浆年产量超过 15 000 吨，并在全资子公司常熟世名化工科技有限建立了一条年产 30 000 吨纤维原液着色色浆生产线，为产品的规模化、低成本生产奠定了良好的基础。

（二）注重产学研合作，利用外部智力资源

公司十分注重科学理论对产业化研究的指导作用，但在激烈的市场竞争压力下，公司技术人员无暇进行大量理论研究。因此，自 2010 年起，公司与江南大学纺织科学与工程学院付少海教授课题组建立了长达 14 年的产学研合作关系，将产业化研究过程中遇到的颜料颗粒在纺丝

原液中的高效分散与抗团聚机理、颜料表面改性机理、颜料分散液的稳定机理等理论研究课题交予学校研究，利用理论研究成果指导产业化研究，充分利用外部智力资源解决产业研究中遇到的理论课题，并通过联合培养研究生的方式，为本研究领域培养了 11 名硕士和博士，联合发表论文 14 篇。

（三）注重与上下游企业的协同创新

纤维纺丝过程中强烈的酸碱变化、高剪切力、对大颗粒团聚的高度敏感等特性，对纺丝原液中颗粒的抗团聚性提出了更高的要求，需要该领域色浆供应者和纤维制造者共同协作，研究不同分散剂、颗粒表面不同物理化学性能、浆料加工和纺丝工艺等对差别化黏胶纤维性能的影响，以实现生产高性能原液着色纤维的目标。同时，下游纤维制造企业也需要色浆企业根据本企业纤维原液着色纤维的原材料、加工工艺等特点进行专项开发。

为此，公司与产业链下游的上海石化、赛得利（中国）、兰精（中国）、唐山三友、中石化洛阳石化、河北吉藁、新乡化纤等纤维制造企业合作，通过协同创新，优化了纺丝工艺，并对部分企业开发专门的色浆产品，有力地提升了下游纤维制造企业的产品质量和附加值，也提升了下游客户对本企业的认可度，通过协同创新做到了共赢。其中，公司与江南大学、上海石化、河北吉藁、唐山三友联合开发的"纳米颜料制备及原液着色湿发纺丝关键技术"获得 2020 年中国纺织工业联合会科技进步一等奖。

（四）注重技术团队和科研平台建设

高水平的技术团队永远是企业创新的核心因素，为此，公司在项目开发过程中，通过产学研合作、委外培训、客户交流和内部定期培训等多种方式加强对技术人员的培训，提升技术人员的专业能力，并加强技术团队引进，建立了一支高水平、专业配制合理的技术团队。

同时，公司注重科研平台建设，先后引进了实验纺丝机、纳米研磨机、纳米粒径仪、稳定性分析仪、气相色谱和液相色谱、各类纺丝机等价值超过2 000万元的科研设备，建立了国内一流的色彩与纳米材料研发平台。

三、经验启示

（一）重视对产业和技术发展趋势的预判

2010年，苏州世名科技股份有限公司从纺织行业的产业发展规划、行业专家等渠道了解到印染行业的高能耗、高废水排放问题，企业通过广泛调研了解到纤维原液着色技术是解决该问题的重要途径，而粘胶、腈纶等纤维原液着色用水性色浆产品主要被DIC、Clariant等跨国公司垄断。

为此，公司组织人员完成了技术和市场可信性分析，了解了产品的主要技术指标要求和技术难点，在江苏省自然科学基金的支持下，研究了影响颜料颗粒在粘胶等纤维纺丝原液中相容性的主要因素。良好的社会效益，为后续产品开发做好了前期研究基础，也是该项目后续能够争取江苏省成果转化专项资金、国家重点研发计划项目等科技项目支持的重要前提。

从科技管理角度来看，需要充分了解和掌握重点行业的发展趋势和关键技术节点的细节，对地区企业的核心技术有充分了解，能够指导企业发挥技术优势、解决行业关键技术问题。

（二）注重产学研合作和上下游协同创新，利用外部智力和技术资源，加强科技成果转化

在现阶段，企业高质量发展所需要解决的技术问题，往往呈现技术难度高、上下游高度相关等特点。为此，需要通过产学研合作充分利用高校和科研院所的智力资源，通过上下游企业的协同创新，解决产业化过程中的技术问题，昆山地区良好的科技政策，如祖冲之攻关计划、协同创新联合体、产学研费用补助等，为企业进行产学研合作、企业和高校间的协同创新提供了较大的便利。

（三）注重核心技术的积累和人才团队培养

苏州世名科技股份有限公司参与关键项目的核心技术人员大多在公司从事产品开发在8年以上，其中，国家万人计划专家1人、正高级工程师2人、高级工程师6人，有两人先后获得昆山突出产业人才计划项目资助，做到了企业和项目的发展与员工发展同步。

企业核心技术的开发和积累周期往往在5年以上，如何在科学理论指导下，充分吸收和提炼产业化研究成果，建立核心技术体系，是科技型中小企业得以高质量发展的关键条件。企业建立良好的评价和绩效体系，充分利用地方产业人才政策，是鼓励技术人员专心科研、留住科研

人员的关键措施。

案例点评

苏州世名科技股份有限公司在充分了解市场需求的前提下，对纤维原液着色色浆项目进行立项，在涂料色浆、胶乳色浆与造纸色浆等色浆产品开发经验基础上，发挥企业在细分领域的技术优势，并充分利用高校和科研院所的智力资源，与下游企业协同创新完成了一系列产品的开发，不仅创造了良好的经济效益，也创造了良好的社会效益，是科技企业响应习近平总书记"面向经济主战场、面向国家重大需求"号召的生动体现。

围绕市场需求　推动形成核心技术攻关合力
——绿的谐波围绕产业化扎实推进科技创新

【引言】 党的二十大报告指出，"坚持把发展经济的着力点放在实体经济上，推进新型工业化，加快建设制造强国、质量强国、航天强国、交通强国、网络强国、数字中国。实施产业基础再造工程和重大技术装备攻关工程，支持专精特新企业发展，推动制造业高端化、智能化、绿色化发展。巩固优势产业领先地位，在关系安全发展的领域加快补齐短板，提升战略性资源供应保障能力。推动战略性新兴产业融合集群发展，构建新一代信息技术、人工智能、生物技术、新能源、新材料、高端装备、绿色环保等一批新的增长引擎"。抓住全球产业结构和布局调整过程中孕育的新机遇，勇于开辟新领域、制胜新赛道。

【摘要】 随着我国经济的快速发展和科技水平的提高，仿生机器人已成为我国战略性新兴产业中不可或缺的一环。在我国，仿生机器人已经在医疗、教育、娱乐等领域进行商业应用，基于人工智能和机器学习技术的进步，仿生机器人将具备更加智能化和自适应的特性，可以更好地适应复杂和多变的环境，且实现更加精准和高效的运动控制。建设"苏州市仿生机器人用关键零部件核心技术重点实验室"，开展基础和技术研究工作。围绕市场需求，突破核心技术，形成研发体系，具备扎实理论、过硬团队和牢固产学研合作基础。以关键零部件共性技术问题为导向，与高校合作，开展技术研究。

【关键词】 仿生机器人；重点实验室；技术研究

扫码看VR

建设以仿生机器人用核心零部件关键技术研发为研究核心的重点实验室，为苏州市的机器人产业进行前瞻性的技术和零部件产品研发，引领精密传动技术的发展，对提高国产关键零部件的自主可控能力具有十分重要的科学意义和使用价值，促进苏州相关产业的转型升级，巩固苏州在制造产业的领先地位。

一、基本概况

苏州绿的谐波传动科技股份有限公司成立于 2011 年，是一家专业从事精密传动装置研发、设计、生产和销售的高新技术企业，公司是国家制造业单项冠军示范企业、国家第一批专精特新"小巨人"企业、国家高新技术企业、江苏省民营科技企业、江苏省科技小巨人企业，主营产品包括谐波减速器、机电一体化产品、智能自动化装备等。公司核心研发团队从 2003 年开始从事机器人用精密谐波减速器理论基础的研究，在国内率先实现了谐波减速器的技术突破，掌握了完全具有自主知识产权的谐波减速器研发技术并具备规模化的生产能力，打破了国际品牌在国内机器人谐波减速器领域的垄断，凭借着严格的质量管控与完善的产品体系，公司在国内市场已逐步实现了对国际品牌的进口替代，实现了国产谐波减速器的自主可控。公司的谐波减速器产品出货量在全球范围内名列前茅，并已成功向国际主流机器人厂商批量出口供货，目前在谐波减速器行业国内市场份额占有率位居第一，在国际市场位居第二，确立了明显的竞争优势，已成长为行业内的龙头企业。近年来，公司产品先后荣获"2021 年教育部科学技术发明奖一等奖""2019 年度上海市科技进步一等奖""第二十二届中国国际工业博览会 CIIF 机器人奖""第二十一届中国国际工业博览会大奖（首届）"等殊荣。

二、做法成效

（一）围绕市场需求，突破核心技术

近年来，各国积极在仿生机器人领域布局，其应用领域正在逐渐打开。其中以人形机器人为例，人形机器人具有与人类相似的躯干结构与运动能力，涉及控制、规划、机电一体化技术、全方位 AI 感知技术、人机交互等，是国家高科技发展水平的最终体现。未来人形机器人将对社会变革与发展产生重要影响作用，将人类从低级和高危行业中解放出来，使人类能够专注于高级智慧活动，从而提升生产力水平和工作效率。

由于人形机器人需要更多的自由度，对其各个关节部件集成化、小型化、轻量化、高可靠性、高响应等性能提出了更高机电耦合要求，从而开启了与传统工业机器人对精密传动装置零部件要求本质不同的新型仿生机器人用关键零部件研究领域。

本次建设的苏州市仿生机器人用关键零部件核心技术重点实验室，主要以仿生机器人用关键零部件共性技术问题为导向，解决现阶段仿生机器人用零部件发展的瓶颈，开展新型谐波减速器、一体化旋转关节、电液驱动关节、精密制造及数控转台等方面的基础和技术研究工作，突破多参数融合正向最优设计、高精度动态补偿、液压动力学摩擦参数识别方法、伺服驱动系统机械共振抑制方法关键核心技术，形成集理论、产品、应用为一体的仿生机器人关键零部件核心技术研发体系。

本次建设苏州市仿生机器人用关键零部件核心技术重点实验室将紧

密围绕仿生机器人市场需求，突破行业急需的核心技术，同时本实验室还具备了以下优势。

1. 扎实的理论基础

本实验室具有从仿生机器人关键零部件正向构型设计、制造、试验测试的全生命周期的技术研究基础，特别是在精密谐波减速器方面，通过自主研发自主创新，建立了完善的谐波啮合"P型齿"设计理论，在国内率先实现了谐波减速器的工业化生产和规模化应用。

2. 过硬的团队基础

本实验室科研人员都接受过严格的科研训练，35岁以下青年学术骨干18人，占固定研究人员总数的66%，均具备优良的创新意识和能力，为实验室的原始创新提供了强大的动力。

3. 牢固的产学研合作基础

本实验室与苏州大学、上海交通大学、东南大学、哈尔滨工业大学等国内知名高校建立了牢固的产学研合作关系，长期开展机器人关键零部件核心技术的研究，相关成果已成功应用至公司产品之中。

（二）严格控制标准，保障质量过硬

作为我国谐波减速器领域的领先者，公司通过了ISO 9001和ISO 14001国际质量体系认证，拥有国内先进的检测设备，并建立了从原材料入库、生产环节、零部件装配、成品检测至产品出库全过程质量控制体系。公司为生产和装配的关键环节提供高标准检测环境，生产过程中的每个零部件都有严格的质量检查程序，以确保产品质量的稳定性；品质控制涵盖了新产品开发、供应商管理、原材料检验、装配检验、成品检验、客户反馈、数据分析等。公司不断与国内外知名企业深入合作，将客户的需求融入产品的性能中，与客户共同探讨新时代下产业发展与崛起的新路径。同时，绿的谐波不断延伸拓展产业链，形成优势产业集群，客户覆盖工业机器人、数控车床、新能源、半导体等多个领域，凭借着丰富的行业经验和过硬的产品质量在各个领域全面开花。

（三）放眼未来，布局产业升级

近年来，全球范围内劳动力短缺，劳动成本的不断提高，经济增长速度持续有所放缓，全球制造业面临转型升级的共同挑战。

2019年，绿的谐波公司产线进行智能化、信息化改造，积极响应国家对制造业转型升级的号召。公司引入自动化生产，基于高端数控机床、机器人全自动作业、MES及ERP管理、柔性化制造、网络数字化控制、智能检测等技术，设计与优化自动化生产工艺，利用专用工装夹具，核心零部件关键尺寸在线检测、模块化装配和装配在线检测等技术手段，通过软硬件的配合，极大改善谐波减速器工艺制造流程，数字化产线按照不同零件的加工工艺进行模块化设计与设备排布，实现加工效率的最优化，提高精密谐波减速器的加工精度、生产效率和品质稳定性。产品综合良率提高10%，整体自动化覆盖率达到80%，生产效率提高50%，人均产值提高100%，节省了20%以上的人力，从而提升了绿的谐波在业内的全球竞争力。2021年，公司被评为"江苏省智能制造示范车间"。在激烈的市场竞争中，绿的谐波快速发展壮大，并推动了我国机器人产业的迅猛发展。通过数字化改造，摆脱了传统观念中制造业企业"环境差、污染大、管理乱"的固有印象，树立了强大的民主自主品牌形象。

三、经验启示

（一）立足创新，积累技术优势

绿的谐波所处的行业是精密减速器领域，是包括机器人在内的高端装备核心零部件，代表了精密传动技术、高端装备核心部件的顶尖水平。多年来，公司秉承"久久为功、锐意进取"的创新精神，在国内率先实现了精密谐波减速器的技术突破，打破了国际品牌在国内机器人谐波减速器领域的垄断，在国内市场已逐步实现了对国际品牌的进口替代，成长为行业内的领军企业。

公司研发的谐波减速器跳出传统上以 willis 定理为基础的渐开线齿轮设计理论，以自主开发的"P"型齿数学模型、3D 仿真软件、误差修正方法、动态补偿方法、寿命预测模型为基础，建立全新齿形设计理论体系。具有精度高、传动效率高、体积小、噪声小等优点，大幅提升了国产谐波减速器的关键性能和使用寿命，在国内谐波传动领域具有领先的研发技术优势。

公司成立至今始终坚持自主研发核心技术，目前拥有研发人员超150人，每年投入营业收入的10%左右进行研发。随着人形机器人、高端数控机床等下游产业的快速发展，公司先后成立了苏州市仿生机器人用核心零部件重点实验室和苏州市高性能数控转台工程技术研究中心，并牵头与开璇智能、追觅科技等上下游企业成立了"苏州市移动机器人核心零部件创新联合体"，积极发挥产业链龙头企业引领效应，辐射带动一批机器人与智能制造上下游企业集聚发展。同时，公司积极与大院大所进行产学研合作，先后与浙江大学、东南大学合作设立了"浙大绿的谐波传动实验室""机器人驱动技术联合工程研发中心"。与上海交通大学更是建立了战略合作关系，先后成立了"机器人技术联合研发中心""智能焊接机器人联合研发中心"，双方建立联合申请国家或地方科技计划项目、科研成果奖等合作机制，其中双方共建的"绿的谐波—上海交大机器人与数控联合实验室"作为合作重点，计划申报国家重点实验室；双方还积极探索推进校企合作机制，包括科研仪器设备、学生信息、图文情报等资料在一定范围内的开放和共享。

（二）前瞻布局未来产业，探索跃升新路径

目前，人形机器人是最为火热的话题之一。根据麦肯锡预测，未来全球人形机器人市场空间可达120万亿级别，是一个崭新且空间庞大的蓝海市场，其中一体化关节更是人形机器人不可或缺的核心零部件。作为谐波减速器的延伸部件，公司紧抓机电一体化趋势，攻克了机电一体化以及微型电液伺服等技术壁垒，研发出了全新的机电一体化产品和微型电液伺服产品，并不断丰富和优化相关产品结构，力争在人形机器人领域抢占有利地位。与此同时，公司将机床专用减速器、高功率密度电机等核心零件进行集成，首创高精度、高刚性、大负载谐波数控转台，该产品可以广泛应用于加工中心、数控镗铣床等高端机床领域，满足下游行业对高精密传动装置的高性能、高可靠性等方面需求。此外，公司也在加快推进全球首创的液控磨抛工具、爬壁机器人等产品的技术攻关，这些产品将会陆续走向市场。

（三）关注下游市场变化，拓宽实际应用领域

机器人用减速器作为高端装备的核心零部件，与制造业固定资产投资规模和国民经济增长密切相关。随着我国国民经济的持续增长，国内生产总值及固定资产投资均逐年提高，下游多个领域呈现出快速增长态势，带动精密减速器行业市场规模扩大。目前国内新进入厂商技术水平和产品质量参差不齐，真正符合下游客户标准、通过检测的合格减速器产品生产商依旧数量有限。在下游需求、国家产业政策支持的带动下，未来行业整体需求依旧高涨。同时，随着技术的日益成熟，精密减速器越来越体现出高精度、高刚度、高负载、传动效率高、大速比、高寿命、低惯量、低振动、低噪声、低温升、结构轻小、安装方便等诸多优点，其应用领域将从工业机器人领域更多拓展到数控机床、航空航天、医疗器械、新能源等多个领域，发展前景广阔。

案例点评

仿生机器人领域是国家高科技发展水平的重要体现，其中的人形机器人涉及控制、规划、机电一体化技术、全方位 AI 感知技术、人机交互等众多技术领域。苏州绿的谐波传动科技股份有限公司成立至今始终坚持自主研发核心技术，在研发投入方面每年投入营业收入的 10% 左右进行研发；在研究平台方面先后成立了"苏州市仿生机器人用核心零部件重点实验室"和"苏州市高性能数控转台工程技术研究中心"；在技术攻关方面攻克了机电一体化以及微型电液伺服等技术壁垒，建立全新齿形设计理论体系。其精度高、传动效率高、体积小、噪声小的优点，大幅提升了国产谐波减速器的关键性能和使用寿命，为苏州企业科技创新增添了浓墨重彩的一笔。

以小微球的大用途成就生命健康大事业
——为度生物的科创探索与启示

【引言】 在如今的国际综合竞争格局下，面对全球化的技术竞争和供应链的安全问题，党和国家强调要打破外国技术垄断，加速关键基础材料的国产化进程。微球，是指直径在纳米级至微米级，形状为球形或者为其他几何形状的高分子材料或高分子复合材料。其制备和应用被《科技日报》列为制约民族工业的35项"卡脖子"关键领域之一。微球涉及化学、物理、生物、材料等多学科交叉，具有较高的技术门槛和壁垒。

【摘要】 苏州为度生物技术有限公司契合国家战略导向，始终坚持持续创新的理念，投入大量资源和精力进行研发，不断推出更具性价比的新产品。通过市场调研和技术创新，公司不断优化产品设计，提升产品性能，满足客户需求，拓展市场份额，保持行业领先地位。公司注重基础业务的提升和优化，不断提高生产效率和产品质量，确保产品符合市场需求和标准。通过引入先进技术和管理模式，公司不断优化生产流程，降低生产成本，提升产品竞争力，为客户提供更优质的产品和服务。同时通过横向并购和纵向整合，不断完善产业链布局，实现资源优化配置和产业链的闭环运作。这种综合发展战略有助于提高公司的竞争力，降低生产成本，加强市场影响力，为公司的可持续发展打下坚实基础。

【关键词】 微球；持续创新；产业布局

扫码看VR

苏州为度生物技术有限公司以科技创新为驱动力，秉持科技创新和质量第一的理念，汇聚了一支充满激情和专业知识的研发团队。通过增强技术创新，实现了从技术跟随到技术领先的转变，实现了自主国产化；通过资源融合来促进产业技术升级；通过积极参与国际国内展览会议以及学术交流会议，深化国际合作，开拓全球市场等方式，构建创新生态系统，成功实现了多项技术突破，推动了相关产业的自主创新和发展。

一、基本概况

苏州为度生物技术有限公司（以下简称为度生物）成立于2014年，是国家高新技术企业、国家专精特新小巨人企业、中国独角兽企业、江苏省专精特新中小企业、江苏省独角兽企业、江苏省瞪羚企业、苏州市潜在独角兽企业、苏州市瞪羚企业。

经过多年发展，为度生物通过资源整合与布局，于2021年完成对北京旷博生物、常州必达科生物、武汉汇研生物的整合，进一步扩充产品矩阵和战略版图，致力于生物医药载体制备技术、细胞膜抗体制备技术和流式细胞仪器制造技术及其相关产品研发、生产与销售，覆盖微球原料、抗体原料、生命科学、临床诊断，突破微球平台、蛋白平台、生命科学及诊断仪器平台、融合平台等核心平台型技术，涉及五大自研产品管线：流式细胞术、均相发光、外泌体研究、层析预装柱、磁珠分选与激活，广泛应用于新医药、医疗诊断、食品安全检测等众多领域，为企业的长远发展打下坚实基础。

二、做法成效

（一）技术创新驱动，实现国产自主

为度生物自2014年成立以来，一直致力于纳米微球材料的研发与创新，已成为国产高性能纳米微球的领军企业。公司通过技术创新实现了在分析检测及体外诊断等领域的重要突破，尤其在纳米微球、纳米流式和层析介质的国产化上取得显著成效。

公司通过自主研发在微球精准制备、结构控制、表面改性和功能化以及大规模生产等方面积累了多项核心技术。搭建了微球精准制备、表面修饰和功能化修饰、规模化生产四大平台技术，突破了相关产品从实验室到量化生产的瓶颈，能够满足生物医药、分析检测及体外诊断等不同领域客户的关键需求，促进新材料、新药物等的研发和应用，为材料科学、生物医学领域的创新提供新的思路和方法，促进纳米微球技术的高质量发展，逐步实现国产替代。

公司开发的一步种子溶胀聚合技术以及独特的表面修饰工艺，突破了国际上长期垄断的微球制备技术壁垒。传统的微球制备多依赖于悬浮聚合法，这种方法所产生的微球粒径分布宽，且多为高斯分布，制备过程烦琐且效率低下。而为度生物开发的一步种子溶胀聚合技术，适用于多种粒径和表面功能基团微球的制备，产品均一性好，降低微球本身的非特异吸附，改善应用性能，大幅提高了产品的质量和生产的效率。这一技术创新不仅使为度生物在国内市场上获得了竞争优势，也为其打入国际市场奠定了基础。

为度生物在材料的表面功能化处理技术上也取得了突破，能够精确控制微球表面的官能团种类和密度，可以根据不同应用需求定制功能化微球，极大地增强了产品的应用范围和灵活性，满足了从IVD诊断企业到生物医药等企业的特定需求。

在研发团队的建设上，为度生物聚集了一批由国内外知名学府的资深科学家领衔的多元化微球研发团队。通过打造核心技术优势，建立了先进的技术平台与创新的研发体系。公司的研发团队成员中，有超过30%的人才拥有硕士及以上学历，团队的高端人才比例显著，大大加速了新产品的开发周期，提高了产品的技术含量和市场竞争力。

在研发投入上，为确保公司的稳定发展，保持长期的竞争优势，为度生物每年的研发投入占销售收入比例达30%以上，高投入不仅加速了新产品的市场推广，也保证了技术的持续迭代和优化。

为度生物的技术创新和自主研发能力的提升，不仅为公司赢得了广泛的市场认可，也实现了从技术跟随到技术领先的转变。公司现已成为国内外多个重要项目的供应商，产品销往北美、欧洲、亚洲、非洲等地区，覆盖国家近50个，进入全球领先生物企业的供应链。通过技术创新实现自主研发和生产，为度生物有效地增强了国内技术的自给自足能力，为中国在高科技材料领域的自主创新和国际竞争力提升做出了积极贡献。

（二）加强资源融合，引领产业升级

为度生物自创立之初便明确了通过资源融合来促进产业技术升级的战略方向。通过与企业、高校和科研院所的深度合作，拓展研发视野，显著提高公司技术创新能力和市场竞争力。

与苏州帕诺米克生物医药科技有限公司达成战略合作，共同探索临

床质谱结合磁珠应用以及外泌体研究的创新解决方案，带动行业上下游生物医药产业链的发展，打破国外垄断。

与中国科学院苏州生物医学工程技术研究所开展微球蛋白抗体修饰乳胶微球的研发合作，成功将最前沿的科研成果转化为具有市场竞争力的产品，有效推动了公司技术的不断进步和产业的深度升级。

公司每年定期组织技术交流会，邀请合作高校的研究人员与公司工程师共同探讨新技术的应用与产品改良，保持技术的持续更新和优化。

通过深入的资源整合合作模式，为度生物的研发能力大大提升，加速了公司从原材料供应商向综合解决方案提供者的战略转型，确保公司在国际高新技术竞争中的领先地位，显著提高了在产业链中的整体效能和竞争力。

（三）融通国际合作，拓展全球市场

为度生物在积极开拓国际市场方面取得了显著成效。公司的纳米微球产品因性能卓越，已成功打入欧洲市场以及美国、韩国等关键市场，进一步强化公司在国际舞台上的地位。

通过积极参与国际国内展览会议以及学术交流会议，展示公司技术的先进性和应用的广泛性，吸引了包括制药公司和生物技术企业的关注，提升品牌的全球知名度。

三、经验启示

（一）构建创新生态系统

为度生物成功构建了一个开放的创新生态系统，通过整合来自不同

领域的资源，形成了一个跨学科、多元化的合作网络。主要依托三大策略：行业联盟合作—共谋共创共赢高质量发展；学术界合作—携手共建学术前沿；开放技术共享与合作新模式。

1. 共谋共创共赢高质量发展

为度生物积极参与纳米新材料产业联盟，与行业内外的合作伙伴共同研发新技术，推动纳米新材料的应用。通过与供应链上下游企业的紧密合作，对市场变化做出迅速响应，优化产品设计和生产工艺，大大缩短新产品的开发周期。

2. 携手共建学术前沿

在学术合作方面，为度生物与高校和科研院所建立了战略合作关系。围绕行业痛点和前沿科技，联合开展研究项目，解决行业关键技术问题，加速科研成果的产业化过程，提升公司研究的深度和广度，为公司培养和吸引大量科研人才。

3. 开放技术共享与合作新模式

为度生物推崇开放式的技术共享策略，不定期举办技术研讨会和创新论坛，邀请行业专家、学者及其他企业参与，共同探讨行业发展趋势和技术创新路径。加强公司与行业内外的信息交流和技术传播，强化公司在行业中的影响力和引领地位。

通过这样的开放创新生态系统，为度生物在提升自身的创新能力和市场竞争力的同时，也推动了整个行业的健康发展，促进行业知识的广泛传播和技术的快速迭代，为相关行业提供宝贵的经验和参考，具有极高的推广价值和实践意义。

（二）引领行业创新，构建跨学科研发新生态

为度生物成立了为度研究院，组建了跨学科创新团队，团队成员由生物技术、化学工程与工艺、材料科学等领域的专家组成。在项目开始阶段进行全面的需求分析和概念设计讨论，确保项目从设计到产品开发的每个阶段都能得到多角度的思考和专业的支持，加快产品从实验室到市场的转化速度。

公司还与高校和科研院所建立紧密的合作关系，共同开发新技术，培养人才，持续吸收和利用外部资源，进一步增强自身的技术研发和创新能力。

为度生物的这一跨学科研发的新模式，通过强化内部协作与外部合作，成功地构建一个动态的、互补的创新生态系统。在面临快速技术变革和激烈市场竞争的行业环境中，为度生物的这种创新模式，对于其他技术驱动型企业推广学科融合，具有借鉴意义。

（三）强化创新意识，营造创新氛围

一个以学习和创新为导向的企业文化是持续竞争力的关键，为度生物以"成就生命健康"为使命，秉承着"务实创新"的精神，把科技创新放在第一位，致力于弘扬一种以创新为核心的企业文化。在实际运营中，通过一系列战略举措，强化创新意识，营造创新文化氛围。

1. 构建创新知识体系

为度生物通过建立完善的知识管理体系，确保创新观念能够在组织

内部广泛传播。公司内部设有专门的知识分享平台，定期举办各类讲座和研讨会，邀请行业内外的专家学者和公司高层共同参与，分享前沿科技趋势、创新案例及实践经验，增强员工的创新意识，激发员工对于未知领域的探索热情。

2. 优化创新激励机制

为鼓励员工将新思维转化为实际行动，为度生物制定并实施一系列创新激励政策。制定科技成果转化的组织实施与激励奖励制度，对于那些能够在产品开发、工艺改进、技术革新等方面取得突破性进展的团队或个人给予丰厚的物质奖励。设立技术创新奖，表彰在创新实践中表现突出的员工，进一步激发全体员工的创新热情和潜能。

为培育和加强这种创新文化，为度生物还特别注重新员工的创新培训和老员工的持续教育：在新员工入职初期，会通过一系列的创新思维训练和团队协作活动，使其快速融入公司的创新文化；对于老员工，则定期提供技能提升和职业发展的机会，鼓励他们在现有的基础上不断求新求变。

案例点评

> 科技创新是第一生产力，这一论断在苏州为度生物技术有限公司的案例中得到生动体现。公司不仅在"卡脖子"的关键技术环节攻关钻研，打破壁垒，而且通过资源整合融合实现跨学科、跨业界、多元化的国家合作，依托资源技术的共享合作形成了创新生态圈，显著提高了公司技术创新能力和市场竞争力。

围绕国家战略需求　厚植新质生产力
——商业航天科创领域的天兵探索与实践

【引言】 习近平总书记指出:"探索浩瀚宇宙,发展航天事业,建设航天强国,是我们不懈追求的航天梦。"党的二十大报告对加快建设航天强国作出重要部署,为我国航天科技实现高水平自立自强指明了前进方向。商业航天是中国参与全球科技角逐的重要硬科技赛道之一,2023年12月召开的中央经济工作会议上提出商业航天为战略性新兴产业,2024年政府工作报告中强调了商业航天为经济发展新的增长引擎。

【摘要】 未来太空经济规模庞大,太空探索空间广阔。天兵科技始终坚持商业航天发展正确方向,独立自主研制出中大型液体运载火箭,着力形成了"三机两箭"的产品发展战略布局,为目前我国卫星星座、星链的建设提供低成本、高频次、高可靠发射工作。天兵科技事伴随着全球商业航天大发展浪潮诞生,以开放、创新、激情、坚韧的企业文化为导向,秉承"聚创造精英、树航天尖兵"的创新理念,践行"助推人类第五次交通变革"的企业使命,立志让更快、更远、更经济的轨道运输,洲际运输以及星际运输服务走进大众生活。

【关键词】 商业航天；液体运载火箭；天兵科技

扫码看VR

一、基本概况

江苏天兵航天科技股份有限公司（以下简称天兵科技）位于江苏省张家港市，成立于 2019 年 4 月 11 日，是我国商业航天领域首家开展液氧煤油火箭发动机及中大型液体运载火箭研制的高新技术企业、全球独角兽企业（排名位居我国商业航天榜首）。天兵科技自成立以来，先后获得中金资本、中信建投、建银国际、张家港政府、君度投资、浙大联创等知名投资机构的持续助力，已连续完成十三轮融资，公司估值近 180 亿元。

天兵科技自主研发的中大型液体运载火箭，可为卫星用户提供低成本、高频次、高可靠性的定制化发射服务，以及提供配套星箭对接、发射场协调、发射测控、保险技术支持等完整服务体系。

天兵科技创始人康永来，从事运载火箭技术研发与项目管理近 20 年，曾任中国运载火箭技术研究院运载火箭总体研究室主任、型号副总师、总工，主持某型号高超音速导弹以及长征十一号运载火箭的总体论证设计工作，见证了多次运载火箭的成功发射。

天兵科技作为中国首家以中型液体火箭开局的民营企业，已组建了一支高素质、专业化的研发制造及管理团队，建成了一总部三中心五基地五平台的"1355"产业战略布局，形成了"二机两箭"的产品发展规划，构建了"立足长三角、辐射全国"的供应链体系。

天兵科技秉承"聚创造精英、树航天尖兵"的创新理念，践行"引领人类第五次交通变革"的企业使命，立志让更快、更远、更经济的轨道运输，以及洲际运输和星际运输服务走进大众生活。

二、主要做法

（一）天兵速度和力量

近年来，随着卫星互联网的快速发展，国内外的巨型星座计划逐步实施，国际上以 SpaceX 为代表的商业航天企业发展速度越来越快，仅 SpaceX 一家公司就将在低轨布置 4.2 万多颗互联网卫星，2023 年 SpaceX 发射了 2 300 多颗卫星，占据了当年全球卫星发射量的大部分。地球卫星轨道资源和卫星频谱资源已成为世界大国竞争的战略性资源。

火箭运力有多大，航天的舞台就有多大。天兵科技的创始初心，就是能尽快缩短与国外在航天领域的差距。随着国内卫星生产数量的增加，低成本高可靠的火箭运力成为制约我国卫星互联网发展的重要因素。自 2015 年以来，我国逐步放开中国商业火箭的发展，近年来我国航天产业在多个领域已经初步进入了商业化进程，伴随国家大力推动军民融合以及"互联网＋航天"的产业升级变革，在全球新一轮工业革命的大背景下，2023 年年底的中央经济工作会议上将中国商业航天定为战略性新型产业，中国的商业航天从需求到政策都已经满足了发展需求，国内对低成本、高可靠性的航天发射需求越来越迫切。因此，结合国家战略需求、大国竞争需求和市场需求大型可重复使用液体运载火箭的研制迫在眉睫。

2017 年，天兵科技创始人康永来，毅然放下"铁饭碗"，奔赴商业航天。工学博士毕业的他，从事运载火箭技术研发与项目管理近 20 年，凭借多年在航空航天领域摸爬滚打的经验以及敏锐的嗅觉，康永来坚信中国商业航天有着广阔的发展前景。仅短短几年，他带领的团队从最开始4个人发展到现在的400余人，团队成员是由一群热衷于航天事业、富有创新精神的精英组成，而且他们深知，中国航天的发展需要更多有激情、有担当和坚持创新的人才力量，也需要更多敢于挑战、敢于突破的企业，他们坚持用自己的智慧和汗水，为中国商业航天事业的发展贡献一份力量。

天兵科技历时仅三年，就研制出了天龙二号液体运载火箭，火箭于2023年4月2日在酒泉卫星发射中心成功首飞，开辟了我国商业航天从固体向液体跨越的新时代，彰显了天兵科技的天兵力量和天兵速度。

天龙二号首飞后，康永来说："我们除了具备相对成熟的技术团队，也离不开全体成员的合力拼搏，天龙二号从研制到首飞恰好踏上了疫情三年，虽然有所影响，但是每一个天兵人加班加点，大家拼着一口气想尽快做出这款火箭来证明我们是可以的。"事实证明，天兵科技做到了。天龙二号作为民营首枚液体火箭，发射成功的背后有着更多特殊意义。

天龙二号的首飞成功，无论是对于天兵科技自身，还是放眼整个中国商业航天行业，这无疑是一个振奋人心的里程碑事件。目前天龙二号已成为我国中小卫星发射市场上具备强大竞争力的中型运载火箭。然而，即使一鸣天惊首战告捷，天兵科技也没有停下前进的脚步。

"国内商业航天未来都要向液体走，我们去年的成果只是商业航天小小的一步，未来的路还会很长。"天兵科技创始人、董事长康永来说。

（二）创新突破引领商业航天快速发展

1. 液体运载火箭零到一的突破

天龙二号液体运载火箭，研制过程历时短短三年。它的诞生，经历了从研制团队的建立，到产品研发方向的确立，再到产品设计方案的制定；从第一张设计图纸绘制，到部件的工厂生产，再到产品总装总测，最后到整体交付。天龙二号是天兵科技从 0 到 1 的突破，其间团队每一个人都秉持自担压力、勇于创新、迎难而上的工作精神，攻坚突破了近百项技术难点，最终打造出我国商业航天首发成功入轨的液体运载火箭。

天龙二号自 2023 年 2 月 6 日进入酒泉卫星发射中心，顺利完成全箭总装、技术阵地测试、发射阵地测试、推进剂加注等工作，火箭于 2023 年 4 月 2 日 16 时 48 分 15 秒点火升空，并取得飞行试验圆满成功，一举终结 20 年多以来全球私营航天首款液体火箭首飞全部失败的世界级"航天魔咒"。天龙二号作为我国商业航天首款成功入轨的液体运载火箭，一举开辟了我国商业航天从固体向液体运载火箭跨越的新时代。天龙二号首飞，创造了我国及国际八个第一：

（1）全球私营航天首家液体运载火箭首飞成功；

（2）全球首款采用煤基航天煤油的运载火箭首飞成功；

（3）全球首款 3D 打印闭式补燃循环液体火箭发动机飞行成功；

（4）中国首款不依托发射工位的液体运载火箭飞行成功；

（5）中国首款重复使用一子级火箭箭体飞行成功；

（6）中国首款采用全铝合金表面张力贮箱姿轨控系统飞行成功；

（7）中国首款超高精度入轨控制的运载火箭；

（8）中国首款采用火箭末级主动受控离轨再入的运载火箭技术。

2. 液体运载火箭一到十的进步

天兵科技从 2022 年就开始投入大型液体运载火箭天龙三号的研制

工作，其研制技术难度比天龙二号更大，创新点更多，有三十多项技术是在中国航天里第一次应用，研制压力和难度都很大。研制期间团队采用了关键技术攻关组的管理形式，抓核心抓风险点，采用工程管理的思路，早期解决长周期的技术难题，最终取得了全面突破。直到 2023 年 6 月，天龙三号所有零部件图纸下发工厂，并同时开展了 3 发整箭和 40 多台套发动机的生产。

天龙三号 LEO 近地轨道运载力可达 17 吨，SSO 太阳同步轨道运载力可达 14 吨，目前天龙三号大型液体运载火箭已进入总装总测阶段，计划于 2024 年下半年挑战首飞，其性能、应用市场都直接对标美国太空探索技术公司 SpaceX 的猎鹰 9 号（Falcon9），堪称是为我国卫星互联网新基建事业量身打造。

3. 建立产业和产品战略布局解决未来发展瓶颈

通过四年多的发展，天兵科技已建成了一总部三中心五基地五平台的"1355"产业战略布局。一总部，即苏州张家港为公司总部；三中心，包括北京火箭研发中心、西安动力研发中心、郑州综合试验中心；五基地，包括苏州张家港大型液体运载火箭总装总测智造基地、无锡中型液体运载火箭总装总测智造基地、巩义市发动机总装总测智造基地、酒泉火箭发射基地，海南火箭发射基地；五平台，包括航天发射智能化无人化创新研究及应用平台、航天动力重复使用创新研究及应用平台、航天测控空天地一体化创新研究及应用平台、航天电气集成化通用化创新研究及应用平台、航天结构轻质化规模化创新研究及应用平台。

形成了"三机两箭"的产品发展规划。天火 11 号火箭发动机、天火 12 号火箭发动机、天火 31 号火箭发动机、天龙二号液体运载火箭、天龙三号液体运载火箭。

构建了"立足长三角、辐射全国"的供应链体系。

通过几年来的产业及产品战略布局，为天兵科技夯实了未来快速发展的坚实基础。

4. 坚持奋斗、创新，屡获殊荣

天兵科技自创建以来，团队成员上下一心，通过坚忍不拔的意志、坚持创新的精神，勇闯技术难关，研制出高质量、高可靠的液体运载火箭产品，天兵科技在航天领域内屡获殊荣。

2020年，荣获亿欧网和未来宇航联合发布的商业航天科创板潜力企业TOP10。

2020年，荣获丝路国际商业航天产业联盟大会"中国商业航天30强"奖项。

2021年，荣获第三届丝路商业航天大会中国商业航天30强奖项。

2021年，荣获科创板潜力企业10强企业。

2022—2024年，连续三年，荣获中国航天大会商业航天最具商业价值企业奖、最具品牌影响力企业奖、最具人气企业奖。

2022—2024年，连续三年，天兵科技创始人、董事长康永来荣获中国航天大会商业航天年度人物奖。

2023年，荣获江苏省独角兽企业。

2023年，荣获中国独角兽企业。

2024年，入胡润榜全球独角兽榜单，位列中国商业航天排名榜第一名。

三、经验启示

（一）责任与使命

天兵科技以技术创新为引擎，不断完善产品线与服务体系，致力于成为大航天时代交通基础设施供应商。我们坚信，随着天龙二号、天龙三号等中大型液体运载火箭的批产投入与使用，中国将在全球商业航天领域重塑影响力，为人类太空探索事业的发展贡献更多中国智慧与力量。

天兵科技以推动商业航天发展、助力国家航天事业、提供快速可靠的发射服务为责任，肩负"航天强国"的战略使命。通过自身的努力和贡献，天兵科技将不断推动着中国航天事业的发展和进步。

（二）选择正确的方向坚持创新突破

相较于固体火箭，液体火箭具备比冲高、推力可调、燃料成本低、可多次启动等优势，是商业可回收运载火箭的更优选择。长远来看，液体火箭更符合商业航天低成本的主流发展趋势。另外，基于国内大型卫星互联网星链和星座的建设需要，火箭需要具备单箭发射几十颗卫星以上的群打运载能力。因此，大运力的液体火箭是中国商业航天发展的当务之急。

基于上述因素，天兵科技一开始就瞄准了中大型液体运载火箭的研制。通过坚持自主创新，不断追求技术突破，自主研发新一代液体火箭发动机及中大型液体运载火箭，这种对技术的执着追求使天兵科技在商业航天领域具备了强大的竞争力。天兵科技目前研制的天龙三号液体运载火箭是国内商业航天首枚大型液体火箭，可率先实现国内一箭30多星的群打能力。天龙二号和天龙三号的研制成功，不但助力我国卫星互联网系统的构建，也将提升我国在国际商业航天领域的战略地位。

天兵科技始终坚信自主创新是企业持续发展的动力源泉，只有不断创新，才能在激烈的市场竞争中立于不败之地。

（三）人才团队和企业文化的建设

天兵科技打造了一支高素质的科研及管理团队。研发团队有百余人，成员平均年龄为38岁，其中拥有高级职称及以上的人员占比67%，获得硕士研究生及以上学历的人员占比95%。这样的团队结构使得天兵科技在技术研发上具备了强大的实力。同时，天兵科技也注重团队文化的建设，为员工提供良好的工作环境和发展空间，激发员工的创新精神和工作热情。凝聚了大量科研人才的天兵科技，正以尖兵之势全力打造全球领先的商业航天企业。

案例点评

> 天兵科技以开放、创新、激情、坚韧的企业文化为导向，秉承"聚创造精英 树航天尖兵"的企业创新精神，以人才团队的建设为基础，以技术创新为核心驱动力，不断拓展市场、寻求合作。仅天龙二号火箭发射就取得了国际国内八项第一，天龙三号的发射试验也将于今年下半年进行，作为中国商业航天民营企业的头一把交椅，我们将继续见证天兵科技创造一个又一个中国商业航天的里程碑。

锚定市场痛点 推动科技创新
——山石网科科技创新的实践与探索

【引言】 随着数字化转型的加速和信息技术的广泛应用，全球网络安全表现出持续、稳定的市场需求。从云安全、数据安全到人工智能的应用，新技术的每一次跃进都为网络安全领域灌注全新动能，也标志着网络安全行业正处于一个蓬勃向上的发展阶段。面对复杂多变的国际环境与宏观经济的波动，国内网络安全生态系统正经历着扩容与变革。传统安全厂商持续深耕的同时，运营商、IT服务商及系统集成商等新生力量积极抢滩网络安全市场，这一动态促进了生态体系的多元化发展，拓宽了生态渠道，也无疑加剧了国内网络安全行业的竞争态势。

【摘要】 山石网科积极响应数字化时代的安全挑战，自2021年启航安全芯片自主研发战略，聚焦ASIC安全芯片领域，旨在为全球用户提供更高效、安全的网络防护解决方案。山石网科在信息技术应用创新领域持续深耕细作，与多家国内基础软硬件厂商深度协同，加速产品线信创迭代，紧密贴合国家信息化发展战略，助力构建自主可控的信息技术生态

【关键词】 山石网科；自主创新；网络安全

扫码看VR

一、基本概况

山石网科是中国网络安全行业的技术创新领导厂商，由一批知名网络安全技术骨干于2007年创立，并以首批科创板上市公司的身份，在2019年9月登陆科创板，荣获财联社2020年"最佳科创板上市公司"奖。

山石网科于2019年起，积极布局信创领域，致力于推动国内信息技术创新，并于2021年正式启动安全芯片战略。2023年，进行自研ASIC安全芯片的技术研发，旨在通过自主创新，为用户提供更高效、更安全的网络安全保障。山石网科自成立以来研发投入多年占比超过27%，近3年平均占比超过36%，并掌握28项自主研发核心技术，申请470多项国内外专利。

目前，山石网科形成了具备"全息、量化、智能、协同"四大技术特点的涉及边界安全、云安全、数据安全、业务安全、内网安全、智能安全运营、安全服务、安全运维等的八大类产品服务，50余个行业和场景的完整解决方案。

公司迄今已为金融、政府、运营商、互联网、教育、医疗卫生等行业，覆盖60多个国家和地区，累计超过28 000家用户提供产品服务，高效稳定支撑客户业务的可持续安全运营工作。山石网科在苏州、北京和美国硅谷均设有研发中心，于2013年、2016年、2019年和2022年成功申报国家高新技术企业。

二、主要做法

（一）立足根本性优势，打造领先技术与优势产品

随着行业环境的变化及信息技术的发展，网络安全公司的产品需要更好、更快地匹配不同行业客户、不同业务场景的需求，特别是近年来逐渐爆发的信创市场需求。深厚的技术沉淀和前瞻性的研发投入，让山石网科在面对原产品迭代升级、新产品快速开发时，具备更迅速的响应能力和更高效的完成效率。

除了既有优势的边界安全和云安全等领域，山石网科不断推出面向行业需求变化的新产品、新版本以及解决方案，如端点安全产品、工业安全防火墙、XDR（可拓展威胁检测与响应）安全运营解决方案、零信任解决方案和园区 IoT（物联网）安全解决方案等。作为网络安全行业的技术创新领导厂商，技术仍然是山石网科的第一生产力，公司在技术积累和产品化能力方面仍然具备明显优势。

另外，山石网科以全面推进信创为目标，发布了多款信创安全产品，包括防火墙、IDPS（图像差异处理器）、WAF（应用防火墙）、ADC（模数转换器）、网络审计、漏扫、网闸、日审、运维网关、DLP（数字光处理）、安全运营平台等，覆盖了基础设施安全、端点安全、安全运营、数据安全、应用安全等多条产品线，基本实现全产线的信创产品覆盖。2024 年，公司将进一步发布多款信创安全产品，提供更多产品选择，并同步加深与更多国产软件、硬件厂商的生态合作。

（二）落地四大硬仗，促进可持续发展

结合外部环境和公司实际经营情况、竞争优势，山石网科制定并实施了"四大硬仗"，分别是"商机管理""芯片战略""信创战役""生态升级"。

其一，"商机管理"，即针对公司销售行为规范化的过程管理，主要通过系统迭代、流程优化、商机行为改善三个层面来持续推进工作。"商机管理"团队围绕统一销售术语、规范销售行为、加强契约文化建设与风险意识四大维度进行商机管理工作的重构、优化、迭代，取得了初步的商机改善效果，公司订单的线性分布更加均衡。2024年，山石网科持续推进商机管理的优化工作，进一步强化商机覆盖、订单线性度等管理要求，对商机管理系统制定了多项升级规划，进一步加大业绩的可预测性，并有助于提升存货周转率。

其二，"芯片战略"，即持续推动公司中长期安全芯片研发规划。自2021年起，公司正式启动了安全芯片战略，根据最新的芯片规划时间安排，ASIC芯片已于2024年3月进入第一次流片环节，预计2024年下半年第一次流片结束并进入芯片的内测环节。乐观估计，公司在2024年末有望发布搭载ASIC安全芯片的硬件平台。

其三，"信创战役"，即为全面把握信创市场机会进行产品储备。山石网科在各方面对信创市场进行了投入和储备，在产品方面，新增发布了16条信创产品线共计33款新产品；在客户方面，取得了在中国工商银行、中国电信、国家电网等重点行业客户的成功入围并使用，为公司在金融、运营商、能源行业树立了信创的标杆案例；在信创生态方面，山石网科已经和统信、龙芯、海光等国产基础软硬件厂商签署了战略合

作协议，并和多家信创领域的厂商在产品解决方案、兼容性适配、人才合作、安全防护等多方面展开了合作。

其四，"生态升级"，即充分发挥渠道代理商的资源优势，提升公司品牌影响力和整体运营效率。山石网科以构建"科技＋生态"为目标，进一步调整了渠道政策；通过渠道政策的改善，如打造渠道通路透明化（扁平化）、全面开放渠道商机报备、"白名单"政策、重视合作伙伴的人员能力建设等多项举措，使得公司生态升级策略取得了明显进展。同时，山石网科与生态合作伙伴成立了"专家顾问委员会"，增进相互了解，深化业务协同。整体上，公司生态升级策略将有助于拓宽公司的销售通路，为公司的业务增长带来持续的增长动力。

（三）以科创为主线，推动运营效率稳步提升

一方面，在网络安全领域，山石网科紧盯世界科技前沿，锚定边界安全、云安全、数据安全、工控安全、安全运营、端点安全等多个细分领域，通过自主研发的技术，如 64 位多核、并行处理的 Stone OS 系统和全分布式架构，提升了设备的稳定性和处理性能。此外，山石网科还通过自研的安全大模型 AI 运维助手，提供全周期的安全服务体验。在人工智能方面，山石网科将 AI 应用于威胁情报检测、渗透测试、售后服务、安全运维等方面，持续提升产品的智能化水平。在教育领域，山石网科与多所高校建立广泛的合作关系，通过共建网络安全实验室和人才培养基地，提供前沿技术支持和项目操作机会，培养高质量的网络安全人才。在信创（信息技术应用创新）领域，山石网科积极布局，致力于推动国内信息技术创新。公司掌握了 30 项自主研发核心技术，申请了 540 多项国内外专利，并启动了安全芯片战略，进一步提升了其在信

创领域的竞争力。

另一方面，在科技创新持续攀升的同时，通过科学的战略定位和高效的运营机制，为科技创新持续注入源头活水。诸如开辟拉美、东南亚等新兴市场，持续为公司扩充合作伙伴。在内部管理方面，树立科创优先、科创第一的干事创业氛围，推动科创产品的落地见效。在供应链管理部门导入 S&OP（销售与运营计划）机制，加强科、产、销协同联动，借助数据中台，及时根据产品的市场反馈情况调整运营策略，从而形成科创与全产业链相互赋能的良好环境。

（四）以品牌活动协同生态伙伴，塑造硬科技形象和"远见者"影响力

山石网科持续强化"远见者"形象，精准实施客户认知塑造战略，开展了一系列的主题市场活动。2024 年，山石网科陆续举办了"山石有信·共创未来"山石网科港澳客户及合作伙伴峰会，面向香港和澳门市场发布创新解决方案，并深入剖析行业优势及渠道政策；举办了 2024 年专家顾问委员会暨合作伙伴第一次会议，会上，山石网科与神州新桥签署了战略合作协议；举办了"芯山石信未来"山石网科生态合作伙伴大会，正式发布了最新渠道管理政策；参加了中国车联网大会、中国香港银行学会年度安全大会、中国香港信创生态研讨会和数据要素资产化开启网络安全行业新纪元沙龙等系列市场活动。

此外，公司还联合信创相关部门及合作伙伴举办了一系列信创专题活动。2024 年 3 月，山石网科聚焦信创产业的创新发展及网络安全挑战，与 CCF（中国计算机学会）计算机安全专业委员会共同承办了 CCDE（思科认证设计专家）2024 "信创与安全"专题会议。山石网科积极开展市场推广活动,深度布局各细分行业领域,在金融、医疗、教育、政府、能源等行业精耕细作,通过整合资源、深化行业合作,山石网科的系列市场品牌活动不断强化公司在网络安全领域的影响力,助力前端市场拓展。

三、经验启示

(一)以前瞻技术提升产品竞争力

山石网科基于软件、硬件全系统自主设计研发的传统优势,持续巩固以高性能、高可靠为核心亮点的网络安全产品及服务供应商的市场地位,产品竞争力较强;基于新一代硬件平台,研发并推出 A 系列智能下一代防火墙共 15 个新款型,吞吐档位覆盖 10 G—80 G,满足大中小型企业不同规模的安全组网建设需求,陆续替代公司原有系列产品,实现主流产品性价比提升,并持续获得市场良好反馈。

此外,依靠在高端分布式软硬件技术的深厚积累和创新,山石网科发布新一代数据中心防火墙 X20812,最大吞吐量可达 3.5Tbps,充分满足数据中心的大流量需求,应对更高端的市场竞争。同时,在基于国产关键元器件、国产操作系统和平台方面,山石网科继续发布了信创相关系列产品,进一步提升了信创系列产品的档位覆盖。

山石网科所具备的软硬件一体化设计研发能力和安全芯片技术的应用,能够充分利用国产器件的处理能力,提升采用国产器件的网络安全产品的性能,有助于提升公司信创系列产品的市场竞争力。目前,山石网科核心产品在国内主要运营商核心网络、银行的数据中心等关键领域逐步替代国外品牌产品，满足了客户对于网络安全处理能力与网络可靠性极高的要求，在市场中占据主流地位。

（二）以技术创新与战略布局能力提升市场竞争力

自成立以来，山石网科始终重视在技术创新与战略布局方面的研究和投入，在安全芯片、云安全、数据安全、终端安全、安全运维及高性能防火墙技术方面有着深厚的积累。同时，山石网科是国内最早进入云计算数据中心安全的厂商之一；经过多年的打造，山石网科的高性能高稳定性电信级防火墙技术，以及云计算安全技术在全球范围处于先进水平。

此外，公司安全芯片研发进展顺利，已经完成前端设计及测试验证，进入后端设计进程，2024年3月启动第一次流片，如果流片成功达到预期效果及在产品端实现快速应用，公司国产化产品和中低档位产品的性价比将大幅提升。

（三）以优质可靠的品牌形象提升客户服务能力

山石网科已累计为超过28 000家用户提供稳定、高效的网络安全解决方案。市场认可的产品和服务品质、研发创新能力及响应速度等多维度综合能力，使山石网科拥有了广泛优质的客户群体。从最近几年的客户结构看，山石网科的重要行业客户为金融、运营商、政府、互联网、教育、医疗卫生、能源交通等；同时，公司的产品主要部署在客户的核心网络位置，通过多年的客户服务实践，山石网科也收获了宝贵而丰富的实战经验，有利于持续提升客户服务能力，为行业客户提供高品质、高匹配的安全产品及服务。

（四）以国际化视野布局海外市场提升国际影响力

自成立以来，山石网科坚持以创新技术服务客户，为客户打造出具备国际竞争力的网络安全产品为己任。山石网科先后在苏州、北京、美国三地设立了研发中心，形成了具有国内外前沿洞察力和执行力的金字塔结构的研发体系。

山石网科始终保持开放的国际化视野及前沿的创新技术，一方面使公司在网络安全硬件设计、软件开发、系统测试等领域保持领先态势；另一方面，推动公司积极布局海外市场，打开更大的市场空间。公司积极参与国际重要安全展会，参与了 2024 年世界移动通信大会、全球网络安全行业的盛会 RSAConference2024 等多个国际展会和市场活动，并正在进行 Vision2024：山石网科海外渠道合作伙伴巡展，从墨西哥启程，计划覆盖拉丁美洲多个城市，旨在携手当地及区域内多个核心合作伙伴，共绘网络安全新蓝图。

目前，山石网科在海外的市场开拓聚焦东南亚、拉美等地，设立了拉美及欧洲海外技术服务中心，实现海外客户服务的本地化覆盖；聚焦海外渠道生态体系建设，多级渠道同步拓展。未来，公司将继续以科创领航，持续深耕信创主责主业，为科创赋能高质量发展再攀高峰，再立新功。

案例点评

山石网科秉持"科技+生态"的发展理念,构筑起"远见者"的品牌形象,持续强化在全球网安舞台上的品牌辐射力,引领行业风向标,以实践促发展,做网安行业的远见者、先行者。更难能可贵的是,山石网科凭借深厚的自主研发实力与广泛的优质客户基础,实现了国内外市场的稳步拓展,不断巩固在全球网络安全版图中的重要地位,为中国乃至全球的网络安全生态建设贡献了山石力量。

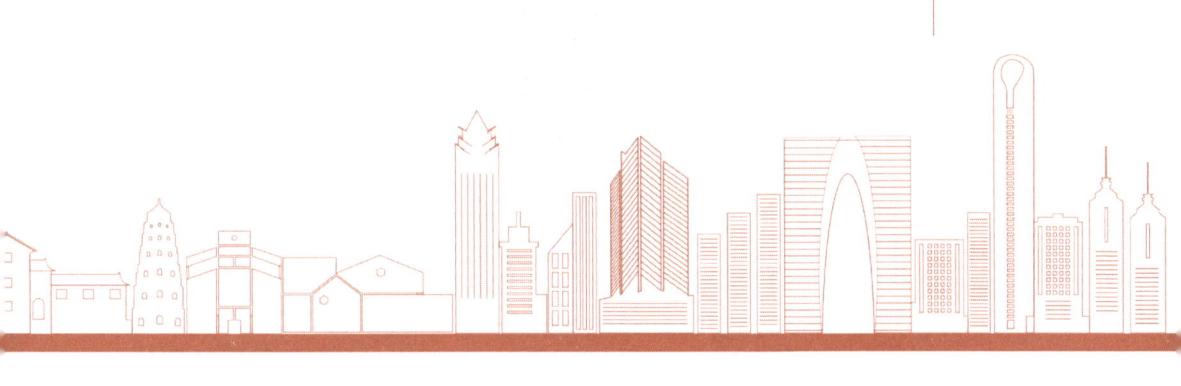

人才篇

以人才集聚赋能科创引领
——江苏集萃微纳自动化所人才管理实践与启示

【引言】 习近平总书记在2018年3月7日上午在参加全国人大广东代表团审议时强调指出：发展是第一要务，人才是第一资源，创新是第一动力。中国如果不走创新驱动道路，新旧动能不能顺利转换，是不可能真正强大起来的，只能是大而不强。强起来靠创新，创新靠人才。江苏集萃微纳自动化系统与装备技术研究所有限公司（以下简称集萃微纳所）践行习近平总书记新时期创新人才发展理念，作为江苏省科技体制改革"试验田"，在创新人才引进、培育、赋能等方面进行有益探索。

【摘要】 作为江苏省科技体制改革"试验田"而成立的集萃微纳所，自2018年4月成立以来，面向国际前沿技术，国家战略性新兴产业和"卡脖子"进口替代需求，在微纳自动化系统与装备技术领域开展创新研发、人才集聚进、人才培育，以及科技成果转化方面大胆尝试探索。

【关键词】 人才集聚；人才培养

扫码看VR

一、基本概况

集萃微纳研究所是江苏省产研院、苏州高铁新城、核心团队三方合作共建的以企业化方式运营的新型研发机构。以微纳操控、微纳加工和微纳测量等关键共性技术为研发方向，面向生物医药、新材料、信息技术等新兴产业应用市场，在精密仪器、视觉智能、医疗器械、微纳增材、半导体装备、智能装备等领域开展创新研发、人才培养、企业孵化，以及科技成果转化。

江苏集萃微纳自动化所自成立以来，集聚了一批高端人才团队。公司荣获江苏省引才用才成效显著单位、苏州市最佳雇主、相城区招才引智突出贡献单位荣誉称号。目前，集萃微纳所及其成果转化衍生公司人员规模达260多人，其中拥有院士4名，其他国家级人才2名，博士人才30多名，累计获得各类人才称号75人次，其中市级以上人才称号获得43人次，包括江苏省"六大人才高峰"创新人才团队、江苏省"双创团队"、姑苏"重大创新团队"等。

目前，在科技创新领域，研究院取得了两方面成绩。

1. 取得了一批典型研发成果

集萃微纳所在精密仪器、3D视觉、医疗器械、微纳增材、半导体装备、智能装备等领域启动了30余项产品创新研发，累计申请知识产权374件，其中申请发明专利182件，申请PCT专利20件，授权发明专利40件，授权PCT 1件。

2. 孵化了一批科技领军企业

集萃微纳所形成以苏州高铁新城为核心，辐射长三角区域的产业发展格局，在精密仪器与装备创新链、医疗器械创新链成功转化一批科技型领军潜力企业。目前，孵化培育科技成果转化子公司中，8家入选国家高新技术企业，3家公司入选姑苏创业领军企业，3家入选相城区独角兽培育企业，7家公司入选区创业领军企业，7家公司社会融资估值过亿。

二、主要做法

（一）加强引培力度，激发团队创新活力

集萃微纳所秉承"人才是创新生产力，人才是企业发展基石"的理念，采取社会引才、项目引才、柔性引才、产学研引才、事业引才等多种方式，集聚了院士、国家重大人才工程人才以及海内外归国人员等各层次人才，其中团队75％为研发人员，65％为硕士以上人才，累计为产业化子公司培育输送了40多名骨干人才。同时，积极与加拿大多伦多大学、中国西交利物浦大学、苏州大学、苏州科技大学等高校开展产学研合作，联合培养应用型高端人才，累计培养博士与硕士人才60多人。目前，正与苏州科技大学探索产学研深度融合合作，在学科建设、创新研发、人才培育、项目研发等方面全面深入合作。

（二）构建科创平台生态，提供全方位科创服务

集萃微纳所围绕人才科技创新要素资源，以及创新过程中可能遇到

的困难，构建以"技术研发中心"为核心、以"服务管理中心、产业发展中心、公共技术平台"为支撑的新型研发机构科创生态平台。该平台可以为科技创新人才提供物理空间、研发经费、概念验证、仪器设备、团队搭建、知识产权指导、项目申报指导、技术服务等全方位科技服务保障，使人才在创新阶段聚焦科研创新。

（三）赋能成果转化，成就人才价值实现

集萃微纳所按照"人才引进＋项目孵化＋企业培育＋产业赋能"直通模式，探索了一体化创新与成果转化体系，让高层次科技人才在平台不仅能顺利进行创新，还能将创新成果直接进行转化，充分激励与发挥人才能力，实现人才价值。研究所为创业人才提供创业指导、投融资对接、财务服务、人事服务、企业管理等科技服务。

三、经验启示

集萃微纳所以创新研发为核心，以产学研联合研发、项目企业孵化培育、创新要素集聚赋能为发展战略，建成一流的微纳自动化系统与装备技术产业研发和成果转化基地，以及国际高端人才集聚、技术交流合作平台，为高端智能装备与医疗器械产业化提供新引擎，增添新动能。其经验做法为引领我国新兴产业发展提供有益启示。

（一）争当人才集聚与赋能引领者必须构建多层次人才体系建设

人才是企业的第一资源，是企业取得成功和持续发展的重要保证。

集萃微纳所引进和培育一批以院士为核心领袖，具备高黏性、高凝聚力的高端人才团队，建立了国家级顶尖人才、产业领军人才、研发骨干型人才、产业基础人才的多层次"金字塔"人才体系。高层次人才具备国际视野、掌握国际前沿技术、拥有扎实科研基础。通过对高层次人才的引进，不仅可以提升创新成果的硬科技含量，还能培育一批骨干人才与产业基础人才培养，增强人才工作黏性。

（二）争当人才集聚与赋能引领者必须要有科技创新实验室支撑

引导创新联合体成员投入关键资源，围绕创科技创新实际需求建设非营利性公共研发平台实验室，既能集聚各方资源共同构建"物美价廉"共享实验室，又能提高实验室的使用效率与价值。集萃微纳所依托自身平台优势，在地方政府支持下，联合衍生孵化企业，共同打造了非营利性的生物显微操作实验室、微纳表征测试实验室、精密智能制造实验室、人因工程实验室、医疗器械研发中试平台。实践证明，争当新兴产业发展的引领者必须聚力推进公共科技创新服务平台建设，不断深入跨界合作，充分发挥各方的资源和专长，实现合作共赢，培育更多的创新源头，为产业高质量发展提供科技支撑和服务。

（三）争当人才集聚与赋能引领者必须加快推动成果转化服务保障

创新研发是科技发展源泉，成果转化是科技价值实现过程。集萃微纳所围绕国家与企业重大技术需求，突出需求导向、实践导向，完善科创孵化载体体系，加强优质科创项目培育，衍生一批在市场上初露锋芒的明星企业，促进了技术的商业化应用。实践证明，争当新兴产业发展的引领者必须切实提高科技成果转化率，形成一批拥有自主知识产权的创新成果，积极推动科技成果的商业化应用，将研究成果转化为实际价值，赋能企业快速成长，推动产业升级和创新。

案例点评

> 随着全球新一轮科技革命和产业变革加速演进，坚持科技自立自强正成为国家发展的战略支撑。人才正成为国家和企业竞争的"第一资源"。集萃微纳所首先建立了激励制度完善的人才招引体系，其次倾力打造发挥人才动能的共享实验室等科创平台，最重要的是以人为本赋能成果转化，成就人才价值。充分激励人才能力，为集萃微纳所和其所专注的六大领域突破发展注入了强劲动能。

人才引领　产研结合
——中科智清打造名城水治理"智慧大脑"的经验与启示

【引言】 习近平总书记指出,"整合科技创新资源,引领发展战略性新兴产业和未来产业,加快形成新质生产力","绿水青山就是金山银山","要像爱惜自己的生命一样保护好城市历史文化遗产"。目前,随着数字技术运用于越来越多的生态环境治理领域,信息化、智能化已成为我国生态环境治理的发展新趋势,向世界贡献"东方威尼斯"保护经验,彰显大国风范。

【摘要】 中科智清生态技术(苏州)有限公司是苏州市姑苏区自主培育的生态技术类高新技术企业,为市、区两级领军人才企业。由属地街道主要领导,经科人才条线一对一服务,对接中国科学院创新创业资源;践行苏州特色"引凤筑巢"机制,"主动走出去,精准化引才政策",强调城市特色,加强"引领型",培育高质量、可持续发展创新企业的一次实践。

【关键词】 引凤筑巢;城市特色;生态环保

扫码看VR

以习近平同志为核心的党中央把科技创新摆在国家发展全局的核心位置，2024年，苏州更将大力实施科技创新"八大工程"，做强创新"主引擎"。

姑苏区始终高度重视发挥创新引领作用，牢记总书记关于科技创新、生态保护思想指导，利用区位优势，积极主动对接科技创新头部资源，产研融合，引进"真落地，真靠谱，真创新"项目。

一、基本概况

中科智清生态技术（苏州）有限公司（以下简称中科智清）是苏州市姑苏区自主引进培育从零开始的科技企业，在中国科学院南京土壤所及中国科学院生态环境研究中心支持下成立，是中国科学院探寻技术转移，产研结合的新典型。主要从事生态技术的研发、推广，目前聚焦在河湖领域，采用生态、智能化相结合的思路，推进高度城市化区域生态治理、保护及其管控技术水平的提高，创造增量新市场，解决行业新痛点，创造就业新机会。

公司成立三年左右，与中国科学院南京土壤所共建了长三角城市小流域水体治理研发示范展示基地（共建实验室），是苏州市水环境方向最大的户外研发平台。在江苏省内完成了以沧浪亭周边水域水环境提升为代表的河湖治理项目数十个，以古城水保护为主要研究方向总结了一套智慧、生态的长效低成本水环境治理新方法，并开发了国内领先的数字化生态治理、管控平台，在行业内备受赞誉。

公司目前已获得"苏州市姑苏创业领军人才""苏州市姑苏区创业领军人才""高新技术企业""江苏省民营科技企业""全国科技型中小

企业""创新型中小企业"等荣誉称号，承担"苏州市社会发展关键核心技术攻关项目"一项，"姑苏区科技创新发展（社会发展）项目"一项，"江苏省产学研合作项目"，"江苏省科技副总项目"等，是"产研结合，人才引领"的优秀典范。

二、做法成效

（一）坚持产研结合，发挥城市属地优势，构建科技创新的可持续发展

通过产研结合，释放科研院所生产力，同地方、产业形成新质生产力，增强企业创新能力和市场竞争力，同时降低企业创新成本；形成有效的资源整合服务于产业，达到良性的科技创新—产业创新—经济创新的生态，使得中科智清的科技创新成本同产出保持良好的比例，实现可持续发展和壮大。

（二）坚持人才引领，发挥人才纽带作用，构建人才聚集的裂变效应

政策引导人才，人才带动朋友圈，人才聚而资源来。中科智清充分利用苏州政策优势，引进多名博士、硕士团队，带来了人才的科技创新，也带来了人才的母校、师长。成立中国科学院生态专家工作室，浙江理工大学研究生联合培养基地等一系列服务当地、服务企业的驻点，使得人才有朋友、不孤单，进一步促进企业创新能力的可持续性。

（三）坚持科技创新，发挥人才创业的智力优势，把握机遇形成新质生产力的强大战斗力

转型升级与高质量发展是全中国乃至全世界的新一轮发展机遇。人才创业具有专业性强，智力要求高的新特点，科技创新是人才创业最大亮点和"杀器"。中科智清牢牢把握这一要点和规律，坚持科技创新，在短短数年之内，掌握行业核心技术，有效知识产权近30余项，形成了细分市场的领先优势，走出了"专、精、特、新"道路，享受了科技创新的高附加值"甜头"，促进企业形成可持续发展的良性循环。

三、经验启示

（一）践行苏州特色的"引凤筑巢"，积极打造以人才促创新的良性生态

习近平总书记在苏州考察时指出："苏州在传统与现代的结合上做得很好，这里不仅有历史文化传承，而且有高科技创新和高质量发展，代表未来的发展方向。"苏州自古具有"人间天堂"的美誉，"宜居，宜业"的平衡性，产业结构的完整性无不吸引着全世界各地的青年人才趋之若鹜，在此基础上，积极主动的招才引智更显朴素的诚恳和对于人才的求贤若渴。中科智清在苏州从零开始，代表着"引凤筑巢"的高度实践。

（二）践行"人到苏州必有为，才聚姑苏更舒心"的服务理念，全生命周期服务企业及科技创新

"人到苏州必有为，才聚姑苏更舒心。"这不仅是对人才的承诺，

也是对自身的期许。在姑苏，每一个有梦想的人都能够被看见，每一个奋斗着的人都不会被辜负。从中科智清人才到苏州，人才企业的注册伊始，让政策解读、金融服务、文化交流"全年不断档"；提升人才公寓、人才驿站服务供给，让"苏式生活典范"的理想照进现实。为人才、企业的全生命周期的服务意识，影响着每一位人才及其企业创新。

（三）践行"新质生产力"赋能高质量发展，企业创新创造新产值的"高性价比"发展思路

习近平总书记提出的"新质生产力"凝聚了党领导推动经济社会发展的深邃理论洞见和丰富实践经验。践行"新质生产力"让创新成果源源不断涌现。促进企业创新发展，创造新产值。中科智清紧抓新发展机遇，具体体现在"高技术、高附加值，高增长"上，"新质生产力"为企业短时快速发展提供了理论依据，实现了科技创新带动企业发展的高质量目标。

案例点评

> 中科智清生态技术（苏州）有限公司作为江苏省高新技术企业，以"人到苏州必有为，才聚姑苏更舒心"的服务理念全周期服务企业人才和技术创新，解决了以沧浪亭周边水域为代表的江苏省数十条（个）河湖蓝藻、劣质水体问题，并创新智慧化监管及协同区域水环境治理、名城水保护新方法。结合苏州城市特点，加快推进名城水治理领域新质生产力的凝聚发展。

坚持"四个面向" 推动"四链融合"
——信达生物以人才为牵引推动全链条创新的实践探索

【引言】 习近平总书记指出,"做好新时代人才工作,必须坚持面向世界科技前沿、面向经济主战场、面向国家重大需求、面向人民生命健康"。信达生物坚持以人为本,高度重视人才对企业可持续发展的重要推动作用,将人才链和创新链、产业链、政策链、资金链深度融合,提升企业竞争力。

【摘要】 坚持以人为本、自主创新作为企业发展的重要理念和方向,以"开发出老百姓用得起的高质量生物医药"作为使命,以"成为国际一流的生物制药公司"为愿景,以"创新为基石,走全球化道路"为发展战略。始终坚持以人为本,坚持自主创新,坚持国际标准,使得信达生物生产的药物,既能在产品质量把控上逐步比肩全球化的水准,也能加速研发速度,拓宽产品管线,满足更多临床需求。

【关键词】 生物医药;高质量;人才

扫码看VR

园区自 2006 年开始布局生物医药产业，并在 2007 年启动了"科技领军人才创业工程"。2011 年，信达生物制药（苏州）有限公司（以下简称信达生物）被引进到苏州工业园区，旨在引进和培育创新型生物医药企业。

一、基本概况

"始于信，达于行"，开发出老百姓用得起的高质量生物药，是信达生物的使命和目标。信达生物自 2011 年迁入苏州工业园区以来，一直致力于研发、生产和销售治疗肿瘤，提高自身免疫、代谢，眼科等相关重大疾病领域的创新药物。十三年来，公司始终坚守初心，目前已有 10 款创新药投入市场惠及患者，是获批抗体药物最多的中国药企之一。公司高度重视创新发展，2021 年，信达生物荣获我国知识产权领域最高奖项——中国专利金奖。2022 年 3 月，信达生物荣获苏州市市长质量奖。信达生物的科研创新能力在国际上获得诸多认可。2020 年，信达生物荣登《麻省理工科技评论》发布的年度"50 家聪明公司"榜单。2022 年，信达生物荣登 2022 年度自然指数排行榜中国生命科学领域科研实力最强的公司榜单和全球专利数据库 incoPat 创新指数研究中心发布的全球生物医药发明专利 TOP100 榜单。同年 8 月，信达生物获得福布斯 2022 中国创新力企业 50 强榜单。

二、做法成效

（一）政策支持"引育"人才

生物医药产业作为苏州的"一号产业"，在创新医药和高端医疗器械等方面都具有极强的竞争力，根据中国生物技术发展中心的最新调研报告，苏州工业园区生物医药产业园在全国211个生物医药产业园中稳居第一方阵。放眼全球，当时的生物医药也是一个新兴的产业，并没有成熟的大企业可以招引。对于苏州来说，唯一的道路就是挖掘高科技人才，引进回来、耐心培育。

信达生物就是苏州生物医药产业人才推动四链融合的典型代表。以信达生物创始人、董事长俞德超为例，20世纪90年代，在中科院分子遗传学取得博士学位的俞德超赴美留学，取得一定成绩后，俞博士内心始终有个缺憾：在欧美可以买到中国制造的大部分产品，却买不到中国制造的药品。2006年，园区布局生物医药产业，翌年启动了"科技领军人才创业工程"，为了打造人才团队进而培育产业发展，园区招商秉持的理念是"只要你是有潜力的好种子，我们就引进来慢慢培育"。2011年7月，俞博士参加了苏州市科技领军人才创业工程的答辩会。在团队、资金、设备、商业计划书均无的情况下，仅凭一个开发新药的概念，而园区更看重的是俞博士背后的团队、经历以及过往的业绩，为了留下人才，园区招商团队从项目申报书、人才申请表、补助申请书等全流程服务，确保人才团队和项目的落户。正是这份以人才链为抓手的重点发力，推动了科技、金融、产业全方位的资源集聚，为生物医药产业高质量发展打下了坚实基础。

（二）创新助力"发展"人才

"十年，十亿美金"，这是生物医药行业里的"双十"共识，指的是生物医药产业研发周期长、成本高、风险大，做出一种新药，至少要花十年，耗费十亿美金。即使如此，成功率往往也只有3%。当时的中国制药行业，最多的企业是生产仿制药。仿制药以其见效快，经济效益高而为大多数药企所追逐，但同时存在创新药这块短板不断凸显，面对国际尖端的好药价格高企，中国老百姓依旧买不到，也用不起。面对严峻形势，信达生物选择了一条更难走的创新药赛道，企业坚持对标国际标准，做前沿创新药。2019年11月28日，国产免疫抗癌新药达伯舒®（信迪利单抗注射液）被列入"国家基本医疗保险、工伤保险和生育保险药品目录"（2019年版）乙类范围，成为唯一进入国家医保目录的PD-1抗癌药物。列入医保后，达伯舒治疗费用平均每人每年低于10万元，真正实现高质量"救命药"用得到、用得起。信达生物用七年多的时间开发出了具有中国自主知识产权的生物抗癌药，成功让中国药企首次与国际制药巨头在同一条赛道上竞争。从中国制造到中国创新，这是我国生物制药史上足以载入史册的一次伟大变革。"开发出中国老百姓用得起的高质量生物药""做中国最好、国际一流的高端生物药制药公司"，真正将"面向世界科技前沿、面向经济主战场、面向国家重大需求、面向人民生命健康"落到了实处。

自2011年信达生物成立以来，目前已拥有10款商业化产品，同时还有3个品种在NMPA审评中，5个新药分子进入Ⅲ期或关键性临床研究，另外还有18个新药品种已进入临床研究，成为拥有上市单抗药物最多的中国药企之一。

（三）优化管理"留住"人才

党的二十大报告指出，必须坚持科技是第一生产力、人才是第一资源、创新是第一动力。在科技、人才和创新的三要素中，人才是第一资源，只有人才是推动科技和创新的最大支撑力。信达生物自成立以来，始终秉持"人才是企业发展的第一资源"的管理理念，为此聚集了一批志同道合的员工。有的从大洋彼岸归来，有的从各个科研院所走来，有的从外资科研实验室而来，在"开发老百姓用得起的高质量好药"这一共同使命感召之下，朝着做"中国最好、世界一流的生物药制药公司"的方向努力。

对于信达生物来说，最重要的就是招揽人才和保持人才密度，持续致力于打造一支具有国际先进水平的高端生物药开发、产业化人才团队。鼓励科研人员在基本工作之外进行科学探索，鼓励科研人凡事问自己一个"为什么"，这种刨根问底的精神恰恰是诞生原始创新的必需品。信达生物国清院已经建立了以实验室为运作单位的管理体系，类似于科研院所的模式，每个实验室都有各自的负责人，并允许相关负责人自主地分配各类资源来进行基础研究或成果转化。一方面，它允许实验室负责人能够分配精力和资源来进行基础研究和转化相关的工作。另一方面，不同实验室之间可以进行合作，并且形成良性的竞争氛围。此外，扁平化的管理模式也能够最大程度吸引更多的科研人才。目前团队成员超 6 000 人，其中，研发人员 1 500 多人，海外归国专家及国际制药集团工作经验人员 2 000 多人。

三、经验启示

（一）坚持人才引领，推动创新集群建设

人才是一个企业长久发展和持续创新的原动力。从信达生物十多年的发展壮大历程可见一斑。2011年刚成立之时，信达生物"一穷二白"，仅怀着"开发生产出老百姓用得起的高质量生物药"的朴素梦想扬帆起航，唯一的资产就是从大洋彼岸带回来的创业和专业化人才团队。在创业和发展期间，苏州市和园区政府在信达生物发展的道路上给予了很大的支持，包括起初的厂房代建、药物的审评审批，以及研发、产业化和人才补贴政策的支持等，此外园区更是想人才之所想、急人才之所急，积极推动人才链与产业链、创新链深度对接，提供了园区内创新主体科技创新的源头活水，形成"搬不走、压不垮、拆不散"的集群竞争新优势。

（二）坚持自主创新

一直以来，园区突出企业创新主体地位，不断加大研发经费投入，同时用足用好税收政策，给企业减负松绑，从而提升企业竞争力，为实现高水平科技自立自强作出"园区贡献"。信达生物是少数既有很强药物创新能力，又能将创新药物开发上市惠及广大患者的企业之一，同时也是具备发明三个"国家1类新药"并促成新药开发上市，推动成果产业化的创业团队。

公司开发的达伯舒®是第一个获批的与国际制药巨头（礼来）合作

的中国 PD-1 抑制剂，研发与生产质量都达到国际标准，它也是第一个登上国际顶级学术期刊《柳叶刀》子刊封面的中国创新 PD-1 抑制剂，获得了国际学术界的专业认可，同时入选 2019 版中国临床肿瘤学会（CSCO）淋巴瘤诊疗指南。已经是中国肿瘤治疗的第一大品牌，也是市面上在售 15 个 PD-1 产品中，被最多患者选择的 PD-1，且是中国首个进入国家医保目录的 PD-1 抗体。这标志我国抗肿瘤药物已经从以仿制为主，转向创新，进入国际抗癌药创新的第一梯队。作为基于国际合作的中国原研生物药的典范，达伯舒®的诞生折射出了中国生物制药创新的新思路，是"健康中国 2030"的一个样本。

（三）坚持国际标准

坚持国际标准是走出国门的必要条件。信达生物坚信只有坚持国际标准，才会有国际市场的海阔天空。从 2013 年追求和国际制药巨头礼来集团的合作，其质量标准高于美国 FDA 的标准。信达生物已建立高端生物药大规模产业化基地，符合 NMPA、美国 FDA 和欧盟 EMA 的 GMP 标准，产业化生产线已通过国际制药集团和中国 NMPA 的 GMP 审计。掌握从 10 升→300 升→1 000 升→3 000 升的工艺放大技术和产业化技术转移，实现了多个生物创新药多批次 1 000 升规模的技术转移和生产。

信达生物在推动自身科技研发的同时，持续推动科研院所和企业合作，加强国内生物医药基础研究，力争实现从中国制造到中国创造，推动实现进口替代。多次参与法规起草、制定行业标准，推动中国生物类似药政策的出台，包括国家《药品注册管理办法》《药品管理法》《生物类似药研发与评价指导原则》等。同时，积极参与生物医药领域协会和委员会工作，推动我国医药事业健康发展。

📖 案例点评

> 苏州工业园区生物医药产业园作为全国生物医药产业园第一方阵,以差异化人才招引政策吸引信达生物创始人俞德超扎根苏州,并致力于肿瘤、自身免疫等创新药物的自主创新研究,成功上市了一批惠及百姓、符合国际标准的创新药物。信达生物以创新为底色,自主研发为基石,走出了一条以人为本专耕生物医药产业的快速发展之路,也成为苏州医药行业引才育才的成功案例。

放大人才效应　推动科创产业深度融合
——绿控科技创新打造新质生产力的人才模式

【引言】 习近平总书记说:"科技自立自强是国家强盛之基、安全之要。"苏州绿控自成立十三年来,坚持人才立基、科创引领、产业报国,持续推动并强化人才团队在四链融合中纲举目张重要作用,不断推动和提升企业核心竞争力。

【摘要】 回顾苏州绿控的科创发展之路,离不开"天时、地利、人和"三要素。天时即政策,指的是国家发展新能源的好政策,绿控的发展,抓住了国内第一波新能源汽车发展的浪潮,绿控从客车混合动力电驱动系统做起,逐步替代了进口,成为国内电驱动系统的主流企业。随着公司的发展,业务又逐步拓展到客车纯电驱动系统,卡车及工程机械纯电及混动驱动系统领域。地利,即绿控选择落户苏州的吴江区,作为长三角一体化核心示范区,吴江不仅交通便利,具有非常好的地理优势,又有很好的创新创业创优的发展氛围,风景秀美,适合工作又适合生活。人和,即江苏省、苏州市、吴江区各级领导对企业发展的大力支持,从最初公司成立只有几个人时,就给绿控提供各种贴心的服务,到现在公司700多人,继续帮助解决公司发展遇到的一些新问题。汽车行业是竞争非常充分的行业,没有这些"天时、地利、人和",就没有绿控的今天。

【关键词】 科技创新;深化产业链;人才引领

扫码看VR

一、基本概况

苏州绿控传动科技股份有限公司创办于 2011 年，公司主营业务是新能源商用车电驱动系统，自主研发的新能源汽车自动变速器产品填补了国内空白，新能源客车混合动力系统总成是国内首个基于 AMT 技术的同轴并联式混合动力系统，打破了国外公司的垄断，获得国家科学进步奖二等奖。企业在苏州历经 13 年的发展，在新能源重型商用车电驱动系统领域市场占有率位列第一，具备了行业龙头的竞争力。以绿控创始人、董事长李磊为例，从本科清华大学学习开始一直致力于新能源汽车传动系统和动力系统总成的研发及产业化。2011 年，李磊在清华大学获工学博士学位，同年创办苏州绿控传动科技有限公司，致力于新能源汽车传动系统和动力系统总成的研发及产业化工作。瞄准我国新能源汽车重大战略需求，持续 10 余年技术攻关。主营业务涵盖汽车 AMT 自动变速器、新能源汽车驱动电机、纯电动及混合动力汽车动力总成的研发、生产和销售。自主研发的新能源汽车自动变速器产品填补了国内空白，新能源商用车混合动力系统总成是国内首个基于 AMT 技术的同轴并联式混合动力系统，打破了国外公司的垄断，获得国家科学技术进步奖二等奖。公司科创团队成员先后入选中组部"万人计划"、江苏省双创人才、江苏省双创团队领军人才、江苏省劳动模范、江苏省有突出贡献的中青年专家、江苏省第六期"333 高层次人才培养工程"第二层次培养对象江苏省青年科技杰出贡献奖、太浦英才等荣誉称号。

二、做法成效

（一）坚持自主科技创新，发展新质生产力

瞄准我国新能源汽车重大战略需求，持续 10 余年技术攻关。自主研发的新能源汽车自动变速器产品填补了国内空白，新能源商用车混合动力系统总成是国内首个基于 AMT 技术的同轴并联式混合动力系统，打破了国外公司的垄断。

坚持自主科技创新发展，持续布局技术研发，获得突出的科研项目奖项，参与制定国家及团体标准，拥有丰富的知识产权储备。公司形成的核心技术包括电驱动系统总成架构设计技术、电驱动系统总成控制策略技术、电驱动专用变速器开发技术、高转矩密度高效率驱动电机技术和控制器技术等。

首创并联混动系统 8 种运行模式，突破了系统运行与整车工况耦合的难题，研发了混动系统安全平顺调控及制动能量高效回收技术，该系统动力性优于国外同类产品，整车的平均节油率高出 5%—10%，获得了国家科技进步奖。

在重型纯电动驱动系统领域，独创的同轴双电机动力不中断驱动系统，克服了双电机、双电控、多档双输入变速箱协调控制难题，解决了复杂工况变化过程的动力中断问题，实现了超过 800 kW 的功率输出和 36 000 N·m 的扭矩输出，可替代 35—40 L 进口康明斯发动机，突破了卡脖子瓶颈，提高了重型车辆的运营效率和经济性。

首创多档多电机集成电驱桥构型方案，该方案充分考虑了整车使用

工况、传动效率等因素，提出了对称型双电机四档变速箱构型，改变了传统电驱动系统布置方式，实现更好的轻量化性能和更高效率。该项目获得了国家重点研发计划支持，并已实现批量生产。

多年来，绿控传动坚持自主创新，持续布局技术研发，以"硬核"技术成为推动行业发展新质生产力的新引擎。

（二）不断深化产业链，引领产业优化升级

绿控秉持汽车行业就没有轻资产这一经营战略，从公司起步初100万的注册资本，2013年就开始不断进行产业链上游延伸，2015年变速箱本体实现自主制造，2016年驱动电机本体实现自主制造，2017年建成了齿轮、壳体的加工制造能力，2018年建成了壳体金属型铸造能力……历经8年，绿控实现了"研发＋制造"双轮驱动的转型。有赖于垂直产业链体系的形成，高品质、高效率、高性价比的电驱动系统在行业内越来越受欢迎。

2015年，绿控在新能源客车领域市场占有率超过了美国伊顿在中国该领域的市场占有率，位列国内第一，同年，经教育部组织鉴定，由谭建荣院士、董杨秘书长组成的专家组鉴定绿控的产品成果为国际领先水平。2016年，在开发驱动电机的基础上，开始推出纯电动动力系统总成，并于2017年正式推向市场，经过市场验证，连续3年工信部推荐目录第一。在行业内已形成商用车混合动力系统领域龙头地位、纯电动系统领域第一阵列的市场格局。2018年，开始研发新能源重卡动力系统新产品，2019年在新能源重型卡车领域实现了新的突破，覆盖渣土自卸车、环卫车、矿山车等车型，在2019年结束的阅兵仪式上，搭载绿控纯电动系统和上装电机的18吨新能源环卫车成为"第0阵列"

顺利完成凌晨 5 点及早上 8 点半的长安街清扫工作。2021 年，新能源重卡动力系统市场占有率开始不断攀升，与徐工集团、三一集团达成了战略合作；2023 年，在新能源重卡（上险销量）的电机配套排名中，绿控的累计配套量（不含有选配电机的车型）达 8 258 辆、同比增长 35%，市场占比达到 24%，位列第一。

（三）发挥人才引领，不断攀登新高地

绿控深知，没有核心技术，企业是走不远的。企业在发展过程中，不仅要时刻关注产品和市场，更要关注技术的前沿研发，尤其是底层核心技术必须牢牢掌握在自己手里，才能够在激烈的市场竞争中立于不败之地。多年来，正是绿控通过用心做好科技研发，得以在商用车混合动力系统总成构型创新设计、关键部件研制、安全平顺运行机制、高效节能控制方法等关键技术上取得突破，多次承担国家、省部级项目。

2009 年，参与国家"863"项目子课题——混合动力用 AMT 电控系统开发。2014 年，"插电式混合动力机电耦合及控制系统的研发及产业化"获得了江苏省重大成果转化项目的立项支持。

2014 年 11 月，"插电式混合动力客车机电耦合及控制系统"获得"国家重点新产品"。作为新能源客车关键部件，带动新能源汽车行业跨越式发展。

2015 年 10 月，"年产 1 万套插电式混合动力客车机电耦合及控制系统总成技术改造项目"获得产业转型升级项目（产业振兴和技术改造第二批）的立项支持。

2016 年 6 月，"新能源汽车机电耦合及控制系统智能制造新模式应用项目"获得 2016 年工业和信息化部智能制造综合标准化与新模式应用项目立项支持，实现了安全自主可控的制造基础。

2017年7月，作为"2017YFB0103901新一代全工况高效变速耦合电驱动系统"课题一的负责人，获得国家重点研发计划新能源汽车重点专项的立项支持，突破纯电动动力系统电耗限值，开发出新一代的高效电驱动系统。

2018年11月，"2018ZX04025002汽车变速器总成高效加工与装配生产线示范工程"获得"高档数控机床与基础制造装备"科技重大专项（2004专项）的立项支持，解决国产高档数控机床及基础装备薄弱的难题，夯实汽车变速器制造基础。

2020年1月，承担2019年国家发展和改革委员会核心竞争力专项，突破了新能源重型商用车动力系统总成技术。形成年产新能源商用车动力系统10万套生产呢能力，进一步夯实了企业产业化能力。

2023年7月，公司于2022年获批参与国家重点研发计划"非道路车辆高效大功率无动力终端电驱动系统关键技术（2022YFB3403200）"项目"电驱动传动系统构型设计与动力耦合集成技术（2022YFB3403202）"课题，解决了非道路车辆换挡过程中的动力中断的技术瓶颈，实现动力部件的全工况高效高功率密度耦合集成。

三、经验启示

（一）时刻瞄准国际先进前沿技术，提前布局未来科技研发

汽车行业有夏季试验和冬季试验，企业的发展也经历过发展高峰期和低谷期。2012年到2018年，新能源汽车有着高额补贴，全行业发展

速度都很快，利润也很好。公司成立第五年，销售额就接近 5 亿元，利润也不错。取得成绩时也曾经得意过，但转眼就发现，随着补贴的退坡，新能源汽车行业很快进入了寒冬期，行业格局也进行了大洗牌。企业也进入了发展困境，销售额下降，出现亏损，市场没有新增长点，现金流岌岌可危。但是企业一直坚定的瞄准新能源商用车电驱动系统这一领域，在最困难的时候，研发投入占销售收入比例曾高达 20%，但企业没有退缩，在政府资源、股权融资、银行贷款支持下，通过创新研发，在客车、轻卡、中重卡、矿卡领域全面布局。2022 年，绿控在新能源重卡领域市场占有率位居第一。因此，只有坚持不懈的积累，才能实现现在引领行业发展的局面。

（二）聚力核心技术集体攻关，加快产品技术迭代速度

新能源汽车领域作为应对气候变化、优化能源结构的重要战略举措，也是我国汽车自主品牌实现"弯道超车"的重要机遇，目前企业正处在这一百年不遇的汽车技术革命期。

但是机会都是平等的，不只是企业看到了这个机会，行业内其他竞争对手也看到了这一机遇。越来越多的企业要进入这个市场，除了国内的，还有国外的。而这些企业都比之前的竞争对手强大很多，很多世界五百强企业，都开始开发商用车电驱动产品。虽然绿控通过不断的创新积累，取得了一定的先发优势，但这些企业有着庞大的财力、专业的技术团队、强大的制造能力和遍布全球的销售网络，很快也能缩短这些差距并可能很快超过。面临前所未有机会的同时，也同样面临着前所未有的挑战。企业唯有以更昂扬的斗志，更快速的迭代，更高效的方法，更高投入的研发，更多为客户思考，为客户开发出更高效、更高品质、更

高性价比的产品，保持并且提高绿控的市场占有率，才能掌握先发优势，把握市场契机，乘势而上。在这场电动化革命中，在企业努力实现发展的同时，也能形成中国制造、中国创造的品牌。

（三）培育人才梯队，打造全要素科研团队

企业初创之时，在电驱动/传动产品在很多人眼中还是个东拼西凑，故障率很高的产品。那时绿控产品的问题也确实很多，一批公交车十辆，第一天上线就在路上坏了七辆；一批公交车送车路上，本来两天就能到的，因为绿控产品的问题，足足开了五天；早上七八点钟的高峰期，因为绿控产品额问题搞得全城大堵车，上了新闻……当时不敢听见电话响，就怕是哪儿又出了故障。为了信守给客户的承诺，为了实现创业之初的梦想，整个团队并没有被困难吓到，反而爆发出惊人的斗志。挑灯夜战，讨论分析问题原因；每天只休息两三个小时，在现场处理客户问题；一次给客户更换几十上百套产品，消除客户顾虑……功夫不负有心人，经过不断的产品迭代，绿控的产品在性能和质量上，都已经脱胎换骨，引领行业发展。之前对标的国外产品，不管在性能还是质量方面，都已经被绿控全面超越；在中重型商用车电驱动系统领域，绿控的市场占有率遥遥领先；在技术创新方面，绿控的重卡电驱桥在国内首个实现批量化生产，大幅提升了整车性能，为国内几乎所有的重卡客户配套。完全自主开发的重型车辆双电机动力不中断混合动力驱动系统，突破了"卡脖子"技术，打破了国外发动机厂和变速箱厂对中国大型发动机和变速箱的垄断，成本大幅下降，同时油耗降低 30%，该产品配合国内矿卡厂家，已出口到巴西、俄罗斯、印度尼西亚等国家，即将在重型矿用车领域掀起一场颠覆式的革命。而企业取得的这些发展，归根究底有赖于绿控的创新团队，绿控的企业精神是自信、刻苦、坚韧、反思，而绿控内部做事情的企业文化是有想法、有办法、有行动、有结果。秉承着这样的企业文化，绿控打造了一支高效的创新团队，相信在未来会迸发出更大的创造力和凝聚力。

案例点评

> 苏州绿控传动科技股份有限公司的创新发展，离不开"天时、地利、人和"。天时就是国内第一波新能源汽车发展的浪潮，从客车混合动力电驱动系统做起，逐步成为国内电驱动系统的主流企业。地利就是落户长三角一体化核心示范区的苏州市吴江区，这里风景秀美、交通便利、创新创业氛围浓厚，宜业又宜居；人和就是各级政府对绿控的关心支持，从公司成立只有几个人一直到现在公司700多人，持续帮助解决公司发展遇到的新问题。没有这些"天时、地利、人和"，没有苏州市科技人才招引的优良环境和创业政策，没有企业科技自立自强技术攻关的努力，就没有绿控传动科技股份有限公司的今天。

以人才建设助力生产力"焕新"
——清越科技的创新进阶之路

【引言】 党的二十大报告明确提出：要深入实施人才强国战略，加快建设世界重要人才中心和创新高地。这标志着我国在新时代背景下对人才的渴求和对创新的追求。随着经济全球化和科技的飞速发展，人才已成为国家间竞争的核心资源，我国对人才和创新也越来越重视。

【摘要】 清越科技团队从2008年落户昆山建成中国大陆第一条OLED（有机发光二极管）生产线开始，到如今成长为致力于物联网终端显示整体解决方案的创新型企业，并获得国家级制造业单项冠军产品、国家级"专精特新"小巨人企业称号，清越科技团队和昆山并肩走在持续创新和高质量发展创业之路上。

【关键词】 责任担当；产业报国；创新发展

扫码看VR

从 2008 年落户昆山建成中国大陆第一条 OLED 生产线开始，清越科技（前身为昆山维信诺科技有限公司）就和昆山一道，走在持续创新和高质量发展创业之路上。

2000 年年初，正是昆山电子信息产业飞速成长时期，有"全球每两台电脑就有一台昆山造"之说。然而，强大的制造业背后是自主创新技术的缺乏，昆山开始探索解决国家战略性新兴产业"缺芯少屏"难题。2005 年，昆山市委、市政府凭着敏锐的洞察力，相中了 OLED 项目，争取 OLED 生产线"情定"昆山。

在公司选址时，虽然有很多地方伸出了橄榄枝，有的城市还给出了较好的条件，但是投资人一来到昆山，便停下了脚步。昆山不仅地理位置得天独厚，电子信息产业基础雄厚，更难能可贵的是昆山政府领导对于产业发展的理解，他们深知显示技术是电子信息产业链上不可或缺的一部分，愿意给予优厚且持续的支持。于是双方一拍即合，开启了双向奔赴。

一、基本概况

苏州清越光电科技股份有限公司成立于 2010 年，是一家致力于物联网终端显示整体解决方案的供应商。秉承产业报国的梦想，清越科技专注创新十余载，已成长为行业领先的高新技术企业，并于 2022 年 12 月登陆上海证券交易所科创板。

集自主研发、规模生产、市场销售于一体，清越科技已在江苏、浙江、江西等地建有研发中心和多条大规模生产线，形成以 PMOLED（被动矩阵有机电激发光二极管）、电子纸与硅基 OLED 三大业务板块为主的多元化格局。公司拥有中国大陆首条 PMOLED 量产线，2019 年起 PMOLED 出货量连续多年位居全球第一。目前，清越科技产品已广泛应用于智能家居、智能穿戴、工控仪表、医疗器械、金融通信等领域，全球在册客户数量达 2 万家。公司获评国家级专精特新"小巨人"企业、国家级制造业单项冠军产品等荣誉。

二、做法成效

（一）技术创新有底气，危机四伏勇担当

就在 OLED 量产基地准备在昆山筹建时，整个 OLED 产业陷入低谷。日本电子巨头索尼公司对外宣布"OLED 没有前景了"。悲观的论调未能动摇大家的信念，一些朋友也都劝说，这是退出的最好时机。但是最终大家一致认为 OLED 仍是一个非常有前景的技术，产业面临的短暂低谷恰恰是因为关键技术瓶颈没有得到突破所致。公司核心成员仅用了 20 分钟就达成共识，要做！接下来的几天，大家就对关键任务进行一一分解，核心成员都签下了"军令状"。团队成员谨记目标，真正做到"两耳不闻窗外事，一心只为新突破"，大家一心扑在生产线的建设上，力保 OLED 中试技术向大规模量产技术转化。在团队成员的不懈努力下，同年 10 月，中国大陆第一条 OLED 大规模生产线正式在昆山建成投产。

（二）产业报国崭露头角，向世界发出中国"声音"

量产后的 OLED 显示器可以广泛应用到仪器仪表、工业控制、消

费电子、汽车电子、航空航天、医疗仪器等领域，并远销海外多个国家。"用自己制造的OLED产品，迈向世界，发出中国之光。"这是每一个清越科技团队成员的梦想。公司负责人对技术创新高度重视，对于技术创新所需要的材料、设备、人力都会想方设法支持。对于创新的重视，也迎来了在世界发声的机会。"我们就是要通过标准制定向世界发出中国的声音。"公司总经理高裕弟博士表示，以前，OLED国际标准的制定主要掌握在发达国家手中，一定程度上限制了我国显示产业的发展。这让我更加坚定了一个信念：一定要向世界宣告中国标准，让世界接受中国标准。

作为技术专家和标准项目负责人，高裕弟博士代表中国参与国际电工委员会（IEC/TC110/ OLED）有机发光显示器国际标准制定，负责承担有机发光显示器光学及光电参数测试方法（PT62341-6）标准的制定工作，并荣获"中国标准创新贡献奖"。这也意味着我国有机发光显示器领域实力得到国际认可。截至目前，团队已完成制定或修订2项OLED国际标准和2项柔性显示国际标准，主导制定5项OLED国家标准和3项OLED行业标准。这些标准的制定及颁布对提升我国在显示产业领域获得国际话语权，对提高国际竞争力具有重大的战略意义。

（三）构建创新平台，打造学习型组织

公司坚持创造有利于创新的机制和环境，早在清华大学的实验室里，OLED项目组就形成了学术成果不只看重学术论文发表数量的良好氛围，申请专利也会同样受到奖励。公司成立后，这个优良传统被延续了下来，通过鼓励创新机制，让技术人才感受到被重视，哪怕是一线的操作人员也有机会申请专利，这样的机会，让人才不单获得物质奖励，

也体现了个人价值。同时公司每年组织"微进行动"微小项目改进提案活动，鼓励头脑风暴，将创新的想法落实到位，不只是技术人员，管理人员、销售人员也可以参与进来，经过论证实施，这个项目每年可实现上百万的成本节约，真正实现全员创新、全面创新。

公司致力于打造学习型组织，对新进的技术人员进行有关创新思维和方法的系统培训，每年科研开发的投入都高达收入的10%左右，对技术人才的培养也不遗余力。考核人力资源工作的指标，不是公司引进了多少高材生，而是公司培养了多少名OLED技术工程师以及他们对事业前景的共识。伴随着公司的成长，许多原来的技术人员不断晋升为新业务平台的高级工程师、经理、副总经理等职位，每个人都有自己的发展空间，公司内部流传一句话，"人才发展不设天花板"，在这样的文化影响下，整个团队真正实现了铁板一块，目前公司的中高层管理干部很多都是从一线成长起来的，几乎80%年资都超过了10年，这也为技术的研发、管理的创新和业务拓展奠定了扎实的基础。

（四）扎根昆山，持续全面发展创新动能

对于创新技术的追逐，清越科技团队从不停歇。当前，清越科技团队正在攻关新一代"近眼"显示技术，顾名思义就是在用户视野前方形成显示影像。让指甲盖大小的显示面屏，承载巨型显示器内容，需要采用超高精细度的微型显示屏和高性能的光学成像系统支持。总经理高裕弟表示，"将继续加大研发投入力度，持续新兴市场，引领中国显示产业走在世界前沿"。显示领域仍大有可为，"追光之旅"还有更多"美景"。扎根昆山，执着创新，为推动我国新型显示产业迈向全球价值链中高端持续发"光"。

三、经验启示

（一）以科技和创新引领发展

从技术创新到创新产品，从创新管理到创新文化，清越科技将对创新的理解不断拓展，从而实现一个个技术的突破。追求创新无止境不仅是一种企业发展的理念，更是一种国家进步的驱动力。在全球化的竞争中，只有不断追求创新，才能保持竞争力，才能在激烈的国际竞争中占据一席之地。因此，我们必须持续培养和吸引人才，为人才提供广阔的发展空间和良好的创新环境，让他们在各自的领域中勇于探索、敢于突破，不断推动科技进步和社会发展。

（二）以担当和责任引领实干

一个人、一个企业的价值要有所体现，还是要跟国家主战场结合在一起。如果不能识别出未来的主战场，那么，创业、创新也可能不会取得非常大的成就。优秀的企业家始终要把企业的发展同民族的兴盛和人民的幸福紧密结合在一起，干在实处，走在前列。"两弹一星"元勋周光召院士视察公司时说过："中国不缺科学家，也不缺企业家，但缺少能将科技转化为生产力的科技企业家。"每位民族企业家都应该以实际行动和担当将高科技应用于产业、实现科技创新与生产力转化的目标，为国家的科技强国和经济发展做出积极的贡献。

（三）以文化建设传承创业精神

一个企业的文化，无时无刻不在影响着企业发展的步伐，企业要想发展壮大，文化建设必不可少。企业文化是企业内部共同认同的核心价值观和行为准则的体现，是组织内部生活的"灵魂"，是员工行为的引导和约束。企业文化不是简单地挂在墙上、喊在嘴里的口号，而是深深扎根在创业团队的初心和使命之中。

（四）扎根昆山贡献"清华力量"

创业是一条充满挑战和艰辛的道路，需要创业者不断面对风险、克服困难，才能取得成功。在这个过程中，选择一个可以一起并肩作战的城市变得至关重要。昆山是一个极具包容性的城市，这里汇集了五湖四海的英才。有300多名清华校友选择在这里创新创业，清越科技总经理高裕弟就是其中之一。这里拥有创新创业土壤，贴心暖心服务；贴心的人才扶持政策，优美的生态宜居环境。在这样的城市里，创业者可以更容易获得资金支持、技术突破和人才资源，帮助他们更快实现创业目标。

案例点评

> 苏州清越光电科技股份有限公司专注创新十余载，拥有中国大陆首条PMOLED量产线，通过持续的技术创新，坚定的产业报国信念，构建学习型组织等措施，结合昆山的电子信息产业集群效应和包容、宜居的城市环境，获评国家级专精特新"小巨人"企业、国家级制造业单项冠军产品等荣誉，体现了创新引领发展，堪称担当引领实干的优秀案例。

坚持自主可控　推动科技自立自强
——锴威特自主强"芯"的探索启示

【引言】 习近平总书记指出,"科技创新是提高社会生产力和综合国力的战略支撑"。科技创新的要求是要赶超发展,解决核心技术的"卡脖子"问题,坚决打赢关键核心技术攻坚战。近年来,国产化替代需求随着中美贸易摩擦而更加迫切,目前高端功率半导体产品仍然主要由美国、日本以及欧洲龙头厂商主导,国内厂商与国外龙头公司仍存在一定差距,接近90%的功率器件均依赖进口,国家对此也颁布了《国家信息化发展战略纲要》《中华人民共和国国民经济和社会发展第十四个五年规划和2035年远景目标纲要》等政策,为功率半导体产业链自主可控提供了政策支持,功率半导体行业的国产化替代进程将进一步加速。

【摘要】 以专业的一体化系统解决方案及持续提升的产品和服务创新力,在高端装备、新能源、人工智能等领域持续发力,坚持创新驱动和应用牵引。同时将瞄准新的领域,通过产学研合作,针对数字经济、AI人工智能和新能源所需功率半导体进行研发及全产业链建设,密切关注市场发展趋势,紧抓功率半导体国产替代的黄金机会,做优做强做大功率半导体产业。

【关键词】 功率半导体;国产替代;自主可控

扫码看VR

一、基本概况

苏州错威特半导体股份有限公司成立于 2015 年，总部位于苏州张家港市，设有西安子公司，以及无锡、南京及深圳分公司。公司专注于智能功率半导体器件与功率集成芯片研发、生产和销售，已于 2023 年 8 月 18 日成功在上交所科创板挂牌上市。

公司获得国家高新技术企业、国家专精特新小巨人企业、国家重点集成电路设计企业、江苏省潜在独角兽企业等资质荣誉。公司是江苏省半导体行业协会理事单位，获批建有江苏省高可靠性功率器件工程技术研究中心。

自设立以来，公司以"自主创芯，助力核心芯片国产化"为发展理念，从"服务零缺陷"为质量目标，聚焦功率半导体产业方向，采取功率器件与功率 IC 双轮驱动策略，将自身打造成高品质、高可靠的功率半导体供应商。凭借产品可靠性高、参数一致性好等特点，公司迅速在细分领域打开市场，产品广泛应用于消费电子、工业控制及高可靠领域，现已形成包括平面 MOSFET、快恢复高压 MOSFET（FRMOS）、SiC 功率器件、智能功率 IC 等近 700 款产品。

公司拥有发明专利、集成电路布图保护等知识产权超 100 件。先后荣获由中国电子信息发展研究院（赛迪研究院）颁发的第十五届（2020 年度）和第十六届（2021 年度）"中国芯"优秀技术创新产品奖，由中国半导体行业协会、中国电子材料行业协会等机构联合评选的第十二届（2017 年度）和第十四届（2019 年度）中国半导体创新产品和技术奖。获奖产品覆盖公司平面 MOSFET（金氧半场效晶体管）、集成快恢复高压 MOSFET、SiC（碳化硅）功率器件等产品门类。

近年来，公司主营业务收入保持快速增长，打破了高端功率器件和电源管理芯片的国外垄断，实现了核心芯片的自主可控，为中国半导体的发展贡献锴威特的力量。

二、做法成效

（一）瞄定高端制造，深耕行业

以锴威特董事长丁国华为例，早年他就树立了产业报国的远大抱负，虽然半导体行业跟国际同行差距较大，但锴威特从不怀疑自己的选择，锚定半导体这个国家短板，持续深耕精进。在创业初期，公司主导研发了多款市场热销的芯片产品，为行业发展添砖加瓦，贡献力量。2015年，公司创业团队在苏州火热的创业氛围感召之下，选择张家港二次创业，为把张家港打造成化合物半导体世界持续深耕。

（二）迎难而上，实现突破

从20世纪50年代至今，功率半导体的技术和材料不断地演变，从业者一直在寻找解决平衡的最优解，包括功耗、可靠性和功率密度之间的平衡；性能、体积和成本的平衡等。平衡决定着功率半导体技术的发展路线，如何平衡多方因素，是业内人士首要面对的挑战。丁国华带领团队积极应对，不断自我颠覆与革新。公司从初创期的艰难起步，逐步发展到如今的规模，实现了从硅基向碳化硅基的拓展，并在功率IC方面实现了从客户定制化向自主系列化的转变。公司产品广泛应用于电力电子、新能源汽车、工业、高可靠等多个领域，助力多个行业的发展。

（三）持续发展，追求卓越

锴威特始终坚持自主创芯，助力核心芯片国产化的定位，不断提升产品和服务质量。公司搬迁至更大规模的生产基地，进一步提升了生产效率和保供能力。同时，公司加大研发投入，紧跟行业发展趋势，不断推出新技术、新产品，以满足市场不断变化的需求。

三、经验启示

（一）精准定位，聚焦核心

芯片设计创业公司初期资源有限，应精准定位，锴威特定位于功率半导体，目标是将国产功率半导体做到国际水平，尤其在性能和可靠性方面取得全面突破。聚焦核心产品和技术方向，通过持续的技术创新和市场拓展，逐步实现了国产功率半导体的国际化突破。

（二）创新驱动，持续投入

技术是芯片公司的核心资源和价值创造的主导要素，创新是公司成功的关键和公司持续发展的基石。为此，公司不断加大研发投入，完善专利布局，持续保持产品技术创新，积累了丰富的产品开发经验，目前产品已覆盖硅基、SiC基功率器件以及功率集成电路和功率模块，满足了产品所需的新结构、新工艺和新器件单元，确保开发的产品先进性、品质可靠性和市场竞争力。

（三）紧贴市场，严把质量

半导体和互联网不同，半导体并非 To C 的产业，它的客户一定是电子产品制造商。"你的公众关注度再高也没用，得厂商真正认你才行。要实打实把产品做好，人家的测试非常严格，质量保证、成本控制那都不是虚的，任何一个环节做不到位都不行。"为了满足各应用领域对产品的需求，锴威特将服务零缺陷作为公司的质量目标，从研发阶段开始到产品交付各环节严把质量关，确保交付的产品性能稳定可靠。

（四）产业报国，心怀大我

锴威特始终认为，有国才有家，怀揣着对祖国深沉的爱以及对行业的深厚感情，锴威特团队不断前行，为功率半导体领域的国产化及自主可控作出更大贡献。

展望未来，锴威特将继续秉承"服务社会、回报股东、满足员工追求高品质的生活"的企业使命，以科技创新为驱动，以市场需求为导向，不断推动功率半导体技术的发展和应用。公司将加大在智能电网、新能源汽车、光伏发电等领域的研发投入，加快突破核心技术产品，拓宽丰富应用领域，形成更多新质生产力。同时，锴威特将积极履行社会责任，为推动我国半导体产业的繁荣和发展贡献自己的力量。

案例点评

苏州锴威特半导体股份有限公司的创始人丁国华因为中学时期对收音机的兴趣而与半导体结缘,并把自己的兴趣爱好变成了自己的事业。大学毕业后,丁国华就职于半导体行业公司,而后又自主创业半导体企业,梳理企业组织架构,完善管理流程制度,以"赋能、保质、控本、增效"的强基2.0发展策略,实现了"上到天,下到地,深到海"产品线应用领域。如今锴威特的产品涉及千行百业,助力多个行业的迅猛发展。

以科技引擎点燃汽车产业创新驱动力
——清华大学苏州汽车研究院的科创之路

【引言】 习近平总书记指出,"实施创新驱动发展战略是一个系统工程。科技成果只有同国家需要、人民要求、市场需求相结合,完成从科学研究、实验开发、推广应用的三级跳,才能真正实现创新价值、实现创新驱动发展"。而工程化、产业化是创新驱动发展的关键和重点所在,是从科技强到产业强、经济强、国家强的必由之路。

【摘要】 创新驱动已成为国家和地方经济高质量发展的新动能,其关键在于技术驱动、人才驱动。以集聚高端人才、培育高科技产业化成果为核心任务的新型研发机构,成为实施创新驱动发展战略的重要抓手。在此背景下,清华大学苏州汽车研究院紧贴国家和行业重大需求,坚持"需求导向、创新驱动、资本助推、市场化运营"的发展方针,以创新技术引领产业进步,以创新机制助推成果转化,通过资源整合、模式创新、开放合作,集聚了一群经验丰富、立志创业的高端人才团队,培育并形成以高新技术企业和科技服务企业为主体的汽车高科技产业集群。

【关键词】 汽车产业;成果转化;产业创新

扫码看VR

新一轮科技革命席卷全球，科技竞争成为各国经济竞争的核心内容，而科技竞争比拼的是科技成果的转化规模与速度。成果转化需要技术、人才和资金等多种创新元素，更需要汇聚、融合、催化这些元素的平台和机制。清华大学苏州汽车研究院（以下简称清华汽研院）应国家与行业重大需求而生。

一、基本概况

清华汽研院成立于2011年，作为清华大学第一个面向特定行业、与地方共建的派出研究院，致力于汽车的应用技术研发、高端产业服务和科技成果转化，是苏州市和清华大学共同实践创新驱动发展战略、培育新型支柱产业、服务区域经济高质量发展的重要成果。

清华汽研院作为新型研发机构，依托清华大学在汽车行业70余年的长期积累和综合学科优势，聚焦智能网联汽车、新能源汽车等新产业方向，以国家和行业重大需求为导向，整合创新链、资本链与产业链，以新技术、新产品的研发与产业转化引领行业创新发展，以技术、金融和人才服务助推产业转型升级。

经过十多年的发展，建立了汽车产业创新链条中所需的技术研发平台、产业服务平台、科技金融平台、技术转移平台和创业孵化平台；获批了国家级博士后科研工作站、汽车安全与节能国家重点实验室苏州中心等国家级科研平台；拥有研发及孵化场地超18万平方米，仪器设备超600台套，设备总值近3亿元；形成了由40多名资深专家、80多名领军人才、500多名技术骨干、1 000多名行业紧缺工程师组成的研发与产业化团队。初步构建了一个集科技创新、产业服务和创业孵化功能于一体的综合性研发与孵化平台，成为我国汽车产业创新发展和地方区域经济创新发展的重要支撑平台。

二、做法成效

（一）创新机制，建设市场化运作的新型研发机构

作为有别于传统科研院所的新型研发机构，清华汽研院不仅致力于技术的持续创新，还特别注重创新链、资本链与产业链的整合，解决从技术到产品、再到商业化落地的一系列问题，推动技术的工程化和产业化。

为此清华汽研院始终以科技成果产业化为宗旨，坚持"市场倒逼型"的科技创新机制，确立了"由需求定义产品，由产品选择技术"的创新路线，作为"技术的二次加工厂"，着重于技术集成、二次开发、工程转化和中试验证，以能够产业化的技术商品为产出，并将市场的认可程度作为考核产出的唯一标准。

构建了"四轮驱动、三级孵化"的产业创新机制，即以技术研发、中试验证、创业投资、孵化基地为产业创新的驱动力，加速科技成果的产业化进程；以研究院、孵化器、产业园为载体，构建产品孵化、企业孵化和产业孵化的"三级孵化"体系，保障从技术创新到产业应用的无缝链接。

截至目前，完成了融合式自动泊车、疲劳驾驶预警等80多项高科技成果的产业转化，其中有10多项成果打破国外垄断、国内市场占有率领先。例如，全景泊车系统，是国内首个进入乘用车前装市场的智能

驾驶产品，已进入 20 多家整车企业的前装市场，销售超 100 万套，市场占有率全国领先。

（二）聚力创新，突破国家和行业技术瓶颈

贯通高校原始创新、研发机构集成创新和企业开放创新，是新形势下产学研深度融合创新的有效路径。汽车产业正经历一场百年未遇的技术革命和产业变革。

清华汽研院聚焦新能源汽车、智能网联汽车两大战略方向，组建了院士、长江学者、外国专家组成的领军团队，技术、市场、金融等多领域全职行业专家组成的管理团队，形成了 50 个多学历层次高、行业经验丰富的研发与服务团队。建成了由 15 个研究所、16 个分析检测中心和 8 个企业联合研发中心构成的研发体系，获批了江苏省智能网联汽车创新中心、江苏省车联网工程实验室等 12 个省级以上创新平台。

立足行业重大需求，突破了复杂交通环境融合感知、高精度定位等关键技术，培育了高级别自动驾驶、特种运载装备等具有引领性和示范效应的重大项目。联合研发了我国首套自主可控的适用于南极科考的全系列科考运载装备，在海拔 4 000 米、温度零下 50 摄氏度、乱雪、暴风的极端环境中，圆满完成我国第 39、40 次南极科考任务。建立中国首个自主标准的润滑油综合测试评价方法，打破了美国 API 标准体系的垄断。获评国家科技进步二等奖 2 项、中国汽车工业科技进步特等奖 2 项、一等奖 1 项，为 200 多家，覆盖国内知名整车企业，以及丰田、日产、壳牌等国际一流企业提供研发服务。

（三）融汇资源，构建汽车产业创新生态体系

产业创新，既需要高新技术的引领，还需要生态系统的保障。清华汽研院借助苏州完善的科技创新政策，着力推动人才、技术、资本等核心创新要素的生态式融合。

一方面，面向全球，积极引进海内外优质项目和高端团队，并加以培育；另一方面，强化与龙头企业的深度合作，利用龙头企业强大的产业化能力和市场资源，解决科技成果转化最后一公里的难题；同时以灵活的市场化机制，集聚社会资本，发起成立了6支总规模超20亿元的汽车专项创投基金，为创业项目赋能。迄今共投资孵化近200多家高技术企业，其中已上市5家，拟上市7家。例如，基于清华原创技术在苏州孵化落地的创业企业——苏州绿控，自主研发的客车AMT（自动变速箱）产品填补了国内空白，推出了国内首个基于AMT技术的同轴并联式混合动力系统，打破了国外公司的垄断，市场覆盖40余家客车企业、20余家卡车企业，国内市场占有率第一。经过十几年的发展，清华汽研院逐步在苏州构建起高新技术涌现、科技金融活跃、高端人才汇聚、高科技企业云集的汽车产业创新生态。

三、经验启示

（一）技术是科技成果转化的核心

"技术走不出实验室"是科技成果转化普遍存在的问题。大学研究的出发点是科学和技术的发明与发现，更关注基础的前瞻性研究，解决

0到1的原始创新；而企业创新的出发点是为了应用，要的是经过验证的、可切实提高产品竞争力的技术解决方案。从新技术思路的诞生到形成满足产品要求的解决方案，需要经历应用开发、技术集成、中试验证等工程化过程，而工程化过程的缺失正是科技成果产业化受阻的关键原因。清华汽研院等一批新型研发机构的出现，就是要构建连接大学和企业的产学研合作纽带与桥梁，完成从科学研究、实验开发、推广应用的三级跳，跨过科技成果转化的"死亡之谷"。

（二）人才是科技成果转化的关键

科技成果转化是一个系统工程，需要不同层级、不同知识背景的各方面人才参与。技术人才追求的是技术指标、产品性能所能够达到的极致，更关注纵深。产业人才需要的是研发、管理、市场等综合能力，更要求广度。因此，新型研发机构的团队建设要有梯队，要多元化，既要有能够统领全军的领军型人才，也要有一批能够率队攻坚克难的业务骨干能够冲锋陷阵的大量核心成员；既要有研发经验丰富的技术专家和研发工程师，也要有懂市场、懂管理、懂金融的复合型人才。

（三）市场是科技成果转化的驱动力

市场是科技成果转化的需求方，科技成果只有在满足市场需求的情况下才能被有效转化为商业产品。产品研发有两种不同的实施方式，一种是技术驱动型，以技术为主导，实施正向开发，优先突破核心技术，形成产品解决方案，再策划商业模式和市场渠道；另一种是市场驱动型，基于市场需求，逆向整合资源，先有商业策划、产品战略，再实施技术攻关和产品研发。针对产业链长、门槛高、竞争激烈的汽车产业，必须走市场驱动型的科技创新路线。因此,作为致力于汽车科技成果转化的新型研发机构,需要紧密关注汽车产业的发展趋势和市场需求,不断调整研发方向和重点,确定产品定位和市场定位,确保科技成果能够有效地转化为商业产品。

(四) 市场化是科技成果转化的催化剂

风险投资是促进科技成果转化的重要资金来源之一。通过向科技创新项目提供风险投资支持,可以帮助科研人员或创业者解决资金瓶颈问题,推动科技成果的商业化和市场化。技术只有从知识形态转变为技术资本,才能与其他非技术要素结合,实现使用价值和市场价值,成为生产力。技术资本化是产学研结合的纽带,能使多个利益主体和行为主体融为同一主体,变阶段性合作为全程性合作,变局部性合作为整体性合作,变短期合作为长期合作。作为致力于科技成果转化的新型研发机构,应当与风险投资机构等社会资本建立紧密合作,有条件的可以自行发起成立创投基金,整合资源,加强成果转化效率。

(五) 平台是科技成果转化的重要支撑

科技成果转化不仅需要集聚技术、人才、资本等创新要素,更需要催化各个要素深度协同的平台。高校与企业作为两个不同的行为、利益主体,简单的交易手段不能将两者有机地结合。传统的产学研合作主要以短期项目、人员合作为主,存在缺乏顶层设计、信息共享不充分、项目规划不连续、难以形成有效积累等问题。新型研发机构的出现,可以构建服务创新创业的生态系统,将研发人员、创业者、资本方、产业方等各方资源有效整合,相互协作、互惠互利,共同践行科技成果的产业化和商业化。

📖 案例点评

> 面对"技术走不出实验室"这一科技成果转化的普遍问题,清华大学苏州汽车研究院在技术攻关突破的基础上,以市场需求倒逼的模式引进复合型人才,引进风险投资,同时构建高校、企业等合作平台,营造"政产学研资用"紧密结合、有机协调的产业创新生态,探索了一条符合产业发展需求的科技成果产业化路径,为汽车产业创新升级和区域经济发展发挥了重要作用。

技术为根　文化铸魂
——中华老字号李良济守正创新发展实践案例

【引言】 中医药作为中华文明的杰出代表，是中国各族人民在几千年生产生活实践和与疾病作斗争中不断丰富发展的医学科学。党的十八大以来，党和政府把发展中医药摆上更加重要的位置，而在建设全民健康保障体系的新时代背景下，中医药如何坚持继承与创新的辩证统一，既保持特色优势又积极利用现代科学技术助力中医药现代化发展，是其中医药能否融入当今社会、焕发可持续发展生命力所面临的重要课题。

【摘要】 "李良济"是发源于苏州的中华老字号品牌，百余年来，李良济恪守"良心良药，济世济人"的家风祖训，坚持"以专制药，以诚为人"的经营理念，立志传承吴门医派精髓，弘扬中医药传统文化。这家工艺精湛、融合创新的老字号品牌，不仅是苏州人文韵味和文化资源的传承者，也在积极通过工艺、内涵、商业等多角度创新，讲述新时代的品牌价值和苏州底蕴，让传统中药和智能制造、流行文化、粉丝经济携手共舞，绘出一幅科技与人文交相辉映的"双面绣"。

【关键词】 中医药；传统创新；非遗文化

扫码看VR

一、基本概况

"李良济"源自1914年枫桥地区的李记药铺，经过百余年的发展，时至今日李良济已形成集饮片炮制、中医诊疗、饮片代加工、大健康产业、文化旅游于一体的"医养购游"业务模式，打造了"四个板块，一个中心"的业务格局，包括苏州市天灵中药饮片有限公司（饮片生产板块）、苏州市李良济国医国药馆有限公司（医疗板块）、苏州市李良济健康产业有限公司（大健康板块）、苏州市李良济药业有限公司（药品批发板块）、李良济中药煎制服务中心（代加工服务中心），总占地面积达200余亩，年销售额近20亿元，服务医疗机构、诊所、药店等客户2 000余家，2019—2023年连续五年获评中国中药协会"中药饮片品牌企业"称号，入选2019年苏州市第一批生物医药潜力地标培育企业名单，并已获得"中华老字号""国家中医药健康旅游示范基地创建单位""江苏省工业旅游示范基地""江苏省优秀科普教育基地""江苏省高知名商标""江苏省非物质文化遗产""江苏省优秀民营科技企业""江苏省专精特新中小企业"等荣誉称号。

二、做法成效

（一）技术创新助推工艺升级，提升发展能级新质效

中药饮片作为中药三大产业之一，由于直接沟通药材原产地和临床应用终端，是中药质量和疗效的基础保障，因而被视为中药产业链的中

流砥柱。李良济是江苏省医药行业协会中药饮片专业委员会会长单位，经营的中药饮片种类达1 042种，涉及品规5 000余个，为江苏省内上千家医疗机构、社区服务中心、药店供应中药饮片。

中药饮片质量好坏直接关乎临床疗效，而中药炮制技术更是国家级非物质文化遗产保护项目。李良济自创立起，便深谙"用药之妙，贵乎炮制"，因此素以道地药材、古法炮制为重，所制饮片片型精美、质量上乘，在业内外享有优良口碑。2002年，李良济第三代传承人李建华创办苏州市天灵中药饮片有限公司后，大力推进传统工艺与现代技术相结合，根据药材品种特性和炮制要求，开发、引进适配的智能工业设备，逐步完成"机器换人"。

目前，公司已建成GMP认证的现代化普通饮片和毒性饮片炮制车间17 000余平方米，全面涵盖净制、切制、洗润、烘干、蒸煮、炒制、煅制、霜制、蜜炙、水飞等炮制工艺，配备冷冻干燥机、X光异物检测机、杂粮色选机、滚筒式洗药机、直切式切药机、干燥带式烘箱等专业设备上千台；饮片品种、产能、产量均居全省前列，在江苏省中药饮片细分领域排名第一。

除了做精做细炮制工艺，公司还把目光瞄准中药饮片包装痛点。2005年，推出"定量小包装中药饮片"，以度量精准、独立包装、规格明确、色标清晰的优势，解决了中药房脏乱差、调剂师效率低、饮片储存运输不便、易霉变等"老大难"问题，不仅提高了生产效率和药品品质，而且扩大了患者的知情权，有利于中药饮片生产的规范化、标准化、品牌化。2007年，国家中医药管理局启动小包装中药饮片推广使用试点工作，如今，"定量小包装中药饮片"包装形式已在全国各地医疗机构广泛应用。

（二）信息互联赋能智慧药房，开创医企合作新模式

创新应变，数字赋能。中医药与网络技术、数字技术相结合，为文化的传承、经济的发展提供了新的表现形式。长期以来，基层中医医疗机构都有为客代煎的服务，但普遍面临人手紧张、场地紧缺、效率较低而运营成本高企的难题，限制了基层中医药供给能力提升，也抑制了百姓对中医药的需求。

2013年，李良济经苏州市卫生局和苏州市食品药品监督管理局批准，试点运行"煎制服务中心"智慧共享中药房创新项目，率先采用"互联网＋中药代加工"模式，以共享、共用、共建的形式，开展丸、散、膏、丹等传统剂型个性化代加工服务，为破解医疗机构煎制困境提供了思路，成为苏州市首家中药集中代工专业机构，彼时此举亦是全国的探路先锋。

中心搭建了基于互联网的信息溯源平台，建立起全流程接单、加工、溯源、配送服务体系，通过衔接医疗机构 HIS 系统，可实现处方实时匹配、在线接单、审方、转方以及生产环节的全流程监控和溯源，大大提高了处方流转和加工生产的效率及准确性。在互联网技术的加持下，中药汤剂的交付时间缩短至 24 小时以内，当日方，次日达，真正实现了从"人等药"到"药等人"的转变。

经过十余年不断的探索和完善，李良济中药煎制服务中心已成为江苏省最大的中药代加工专业机构，建筑面积 23 000 余平方米，累计投入达 3.5 亿元，拥有自动化煎药机、自动打包机及相关设备 1 300 余台套，日加工处方量峰值可至 15 000 张，每年为周边 700 多家医疗机构和民众提供中药代配、代煎、磨粉、制丸、熬膏、配送一条龙服务，年代

工处方量达到300余万张。在新冠肺炎疫情防控期间，李良济也凭借优质、安全、便捷、高效的服务，成为江苏省、上海市等重要的中药汤剂保供单位。下一步，李良济还将探索建立智慧化中药制剂中心，打造中药经典名方转化平台、院内制剂生产平台、中药新药孵化平台。

（三）非遗传承激发文化活力，书写工业旅游新篇章

中医药在千年发展中形成丰硕的成果结晶，膏方文化，便是其中之一。膏方具有数千年的历史，是传统中药经典剂型之一，具有调理体质、补虚扶正、抗衰延年和防病治病的功效。苏派膏方是全国膏方流派中的核心力量。

李良济膏方制作技艺源自吴门膏方，经过代代传承打磨，工艺越趋精细，形成"选、洗、制、泡、煎、滤、浓、收、凉"9道标准工序。李良济在保留紫铜锅熬煮、竹片搅拌、手工收膏等核心传统技艺的同时，引入药液浓度检测仪、智能注水仪器、先进菌落检测仪、紫外线消毒柜等辅助设备，来提高产品的质量。现代科技的力量让传统膏方技艺绽放出更为闪耀的光芒，2023年，李良济代加工的膏方量已经超过6.5万料，同比增长30%。2013年，李良济传统中医药膏方制作技艺被列入苏州市非物质文化遗产；2023年，入选江苏省非物质文化遗产保护目录，李良济第三代传承人李建华也被评为苏州市非遗项目代表性传承人。

生活是文明永恒的土壤。传统唯有融入当下，方能生生不息。为此，李良济再次探索创新，从2015年起面向公众开放膏方生产车间，围绕非遗项目建设了中医药文化科普馆，并逐步扩大参观区域至15 000余平方米，形成"文化馆、国医馆、国药馆、智慧中药房、非遗车间"

几大参观点，全面展示吴门中医药的历史文化、代表人物、经典著作、特色标本，炮制器具、经典制剂及传统工艺，打造"内容趣味化、流程可视化、工艺智能化、展陈互动化"的透明工厂，向社会公众传播健康养生知识，弘扬中医药传统文化。每年开展各类中医药文化传播活动 800 余场，参观人次超 10 万人次，2017 年获评"江苏省工业旅游示范区""江苏省科普教育基地"，2018 年入选国家第一批中医药健康旅游示范基地创建单位。

为增进青少年儿童对中医药文化的认同感和自豪感，李良济还设立了"苏州市未成年人社会实践体验站"和"关心下一代工作站"，与苏州 30 多所中小学共建传统文化教育基地，开展"小小中药师""小小中医师""小小理疗师"等课外研学游项目，吸引了数万名中小学生前来学习打卡。该基地连续 6 年荣获苏州市未成年人社会实践"优秀体验站"称号。

（四）技艺复兴助力未病防治，构筑健康产业新生态

在数千年的发展过程中，中医药不断吸收和融合各个时期先进的科学技术和人文思想，形成了鲜明的特点，比如注重"道法自然、天人合一""阴阳平衡、调和致中"，提倡个体化辨证论治，主张"未病先防、既病防变、瘥后防复"。这些特色的健康文化和实践，对全民健康社会的建设具有重要启示，是人们治病祛疾、强身健体、延年益寿的有效手段。

万物得其本者生，百事得其道者成。李良济遵循传统中医理论，以"内调＋外养"为宗旨，构筑起健康产业、国医馆、国药馆、中医理疗馆四大要素组成的"中医药大健康产业"生态圈。

其中，李良济健康产业从传统的"药食同源物质"入手，针对现代人常见的亚健康体质，挖掘转化利用经典名方，开发了养生茶以及功能性食品膏方系列，并在外包装上花费心思，做到随冲随饮，开袋即食，契合时下消费群体的审美需求和生活节奏。李良济国医馆汇聚长三角名老中医资源，吸引中西医结合专家坐诊，开展内科、外科、妇科等基础科室和骨伤、肿瘤、内分泌、消化等特色中医科室，并结合传统养生习俗，开展夏季三伏贴、冬季膏方等特色门诊，依托煎制服务中心的强大供应链，为市民提供从门诊、代煎、配送一条龙的中医便民服务。国药馆则主打"药中精品，店中名店"，供应各色精制饮片、参茸滋补、大健康产品以及中医药文创产品，满足百姓日常养生需要。

中医干预既有药物，也有非药物疗法。李良济理疗馆致力于传承复兴中医非药物适宜技术，运用艾灸、针灸、推拿、拔罐、小针刀、整脊、穴位贴敷、动力牵引等措施，对各种慢性疾病进行康复治疗，保证民众享有安全、有效、方便的中医药服务。通过健康产业板块的打造，李良济完成了"医养购游"业务格局的构建，也完成了从B端到C端的延伸布局，形成"多条腿走路"的局面，为老字号赢创未来夯实了发展根基。

三、经验启示

（一）技术驱动，产研结合，提升核心竞争力

高科技创新和高质量发展，代表未来的发展方向。李良济建立起了以企业自主创新为主体、产学研合作相结合的创新机制，拥有一支中

医、中药、检测专家组成的研发团队,年度研发费用达 6 000 万元以上,获批授权专利 44 件,其中发明专利 24 件。

公司注重创新驱动,积极与高校、医疗机构开展产学研合作,联合常州市中医医院共建"孟河医派特色中药临方炮制技术转化应用中心""孟河医派名方验方成果转化合作基地",合作的"孟河医派临方特色炮制猪心血丹参脑靶向抗脑缺血炮制工艺及质量标准"研究项目入选江苏省 2020 年度省中医药科技发展专项计划;"孟河医派临方炮制"临床价值系列研究和转化应用项目荣获中国民族医药学会科学技术进步奖二等奖。在疫情防控期间,李良济联合苏州科技城医院进行了银芩口服液对于防治新冠病毒的机制研究。

目前,李良济已获得"江苏省中药饮片工程技术研究中心""江苏省企业技术中心""苏州市企业技术中心""苏州市天灵中药饮片工程技术研究中心""苏州市天灵适应证中医药品工程技术研究中心"等资质认定,形成了较强的中药产品研发能力。

(二)数智赋能,品质第一,优化内生管理力

质量是企业的根本,是药品的生命。李良济坚持"专注、专业、诚恳、诚信"的宗旨,建设独立的质量保证部门,中药质量检测中心面积约 2 400 平方米,配备专业仪器设备 100 余台套,研发检测仪器设备原值 1 600 余万元,门类齐全,功能先进、具备多种成分的分析测定能力;建立中药物质基础研究实验室、理化分析实验室、精密仪器实验室、无菌检验室,可对中药材、中药饮片及煎制产品执行全周期的质量检测,确保产品质量。

自 2022 年起,李良济启动"中药饮片信息智能化溯源工程",通过

建设综合信息平台，对中药饮片的种植、采收、生产、质检、流通、使用等环节进行实时监控和追踪，实现对中药饮片的全程溯源管理，以数智化助力质量管理。

（三）标准先行，规范操作，助推高质量发展

李良济积极参与相关国家、团体标准制定，引导和规范自身中药产品及服务的发展。近年来，参与了由国家药典委员会委托、中国中药协会承担的《国家中药饮片炮制规范》编制，已完成38个品种起草，发布6个品种；参与《全国中药规范炮制饮片图鉴》编撰，为保证炮制规范的实用性和可操作性提供支持；参与《煎药中心通用要求》国家标准制定，引导煎药中心的规范化、标准化管理；联合省内29家中医药相关单位共同制定了《江苏中医膏方临床应用专家共识》团体标准，为全省中医膏方的临床应用和制备工艺提供指导。

在企业内部，李良济以流程控制严谨、操作要求规范、关联标准协调统一为原则，开展了一系列内控标准和规程的制定，建立体系文件6 700余个，比如，生产部门针对具体的操作岗位制定了一系列SOP、SMP规程文件，并积极开展新老员工培训，明晰操作流程，以提高人员工作效率；李良济健康产业通过ISO22000和ISO18435体系认证，以标准化引领企业高质量发展。

（四）文化为魂，品牌引领，增强企业软实力

老字号作为一座城市特有的"文化记忆"，是底蕴深厚的文化名片，也是很多人心目中美好回忆的载体。李良济作为一家传承百年的中药老字号，具有独特的品牌文化，这是企业最重要的核心资产之一。公司高

度重视自主品牌建设和商标知识产权保护，注册了"李良济"关联商标65件。除了在企业文化、产品设计、视觉设计中植入品牌概念，还不断创新营销形式，组建内部品牌团队和直播团队，推出"名医直播、节气养生、中医说、中药说"等栏目；在外部则借助网络（包括微信、抖音、小红书等）、电视、广播、户外媒体、平面媒体等丰富传播渠道，积极拥抱电商新业态，打通线上线下销售闭环，促进中医文化与粉丝经济携手共舞，增强企业文化软实力。

（五）跨界融合，文旅共生，挖掘新消费潜力

老字号不仅是一张城市文化名片，也是消费生命力的展示窗口。李良济通过试水"文商旅跨界融合"，勇于打破传统工业和旅游之间的界限，在中医药健康文旅的赛道下了一步先手棋。公司对场地进行大刀阔斧的设计和改造，形成集中医医疗、养生保健、文化参观、技艺展示、活动体验、中药产品销售六位一体的中医药健康旅游服务品牌，采取"引进来、走出去"并行的运营模式，把中医药送进校园、社区、企事业单位，强化大众认知，最终实现工业旅游和企业发展的良性互动，不仅拓展了品牌影响范围，也激发了游客的消费能力。2018年，荣获"苏州市旅游商品研发基地"称号；2020年，荣获"2019年度苏州市旅游创新产品（业态）""苏州市最佳旅游咨询服务机构"称号。

在产品上，企业也走出舒适区，做起了"跨界联名"的生意，如与"网红"咖啡品牌推出"养生系列咖啡"，以常规咖啡为基础，加入春梨膏、龟苓膏、花草茶等中药食材，引发"朋克养生"热潮；与"盒马鲜生"合作"国潮"系列食品膏方，打造传统文化出圈话题。

（六）国际视野，海外传播，弘扬中医影响力

今天，中医药领域的国际合作已成为高质量发展的新亮点。李良济积极推动中医药文化走向国际，多次接待中东欧国家卫生部长考察团、日本企业家观光团、东盟卫生部医药考察团，以及美国、波兰、乌兹别克斯坦等国际友人观光采风。在首届国际青年高峰论坛的开幕式上，百年老字号"李良济"作为特邀嘉宾，为美国、澳大利亚、法国、丹麦的学生们讲授了中医药文化历史，并带领他们体验传统香囊制作工艺，获得一众好评。李良济还多次作为海峡两岸青年文化月的活动站点，为促进两岸青年文化交流、友谊共建提供了舞台。在侨联的支持下，李良济获批建设"江苏省华侨文化交流基地"，为华人华侨接触中医药、传播祖国文化提供载体。

此外，李良济还将产品带到新加坡、澳大利亚、德国、日本，让中医药文化在走出国门、互利共赢、相知相亲、互学互鉴的新时代篇章中勾勒出浓墨重彩的画卷。

案例点评

中医文化是中华文明灿烂的瑰宝之一，既有文化属性，又有医药属性，还具有科技属性。传承发扬创新中医药文化和技术是增强文化自信和造福人民健康的大事。苏州李良济作为一家百年中药老字号，根植于吴门医派中医理论，以匠心精神，打磨传统炮制技艺，将"老药人"的风骨和态度传承至今。与此同时，李良济积极拥抱时代潮流，融合传统工艺和现代技术，以"工业化、信息化、自动化、标准化"为指引，让科技创新赋能企业发展，推动传统制造业转型升级，一步步蝶变为江苏中药饮片行业的龙头企业。

栽下梧桐树　引来金凤凰
——高新区海外引进人才成功创业案例

【引言】 党的二十大报告指出，"要深入实施新时代人才强国战略"，人才是第一资源，人才资源是我国在激烈的国际竞争中的重要力量和显著优势。创新驱动本质上是人才驱动，立足新发展阶段、贯彻新发展理念、构建新发展格局、推动高质量发展，必须把人才资源开发放在最优先位置，大力建设战略人才力量，着力夯实创新发展人才基础。

【摘要】 苏州市高新区积极实施海外人才引进政策，一大批优秀人才落地创业并快速成长，瞿晓铧博士是其中的一员，他从清华大学毕业，留学后回国创业，成功实现了从一名科学家到企业家的转型。他对清洁能源情有独钟，白手起家创建了一家当时并不被看好的光伏企业"阿特斯"；在光伏行业跌宕起伏之际，他率领企业稳扎稳打，成为第一个登陆美国"纳斯达克"的中国光伏企业，并一再创造逆势上扬的奇迹。20多年来，他执着坚持光伏事业，将企业打造成了世界领先的太阳能整体解决方案提供商，成为世界太阳能行业的领导者。他坚信"新能源是世界的未来"，他的梦想是让太阳能走进千家万户。

【关键词】 人才引进；留学归国；科学家创业

扫码看VR

一、基本概况

阿特斯阳光电力集团创始人、董事长瞿晓铧，于 1964 年 1 月出生于北京，祖籍江苏常熟。1986 年，获清华大学物理学学士学位；1990 年，获加拿大曼尼托巴大学固体物理学硕士学位；1995 年，获多伦多大学半导体材料科学博士学位，之后作为博士后研究员在多伦多大学从事半导体光学设备和太阳能电池的研究。

2001 年 11 月，瞿晓铧博士回国创办阿特斯阳光电力集团（CSIQ），并于 2006 年在美国纳斯达克股票市场成功上市，是通过创业方式归国服务的海外高层次人才。2017 年，阿特斯基础设施基金（CSIF）在日本东京证券交易所成功上市。2023 年 6 月 9 日，阿特斯阳光电力集团股份有限公司正式登陆上交所科创板。

2001 年，瞿晓铧带着房产抵押所得贷款、几箱设备和属于自己的"光伏梦"，回国创办了中国光伏一体化企业——阿特斯阳光电力集团。企业创办之初，没有团队、没有员工、没有厂房……一切从零开始，瞿晓铧身兼数职，既是总经理，又是产品经理，还是质量经理。第一次出货时，为了保证产品万无一失，瞿晓铧 24 小时守在生产第一线，连续奋战几个昼夜，顺利完成了首张订单。2003 年 8 月，在苏州高新区注册成立了回国后的第二家公司——阿特斯光伏科技（苏州）有限公司，在其后的发展进程中，不论是选择工厂地址、企业并购、开拓新的产品线，还是布局海外市场，瞿晓铧都审时度势、善抓机遇、稳扎稳打，确保了企业稳步向前发展。

二、做法成效

阿特斯成立 22 年来，通过多元化发展战略和市场布局，已在全球成立了 20 多家光伏硅片、电池、组件和储能生产企业，覆盖全产业链。在 20 多个国家设有产品销售和项目开发公司，与 70 多家国际顶尖银行和金融机构建立了合作伙伴关系，客户遍布全球 160 多个国家和地区，是全球领先的光伏制造商和储能系统集成商，全球规模最大、市场地域覆盖最广的公共事业级太阳能和储能项目开发商之一。2023 年，阿特斯集团销售额达到 76 亿美元（约合人民币 536.8 亿元）。

由于贡献突出，瞿晓铧博士先后获得了国家特聘专家、江苏省有突出贡献中青年专家、江苏省劳动模范、江苏省第三期"333 工程"突出贡献奖、江苏省科技企业家等诸多荣誉称号。2019 年，瞿晓铧博士当选加拿大工程院院士。进入光伏行业以来，瞿晓铧立志以此作为终身事业，为人类不断推出优质高效的太阳能发电产品，惠及世界的每个角落。瞿晓铧的人生格言："我选择了和太阳能行业相关的工作，这也是我作出的一个人生的重要选择，因为我觉得太阳能是一种更加科学、环保，对未来更有益的能源。"瞿晓铧为阿特斯选择的企业口号是"卓尔不同"。经历了岁月的沧桑和风雨的考验，阿特斯在他的带领下，目光依旧执着，脚步更加坚定。未来还会有挫折，还会有风浪。如今，瞿晓铧和"卓尔不同"的阿特斯，依然迎着太阳的光芒，感受生命的奔放，追逐着心中的梦想。

三、经验启示

阿特斯落户苏州高新区后，苏州高新区在阿特斯的发展过程中也给予了大力支持，帮助企业实现高质量发展。瞿晓铧博士获得了苏州高新区优秀留学创业人员、高新区首届科技创新创业领军人才、苏州高新区第二届"魅力科技人物"、企业家贡献奖等诸多荣誉。

（一）紧跟形势、政策引领

高新区历年来出台了一系列支持政策，鼓励企业加大研发投入，加强研发平台建设，通过智能化数字化实现企业转型升级，为企业搭建了融资和产学研沟通交流的平台，这些政策不仅为阿特斯等光伏企业创造了良好的发展环境，也有效推动了整个产业的健康发展。

（二）强化沟通、精准服务

在政企沟通方面，苏州高新区也建立了有效的沟通机制，确保政府与企业之间的信息畅通。通过上门走访企业进行座谈交流，主动了解企业的发展需求和遇到的困难，及时为企业排忧解难，也有助于企业更好地了解新区出台的各种政策内容。同时，高新区还积极组织企业参加各类展会和论坛等活动，为企业拓展市场、交流合作提供了平台。

（三）搭建平台、引才引智

在引进人才方面，高新区政府搭建了人才交流平台，定期举办人才招聘会等活动，为企业提供了丰富的人才资源。同时，高新区还出台了一系列人才政策,为引进人才提供了良好的工作和生活环境,这些举措也为企业的长期发展提供了有力的人才保障。

(四)提高效率、贴心服务

在行政服务方面,苏州高新区致力于为阿特斯等企业提供高效、便捷的行政服务。通过一站式服务,简化了审批流程,缩短了审批时限,提高了办事效率。同时还为企业提供了法律咨询、知识产权保护等专项培训和服务,有效降低了企业的运营风险。

苏州高新区对企业的各项支持措施,不仅为阿特斯的快速成长提供了有力保障,也为苏州高新区新能源产业的发展注入了强大动力,推动新区新能源产业集群的繁荣发展。

案例点评

"国家特聘专家""江苏省有突出贡献中青年专家""江苏省第三期'333工程'突出贡献奖""江苏省科技企业家"……拥有这一系列荣誉称号的人才代表瞿晓铧博士最终落户苏州高新区,并创办中国光伏行业标杆企业阿特斯,这离不开苏州高新区搭建的人才交流平台和顺畅的人才沟通机制,也离不开高新区优惠政策引导企业实现智能化数字化转型升级,更离不开高新区为企业提供一站式便捷化的行政审批服务,降低企业的运营成本。这种成功的人才引进案例在苏州更多的地方如雨后春笋般持续涌现。

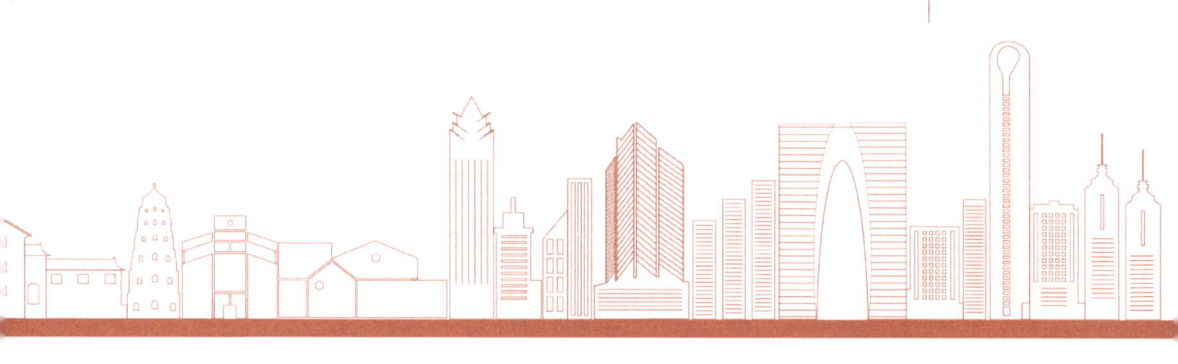

制度篇

实施高水平科技招商　推动新质生产力发展
——苏州工业园区科技招商的做法与经验

【引言】 习近平总书记指出,"要牢牢把握高质量发展这个首要任务,因地制宜发展新质生产力。面对新一轮科技革命和产业变革,我们必须抢抓机遇,加大创新力度,培育壮大新兴产业,超前布局建设未来产业,完善现代化产业体系"。高质量发展是全面建设社会主义现代化国家的首要任务,新质生产力是实现高质量发展的重要着力点,而科技招商正是推动新质生产力发展的重要手段。

【摘要】 苏州工业园区深入贯彻习近平总书记关于科技创新的重要论述,开展高水平科技招商,推动新质生产力发展。园区聚焦优势产业,通过招引产业链标杆企业、骨干企业,吸引上下游关联企业汇聚园区,推动新兴产业集群的壮大以及相关产业链的完善;聚焦人才引育,依托重大创新平台,凝聚了一批院士、科学家,引进了一批高层次人才团队落地;聚焦企业主体,对不同阶段科技企业实施动态入库、分层孵化、梯次培育,集聚创新企业数超万家。园区始终将科技招商与区域产业发展紧密结合,坚持靶向用力,同时前移阵地招商,用好展会招商、资本招商等途径,持续做好亲商服务工作,以扎实举措推动项目落地见效。

【关键词】 苏州工业园区;科技招商;新质生产力

扫码看VR

苏州工业园区坚持以习近平新时代中国特色社会主义思想为指导，深入贯彻习近平总书记关于科技创新的重要论述，坚定不移实施创新驱动发展战略，通过开展高水平科技招商，集聚高水平科技创新资源，提高生产效率、优化资源配置、助力产业转型升级，推动新质生产力发展，从而加快建设开放创新的世界一流高科技园区。

一、基本概况

苏州工业园区是中国和新加坡两国政府间具有标志意义的重要合作项目，1994年2月经国务院批准设立，同年5月启动开发，面积278平方千米，现有常住人口约130万。2006年，被纳入国家高新区管理序列；2015年，获批成为全国首个开展开放创新综合试验区域；2019年，获批设立江苏自贸区苏州片区。开发建设30年来，园区坚持一张蓝图绘到底，高质量发展不断迈上新台阶，人均GDP、单位产值能耗、碳排放、研发强度等一批指标达到国际先进水平，在国家级经开区综合考评中实现"八连冠"，在国家高新区综合评价排名上升至第四，跻身科技部建设世界一流高科技园区行列。

苏州工业园区高度重视科技招商工作，于2006年成立全国首家科技招商中心。2019年，园区启动科技招商攻坚行动，着力推行科技招商"一盘棋"工作模式，科技招商中心承担"牵头抓总"职能，联动科技招商各条线各部门，协同推进科技项目招引。在2024年全市科技招商工作推进会上，苏州工业园区科技招商中心获评2023年度苏州科技招商先进集体。

二、做法成效

（一）聚焦优势领域，打造新兴产业集群

产业是生产力变革的具体表现形式，新质生产力是以新产业为主导的生产力。园区通过招引产业链标杆企业、骨干企业，吸引上下游关联企业汇聚园区，推动新兴产业集群的壮大以及相关产业链的完善。2023年，园区生物医药、纳米技术应用、人工智能三大新兴产业产值超4000亿元。生物医药五项重点指标连续多年占全国20%以上（港交所上市企业数量、顶尖人才数量、近三年新获批一类新药临床批件数量、现有发酵罐总容量、近三年企业融资总额）。生物医药产业综合竞争力稳居全国第一方阵，成为苏州生物医药及高端医疗器械国家先进制造业集群的核心区域。纳米技术应用及新材料产业聚焦以氮化镓、碳化硅为主的第三代半导体、以智能传感器为主的微纳制造、纳米功能材料和纳米大健康4大细分领域，引进和孵化相关企业近1300家，纳米新材料集群成为苏州唯一的国家级先进制造业集群。人工智能产业聚焦人工智能、软件和信息服务、集成电路设计等重点方向，培育了华兴源创、同元软控等细分赛道行业龙头，微软、华为、科大讯飞等龙头企业相继在园区设立软件研发或创新中心，汇博机器人、聚合数据等一批企业获评工信部试点示范项目。园区获批江苏省首批软件名园培育试点；思必驰获评科技部"语言计算国家新一代人工智能开放创新平台"，为江苏省首家。

（二）聚焦人才引育，提升技术创新能力

人才既是创新的发起者，也是技术应用的实践者，是形成新质生产力最活跃、最具决定意义的能动主体。园区面向前沿领域，建设高能级人才载体，依托重大创新平台，凝聚詹启敏、郝跃、陈子江等院士和科学家，引进一批生物药、第三代半导体、人工智能领域高层次人才团队落地园区。聚焦高层次人才引育，2007年起在全省率先启动"科技领军人才创新创业工程"，已累计评选项目近3 000个，培育诞生了园区60%的上市企业、93%的独角兽企业及准独角兽企业，实现上级科技人才入选数持续保持全国开发区第一。目前，先后引进中外院士团队72个，累计国家级重大人才引进工程专家超300名，其中创业类占全国7%，拥有"省双创人才"423人，"姑苏领军人才"789人，海外归国人才、青年科技人才群体加速壮大，获批中组部"国家海外高层次人才创新创业基地"、中科协"海外人才离岸创新创业基地"。集聚了一批核心研发成员来自国内外行业巨头企业、拥有技术原创和模式创新能力的创新创业团队，雄立科技、千机智能、极目机器人分别参与国家技术攻关项目。在高性能微球、射频滤波器、大尺寸氮化镓外延、网络通信芯片等领域均突破了一批"卡脖子"技术，培育了首个进入国家医保目录的PD-1单抗——达伯舒、首个获得美国FDA批准上市的自主创新药——泽布替尼等一批标志性产品，在众多创新领域实现"第一""首创""独家"。

（三）聚焦企业主体，培育企业做大做强

企业在科技创新领域占据主体地位，园区对不同阶段科技企业实施

动态入库、分层孵化、梯次培育，集聚创新企业数超万家。持续壮大企业梯队，推进高企培育"一号工程"，实施独角兽、瞪羚企业培育计划，强化企业上市政策牵引，2023年，新认定高企超1 000家、总数近2 800家；培育中国独角兽5家、中国潜在独角兽49家，合计占全省超30%，入选省独角兽、潜在独角兽及瞪羚企业数，均列全省第一，获批市独角兽培育企业数占全市44%，累计培育认定各级独角兽企业（含潜在）218家、各级瞪羚及瞪羚培育企业895家；累计上市企业67家，其中科创板20家。科技指标方面，推动园区科技人才、研发投入、知识产权等核心指标实现倍增攀高，保持全国、全省前列。提升企业创新能力，累计获批创新联合体16家，其中省级4家，占全省近30%。创新成果方面，29款新药获批上市销售，29个产品进入国家医疗器械创新产品审批"绿色通道"，占全省超30%，其中16款获批上市销售。

三、经验启示

（一）以见微知著为判

园区始终将科技招商与区域产业发展紧密结合，紧紧围绕"2＋4＋1"产业体系布局，坚持靶向用力。科技招商部门深入剖析区域6大产业集群23条产业链条、提前研判科学技术前沿领域，瞄准最新产业"动向"，找出重点领域、重点方向、重点任务、重点区域的目标，同步绘制"产业图谱""招商图谱"；通过引进一批掌握先进技术的科技项目，为创新集群高地建设"锦上添花"，为产业链薄弱或缺失环节"雪中送炭"，为未来赛道布局"磨砺以须"。早在2006年，园区就已在生物医药产业园构筑起招商"阵地"。2008年,园区在波士顿拜访致力于生物类似药研究的徐霆博士时,他的创业想法与园区布局生物大分子药赛道的思路一拍即合,经过园区科技招商团队的积极争取,同年底康宁杰瑞在园区注册成立。在创业初期,康宁杰瑞招收的大多是刚毕业的新人,并通过提供服务艰难度日,然而仅三年时间,康宁凭借先进的生物类似药开发技术获得了施惠达药业1.1亿元的第一轮融资。如今的康宁,不仅在港交所上市,还建立起具备国际领先水平的生物大分子产业化基地,真正实现了"从0到1"和"从1到N"的创新突破。

(二)以谋变创新为重

一是前移阵地招商,园区积极在国内外创新资源密集地区布局创新合作中心、搭建合作平台、挖掘创新外脑、引进创新技术。金鸡湖硅谷创新中心累计孵化项目超400个;金鸡湖北京、大湾区创新合作中心辐射京津冀、珠三角地区创新资源,发挥了较好的前线堡垒作用。

二是开展展会招商,园区打造的冷泉港亚洲学术会议、生物医药产业博览会、纳博会、智博会等知名品牌展会,每年吸引3万余名来自世界各地的专家学者、专业观众参会。通过展会进一步加强对接服务、成果落地,积极放大后续转化效应,纳博会每年吸引2 200多家企业,带来150多个储备项目。2023年,智博会吸引200余位顶级专家、行业精英共话发展,参会人次超10 000人,接洽区外企业超百家。

三是用好资本招商,科技招商部门高效开展融资对接,积极引导园区产业基金、科创基金等国资基金投资园区科技招商团队引进的科技项目。2022年年初,ITBT行业领跑者、独角兽项目镁伽科技成功搭建VIE架构,并在园区设立中国区总部,截至目前已吸纳到账外资超2亿美元，人员规模超 500 人。同年 6 月，镁伽完成 3 亿美元 C 轮融资，园区科技招商中心对接园丰成功跟投，打造了国资基金与园区科技企业共同发展、合作双赢的成功案例。国际分析技术领域顶尖专家清华大学精仪系欧阳证教授 2014 年在清华创办的清谱科技，研发推出的 Miniβ 小型质谱分析系统填补了该领域的国际市场空白，经过多年的前期研发，进入市场推广阶段，资金需求量巨大，核心团队甚至以个人借款的方式减缓资金压力。为此，园区科技招商中心发挥资源优势，协助清谱对接园区国资基金，以及泽悦、金阊等市场化资本。2022 年年初，清谱总部迁入园区，并在园区科技招商中心的帮助下顺利完成近亿元融资。

（三）以亲商服务为本

园区坚持把科技招商作为一项系统性工作来抓，领导重视、部门协作、同向发力，确保项目引得进、留得住、发展好。历届党工委、管委会主要领导、科技分管领导主动拜访重点企业、带队外出招商；定期召开招商亲商工作领导小组会议、现场协调解决企业发展中的问题和需求；建立处级干部联系企业制度，对重点企业和招商项目挂钩走访、重点扶持，做到因企制宜、精准施策。"科创板 MEMS（微机电系统）第一股"敏芯微电子掌握 MEMS 传感器的全环节自主研发能力和核心技术，但一直希望向产业链上游延伸。2020 年 9 月，敏芯向园区政府专项汇报布局晶圆厂的计划。园区党工委、管委会主要领导高度重视，按照"政府引导、企业参与、专业团队管理、市场化运营"的原则，仅在 3 个多月的时间内，高效协调园区相关部门以及国资平台落实与敏芯共建 MEMS 产业研究院，并由政府代建 8 寸晶圆制造厂房，协助敏芯完成项目建设，为提升与强化本土 MEMS 芯片产业链生态系统夯实了基础。

(四) 以队伍建设为基

园区加强顶层设计，建立起一套协同化的科技招商体系。2006年，园区成立全国首家科技招商中心，2019年起负责扎口推动全区科技招商工作；园区科技创新委员会作为科技工作和新兴产业主抓部门，发挥主管职能，制定产业促进政策。生物公司、国际公司、纳米公司、科教公司等国资产业公司逐步成立专门的招商团队，针对自身重点培育的产业，招引高科技项目和高层次人才；区投促局、CSSD（"管委会＋中新苏州工业园区开发集团股份有限公司"的管理模式）招商部、CBD招商中心以及各功能区结合自身职能和资源优势，联动科技招商条线各部门，协同推进科技项目招引。同时通过市场化招引，组建起一支专业化的科技招商队伍。科技招商人员全部面向全国招聘，并设置较高的准入门槛，好中选优，让学历高、专业背景强、外语水平高、具有留学经历的人才活跃在一线。目前，科技招商中心招商人员，100％研究生以上学历，主要为理工科背景，专业领域覆盖生物医药类、电子信息类、材料工程类等，真正建立了一支熟悉未来发展趋势、了解产业链、创新链情况、精通亲商服务本领、掌握产业发展政策的优秀招商队伍。

案例点评

> 苏州工业园区聚焦优势产业，关注重点人才、招引高端企业，主动担当、加压奋进，坚定不移开展科技招商工作，大力开展培育增量、提升质量，以高质量科技项目招引推动新质生产力发展。特别是在重点产业、战略性新兴产业、未来产业中加快科技创新、产业焕新，同时前移招商阵地，秉持亲商服务理念，不断塑造和助推园区引领发展的新动能。

以研发产业化培育发展新动能
——智能液晶技术研究所的科创启示

【引言】 习近平总书记指出,"科技创新能够催生新产业、新模式、新动能,是发展新质生产力的核心要素"。必须加强科技创新特别是原创性、颠覆性科技创新,加快实现高水平科技自立自强,打好关键核心技术攻坚战,使原创性、颠覆性科技创新成果竞相涌现,培育发展新质生产力的新动能。

【摘要】 常熟市作为苏南国家自主创新示范区核心区、江苏省科技创新体制综合改革试点城市,积极探索、大胆实践,开创"项目经理人"模式,联合江苏省产业技术研究院、薛九枝团队建成省产研院的第一个自建专业研究所——江苏省产业技术研究院智能液晶技术研究所,研发下一代液晶技术的核心技术,提升江苏乃至全国的液晶产业竞争能力。

【关键词】 新型研发机构;科研成果产业化;液晶技术

扫码看VR

一、基本概况

江苏省产业技术研究院智能液晶技术研究所坐落于江苏省苏州市常熟国家高新技术产业开发区，液晶所的建设意在通过与美国肯特州立大学液晶研究所等国际研究机构建立紧密合作关系，建立"聚焦于非平板显示智能液晶技术"的前瞻性工业技术研究的开放式平台，吸引国内外一流液晶技术专家共同参与技术研发与产业化，打造一个开放的、世界一流的智能液晶技术产业化中心，符合新型研发机构建设的定位和方向。

智能液晶所聚集了包括欧洲科学院院士、美国科学院院士、工程院院士等顶尖科学家，主要开展智能调光玻璃、车载光电膜、生物蛋白分离微球、智能后视镜、热敏计时标签、智能温变涂料等核心技术的研发及产业化，并积极推动科技成果的转移转化，已孵化苏州百斯特玻科技有限公司、苏州政道光电材料有限公司、苏州萃为智能科技有限公司、苏州和萃新材料有限公司等多家高科技公司。所长薛九枝荣获国家重大人才工程人才、江苏省双创人才、江苏省留学归国人员先进个人、姑苏创新创业领军人才等荣誉，在他的带领下，智能液晶所先后获评江苏省潜在独角兽企业、江苏省外国专家工作室、苏州市新型研发机构等。

二、做法成效

（一）创新平台机制架构，激发科研创造活力

智能液晶所不同于传统研发机构的国有科研单位机制，创新采用公

司化运营形式，作为一家新型研发机构，智能液晶所在运营管理上采用"多方共建、多元投入、混合所有、团队为主"的研发机构运营管理新模式，由公共技术服务平台和运营管理公司两部分组成，固定资产所有权和营运管理权分离。运营管理公司为混合所有制企业法人，由地方政府、省产研院和团队以现金出资的方式占股，团队占大股，其收益与绩效挂钩。其中，政府出资为液晶所提供场所支持及后勤保障，并投资建设"智能液晶公共技术服务平台"；江苏省产业技术研究院将液晶所纳入其专业研究所序列进行管理，提供研发启动经费，并根据液晶所运营情况每年给予相应绩效经费；人才团队具体负责研究所日常管理运营，现金出资体现了团队对液晶技术研究的信心和决心，团队占大股可以最大程度突破传统国有科研机构体制机制的束缚，充分发挥团队在公司管理运营中的自主权。

公司收益与经营业绩挂钩。公司承担公共技术服务平台的建设管理、产业技术研发和成果转移转化、衍生孵化高科技企业等任务，致力于在达到自我造血、自我盈利的同时，形成相关产业集聚，推动地方乃至江苏省的技术创新和经济发展。建设期内研究所（运营公司）不分红，建设期满后若运营公司净资产高于投入的研发流动资金，可根据公司章程以及股东会决议，对超出部分按股权比例进行分红。赋予科研团队更大的成果收益分配权利，极大提升了科研创新活力与积极性。

（二）量质并举广纳人才，组建产业人才梯队

智能液晶所注重人才团队建设，致力于吸引世界一流的晶科技人才来研究所参与技术产业化研发，通过社会公开招聘，与省产研院联合培养集萃研究生，紧密联结合作高校在学生实践基地建设、研究生联合培

养、项目合作研发方面开展合作，多维度招引科研产业化人才。目前，智能液晶所共有员工62名，本科及以上人员占比近80%，引进欧洲科学院院士、美国科学院院士、美国工程院院士等液晶领域世界顶尖专家6名，与荷兰皇家科学院、卢森堡大学，中国北京大学、清华大学、上海交通大学、南京大学等保持密切的产学研合作，与西交利物浦大学、兰州大学、北京理工大学等8所高校共同培养研究生12人。

（三）加速技术成果转化，构筑原创专利壁垒

研发方面，智能液晶所设立了智能玻璃、生化传感、智能纤维与涂料、光电技术、智能材料五大研发中心，产品方向涉及智能门窗、智能标签、细菌检测等多重领域，科研成果实现从原料、器件、工艺、生产全方位专利布局。截至目前，研究所承担省级以上科研项目课题6项，获项目经费1 648.33万元；承担横向项目百余项，获横向经费1 057万元；累计申请知识产权341件，获授权132件，其中PCT授权6件、发明专利授权47件；获省级以上奖励15个；累计申请专利341项，获得专利授权132项，专利获得常熟高新区知识产权高质量发展贡献一等奖及知识产权创新一等奖。

产业集聚方面，2018年，研究所举办中国常熟首届智能液晶技术国际论坛，邀请国内外液晶领域的院士、知名科学家和企业家近200人共同探讨液晶技术和产业发展的未来。协办第七届国际液晶光子学会议（SLCP）液晶与可持续发展技术论坛，邀请多位院士介绍发布液晶技术在未来方向上的最新研究成果，为常熟引进液晶领域相关企业打下坚实基础。智能液晶所围绕五大研发中心，深耕智能液晶技术在非显示领域的产业化研发，累计孵化科技型企业36家。"智能玻璃项目"衍生企业

苏州百斯特玻科技有限公司，核心产品项目已获评苏州市碳达峰碳中和科技支撑重点专项。"PI 柔性显示基板项目"衍生企业苏州聚萃材料科技有限公司，于 2022 年被彤程新材料集团股份有限公司收购，智能液晶所实现股权转让收入 2 800 多万元。

（四）依托平台产业基金，助力产业集群发展

智能液晶所于 2020 年与江苏省产业技术研究院、常熟人科园、苏州君子兰资本管理有限公司、苏州天使母基金共同设立产业基金，基金总规模 1.203 亿元，重点支持新材料技术（以液晶为代表）、智能制造技术和物联网等战略性新兴产业。基金建成后对智能液晶所已有项目提出建设性建议，同时立即进行了前期储备项目的论证工作，在做好充分调研的前提下，累计完成了对 10 个高科技成长型项目的投资，完成投资金额 7 300 万元，为常熟液晶产业相关科技企业发展注入资金活力。

三、经验启示

（一）坚持以体制创新引领科技创新

智能液晶所作为一个新型研发机构，通过探索实践逐步形成了一系列改革举措，在构建产业技术研发机构治理体制方面，实施了"团队控股"轻资产运营的专业研究所混合所有管理运行机制。体制架构的创新进一步打通科学研究与生产发展之间的链路。倚赖于新体制、新架构，智能液晶所得以潜心聚焦前沿早期风险度高、市场判断失灵、有可能对产业和行业产生颠覆性影响、填补行业空白的液晶后平板显示项目，

推动更多前沿性、颠覆性、原创性技术跨越"死亡之谷",加速技术成熟,为市场提供高水平的技术供给,服务产业高质量发展。

(二)坚持以人才为本推动科技创新

智能液晶所充分发挥已经引进的欧洲科学院院士、美国科学院院士、美国工程院院士等液晶领域顶尖专家优势,利用外籍院士在技术、资源、人脉等方面的作用,紧盯国际前沿技术动态,开展非显示液晶领域前瞻性技术研究,同时根据国内外产业发展,开展技术的二次开发和共性关键技术研究,推动成果转化,提升研究所在液晶领域的影响力。在持续向海内外招引产业人才的同时,注重科研产业化人才的内部培养。依托省产研院与国内外知名高校开展"集萃研究生联合培养计划",以解决产业需求的研究课题和高校"双导师制"联合培养研究生,积极实施"联合培养"和"项目育人",培养既有理论知识,又有实际动手能力的产业技术创新人才。对于研究所员工,智能液晶所实行"股权激励",赋予科研人员更大的自主收益权。以人才为本,充分激发科研人员投身科技创新的热情与积极性。

(三)坚持四链融合支撑科技创新

作为常熟国家高新技术产业开发区引进的第一家新型研发机构,液晶所结合常熟高新区产业优势,着力推动汽车零部件及精密机械、高端智能装备制造、高端信息电子等产业发展,搭建"五大研发平台",构建以液晶前瞻技术及共性关键技术研发为主的集"产业、创新、人才、资本"四链融合一体的微型协同创新生态系统。智能液晶所对于与社会金融体系的合作始终秉持开放形态,借资本助力,不断提高自身科技成果转化和产业化水平，加快发展，为形成新质生产力做出贡献。利用常熟高新区及江苏省产业技术研究所的支持，加快液晶产业基金设立，为形成非显示液晶创新产业集群做好支撑。

案例点评

> 常熟市智能液晶所贯彻以科技创新促进新质生产力发展的要求，遵循江苏省产业技术研究院搭建高等院校与企业的桥梁、全球科技与江苏的桥梁，将研发作为产业、技术作为商品来建设新型研发机构的理念，在体制机制上坚持先行先试，在科技创新上坚持原创技术研发，聚焦产业化推进，引进培养高层次人才队伍，带动了智能液晶产业链及产业基地建设，同时也为其他高新技术产业的发展路径提供了常熟样板。

"四链融合"助力 3D 打印产业全"链"通
——常熟市 3D 打印产业的科创案例与启示

【引言】 3D 打印技术以其独特的制造方式和广阔的应用前景,正逐渐成为推动新型工业化的重要引擎。常熟作为这一领域在科技创新创业项目发展与人才引进的先行者,已经成功地将自身打造成为 3D 打印产业的重要集聚地。

【摘要】 近年来,常熟抢抓 3D 打印发展机遇,全力推进创新链产业链资金链人才链深度融合,先后引进、培育聚复科技、铼赛智能科技、奇流科技等一批 3D 打印细分领域的优秀企业,构建从材料研发、设备制造、打印设计全流程产业链,并从玻璃模具、文化创意等传统应用场景向航空航天、医疗健康等新型产业领域延伸。通过高端人才的集聚赋能产业链整合,有效促进地方新质生产力发展,推动新型工业化进程。

【关键词】 3D 打印;四链融合;集群发展

扫码看VR

一、基本概况

常熟市作为 3D 打印产业的重要集聚地，已经形成了从材料研发、设备制造到打印设计等全流程的产业链。全市引进包括聚复科技、铼赛智能科技、奇流科技、阿奈索三维打印等在内的多家 3D 打印细分领域的领军人才企业，这些企业不仅在技术创新上取得了显著成就，而且在全球市场占有重要地位。

苏州聚复科技股份有限公司于 2012 年引进成立于常熟。其创始人罗小帆于 2011 年参加"春晖杯"留学人员创新创业大赛并获得优胜奖后，放弃了在美国的优厚待遇归国。2014 年，他被推选为东方 3D 打印技术与产业联盟秘书长，领导目前国内前列的微滴喷射多材料打印设备与材料的开发。

苏州聚复科技股份有限公司是一家专业从事高新能 3D 打印材料的高新技术企业，专注于挤出式 3D 打印材料的研发和产业化，产品覆盖消费级、专业级和生产级三大应用需求，可应用于汽车、航空航天、工业制造、医疗、建筑、消费等场景，客户主要包括博世集团、未来环球科技有限公司（XEV Limited）、美国微中心公司（Micro Center）、上海建工集团等。公司主导产品在全球 3D 打印材料细分领域市场占有率稳居前列，近两年国内市场占有率高达 50% 以上，居行业排名第一，现有材料配方库已可覆盖 80%—90% 的材料挤出式 3D 打印应用场景需求。

企业已获得 IDG（美国知名投资机构）、联想控股、国家航空产业基金等多家头部市场化投资机构的青睐，累计融资超 3 亿元，2023 年 6 月已进入科创板上市辅导备案。2023 年，企业实现销售 5.26 亿元，已成长为材料挤出式 3D 打印材料领域的全球龙头。企业是国家高新技术企业、江苏省专精特新企业和苏州市独角兽企业，曾两次获得 3D Printing Industry（印刷业）的年度材料企业奖、TCT 材料技术创新奖、TCT 创新应用奖等。

二、做法成效

（一）坚持人才链赋能产业链，实现集群化发展

常熟 3D 打印产业链覆盖软件开发、材料研发、设备制造、打印设计，形成了全链条布局、全产业配套、全流程供给的"制造＋服务"发展生态。

1. 苏州聚复高分子材料有限公司

核心业务是新型高分子材料的研发、生产和销售，产品的国内（国际）市场占有率大于 10％，客户遍布全球。

2. 苏州铼赛智能科技有限公司

专注于高性能光固化 3D 打印技术的产业化应用，是业界为数不多的具有 3D 打印设备、软件、材料、后处理技术、应用工艺等完整开发能力的 3D 打印技术公司。

3. 苏州容智三维科技有限公司

一家专业从事工业级金属增材制造设备（SLM 技术）研发、生产、销售和技术服务为一体的高科技公司，拥有十几年增材制造的从业经验。

4. 苏州奇流信息科技有限公司

专注于新一代"双引擎"3D 打印工艺软件系统研发，精准解决当前主流切片软件工艺开发难度高、3D 打印模拟仿真软件精准度一般的行业痛点问题。

5. 阿奈索三维打印科技（苏州）有限公司

初创团队成功地攻关了碳纤维 3D 连续打印这一世界性的技术难题，并开发出了独特的 CFC 复合纤维共挤技术，可应用于航空航天、汽车、新一代信息技术产业领域。

（二）坚持产业链推进人才链，场景应用深化项目发展

常熟以玻璃模具、文化创意等传统 3D 打印应用场景为支点，通过"江苏省企业技术中心""江苏省轻量化瓶用高端玻璃模具工程技术研究中心"等多个模具研发中心，火箭发动机设计项目、数字化种植牙冠项目、3D 打印康复辅具、骨关节内植物 3D 打印项目等，拓展 3D 打印产业的航空航天、医疗健康等新一批行业应用场景，构建集设计、材料、数字化装备、智能化制造、服务型制造等为一体的新型产业体系，完善供应链、人才链，不断扩大生产规模。

三、经验启示

1. 政策扶持

政府的政策扶持和资金支持对 3D 打印产业的发展至关重要。包括

税收优惠、资金补贴、土地供应等，大大降低了企业的运营成本，并激发了企业创新活力。

2. 产业链整合

整合上下游企业，成功打造了一个从原材料供应、3D打印设备研发与生产、打印服务到最终产品应用的完整产业链。这种整合不仅提高了生产效率，还降低了成本，增强了市场竞争力。

3. 人才与技术创新

持续的技术创新是企业保持市场领先地位的关键。常熟积极引进和研发新技术、新材料，推动了产业的持续升级，加强与高校、科研机构紧密合作，共同研发新型打印材料和先进的打印技术。同时培养和引进高端人才，为产业发展提供智力支持。

案例点评

> 常熟市通过引进多家3D打印细分领域的领军人才企业，形成从材料研发、设备制造到打印设计等全流程的产业链。常熟市还辅以政策引导、产业链整合、人才和技术创新以及精准市场的靶向拓展，有效推动了常熟3D打印产业的快速发展，巩固了常熟市作为3D打印产业重要集聚地的定位，并且为地区经济的转型升级提供强大动力。

强化引培力度　优化人才生态
——苏州高新区打造科技人才集聚高地的做法与启示

【引言】 习近平总书记指出："人才是衡量一个国家综合国力的重要指标。国家发展靠人才，民族振兴靠人才。我们必须增强忧患意识，更加重视人才自主培养，加快建立人才资源竞争优势。"一直以来，苏州高新区始终把科技人才工作摆在最核心的位置，牢牢把握"聚天下英才而用之"的理念，全力做优人才招引、培育、服务全流程各环节，让广大科技人才成为苏州高新区科技创新、产业发展的坚实支撑。

【摘要】 近年来，苏州高新区始终牢记"发展高科技、实现产业化"的初心使命，深入实施创新驱动发展战略，不断强化"人才是第一资源"理念，加快集聚科技战略人才力量，充分发挥人才在创业创新中的引领作用。全区累计自主培育科技领军人才 2 900 余人次，其中，市级以上科技领军人才 732 人次，区科技领军人才 2 229 人次。累计开展 92 场次"智汇苏高新"创新创业大赛，大赛足迹遍布北京、上海、广州、深圳、杭州、西安、成都等国内重要城市，累计 400 余个项目通过大赛直接获得区领军人才立项资格。

【关键词】 招才引智；优化生态；创新培育

扫码看VR

苏州高新区不断擦亮"人到苏州必有为,智汇高新创未来"人才工作品牌,不断做强高层次人才招引,做精高层次人才培育,做优高层次人才服务,以科技人才工作谱写科技创新的苏州新实践新篇章。

一、基本概况

苏州高新区西临烟波浩渺的万顷太湖,东依2 500年历史的苏州古城,素有"真山真水园中城、科技人文新天堂"美誉,是全国首批国家级高新区。行政区域面积332平方千米,其中太湖水域109平方千米。作为全国首批国家级高新区,苏州高新区坚持创新引领不动摇,通过引进高层次人才团队,打造开放包容的创新生态,提升区域创新能级,奋力走在高质量发展最前列。近年来,苏州高新区相继获批苏南国家自主创新示范区核心区、江苏省首批高层次人才创新创业基地、国家级创新人才培养示范基地以及苏州市人才科技工作先进地区,科技人才工作成效显著。

二、做法成效

(一)人才队伍不断壮大,规模效应日益凸显

苏州高新区科创局联合板块载体、国资公司、院所平台,持续挖掘各类高层次人才资源,高端人才加速汇集。

一是科技人才规模持续突破

截至2024年,全区累计自主培育科技领军人才2 900余人次,其

中，市级以上科技领军人才732人次，区科技领军人才2 229人次。此外，累计引进国家级外国专家17名，省外专百人计划专家9名，市"海鸥计划"专家447人次。2023年，获批国家级人才10项，列全市第二。获批苏州市顶尖团队1项，实现顶尖人才团队零的突破。获批市级姑苏领军人才93项，列全市第二。获批省双创计划17项，列全市第三。区科技创新创业领军人才获批项目279项。

二是科技人才企业贡献持续提升

截至2024年，全区累计共有领军人才企业1 470余家，超300家已获评高新技术企业。天孚光通信、固德威、阿特斯、裕太微电子、长光华芯、山石网科等13家领军人才企业先后完成上市，企业总市值已超1 700亿元。

三是科技人才成果持续涌现

2023年，思萃电材所徐卓团队牵头获批国家重点研发计划"超强激光系统核心单元大功率电光相位调制器"子课题"高损伤阈值透明铁电单晶材料制备技术"，用于制备电光调制器，现已完成项目工程化并开始产业化，获2023年中国专利金奖。

（二）人才品牌持续打响，集聚效应日益放大

聚焦人才引育各环节，持续打响"人到苏州必有为，智汇高新创未来"人才工作品牌，不断放大品牌旗帜引领作用。

一是擦亮"智汇苏高新"大赛品牌

作为扩宽引才的重要渠道，截至2024年，已累计开展92场次"智汇苏高新"创新创业大赛，大赛足迹遍布北京、上海、广州、深圳、杭州、西安、成都等国内重要城市，累计400余个项目通过大赛直接获得

区领军人才立项资格。

二是打造海归人才品牌

揭牌中国科协海智计划培育基地，依托国仟、众智云集等5家苏州市市级离岸创新创业基地，完善海外人才联系网络，探索海外预孵化机制，全力招引海外高端人才。落户中国海归创业大赛江苏基地，常年举办海归创业大赛，打造苏州首个"国字号"海归创业赛事品牌，大赛已成为激发海归创业活力、释放企业创新动能的重要平台。

三是构建外籍人才服务品牌

累计发放外籍人才工作证超3 100件，其中A类证1 000件。揭牌启用高新区外国人来华工作许可、居留证件单一窗口，实现两个业务"一窗受理，一并发证"。上线外籍人士就业服务一件事线上端口，实现多项事项一站式办理，全面提升外籍人才办证便利度与满意度。

（三）人才生态持续优化，协同效应日益增强

强化项目管理、金融载体、人文服务等要素保障，进一步激发人才创新创业活力。

一是强化人才全周期信息管理

提档升级区科技领军人才管理系统，充实内容模块，完善系统功能。动态掌握人才企业发展状况，实现区科技领军人才项目全生命周期管理。

二是强化金融载体支撑保障

成立科创天使投资公司，设立20亿元科创天使投资基金，首期规模6亿元。成立以来已投资领军人才企业52家，投资金额超1.5亿元。先后推出"高新贷""融医贷""光子贷"等系列创新产品，全力保障人

才企业成长。其中高新贷已累计支持企业 280 余家，授信金额超 8.5 亿元；融医贷已累计支持企业 76 家，授信金额 1.89 亿元。构建起"众创空间＋孵化器＋加速器＋产业园"完整产业孵化体系，以中国苏州创业园、集成电路创新中心、医疗器械产业园、太湖光子科技园等为代表的科创载体面积超过 400 万平方米，为人才企业提供坚实载体支撑。

三是强化人才服务保障

联合区创业精英协会、大院大所联盟等定期组织开展创新创业大讲堂、人才沙龙、走进名企、私董会等系列活动，为广大人才搭建交流、学习、合作的平台。积极开展"人才服务提升年"系列活动，提供政策上门、项目辅导、法律咨询、人才招聘等服务，为人才成长发展提供硬核支持。

三、经验启示

习近平总书记在江苏考察时强调，中国式现代化关键在科技现代化，江苏要在科技创新上率先取得新突破，打造全国重要的产业科技创新高地。下一步，苏州高新区将继续强化高水平科技人才招引，做优做精全链条人才服务，为高水平科技自立自强构筑起坚实人才力量。

（一）进一步做强高层次人才招引

1. 强化市区联动引才

主动加强与市科技招商中心联动，积极对接各类优质人才项目资源。围绕新一代信息技术、高端装备、新能源、生物医药及大健康、光子及集成电路、新兴数字产业等区域重点产业，着力引进一批产业契合度高、辐射带动能力强、发展前景好的高层次人才及团队项目，推动产业人才同频共振、融合发展。

2. 强化区块联合引才

把握北京、上海、深圳等招商会机遇，持续做优"智汇苏高新"创新创业大赛，深化与国资公司、板块载体的协同合作，突出资源共享，将招才引智与招商引资紧密衔接起来。

3. 强化院所协同引才

携手区内百余家院所平台，发挥"科研圈""校友圈"资源优势，全力推动科技成果转化落地。用好南京大学苏州校区资源，支持南大重点引进具有引领性、原创性、突破性技术的"高精尖缺"人才和团队。

（二）进一步做精高层次人才培育

1. 坚持重大平台育才

推进已落地实验室、技术创新中心等重大科创载体建设，继续加大对上争取力度，全力推进中科院医工所、长光华芯等国重创建工作，支持南大苏州校区牵头建设全国重点实验室，为各类高层次人才搭建高水平科创平台，特别是用好高端科研平台的影响力，在海外高层次人才引进方面取得更大突破。

2. 坚持产业发展育才

支持鼓励科技人才实施科技攻关与成果转化，落实好"智汇苏高新·人才支持产业创新集群18条"，全力支持人才创新创业。常态化开展区魅力科技人物评选，树立优秀榜样，发挥典型引领作用，营造创新创业良好氛围。

3. 坚持提能培训育才

围绕区域重点产业创新集群建设，联合企服中心举办独角兽领航营、护航沙龙等系列品牌活动。积极动员组织科技人才参加苏州科技商学院相关课程，打通产业"信息壁垒"，全面提升区域人才创新创业能力，助推科技人才从CTO到CEO的蝶变，助力一批优质科技型中小企业做大做强。

（三）进一步做优高层次人才服务

1. 突出"全"字拓宽人才服务内涵

"一张网"管理人才项目全生命周期，"铁脚板"踏遍人才企业知急难盼愁，及时全方位把握人才在资金、技术、管理、市场等方面的各项需求。

2. 突出"准"字提升人才政策实效

健全各类人才政策宣贯机制，定期组织各类项目申报、优惠、奖励政策解读活动，让政策活水惠及更多人才，充分激发人才创新创业活力。

3. 突出"优"字做实人才乐业保障

用好"狮山人才服务卡",扩大人才受众辐射面,聚焦人才子女教育、医疗保障、文化休闲等"关键小事",打通人才服务"最后一公里",切实提升人才幸福感与获得感。

案例点评

> 人才队伍扩大之后怎么服务?人才品牌建立之后怎么打响?人才生态形成之后如何优化?苏州市高新区为我们呈现了最优方案:以高层次人才为重点升级人才队伍质量,以全流程人才培育壮大人才品牌,以精准施策做优高层次人才服务,全力打造苏州市域范围人才聚集的新高地。

以高水平引才培育新质生产力发展新动能
——太仓市招才引智案例与启示

【引言】 "国势之强由于人。"人才对于党和国家事业发展起着基础性、战略性和决定性作用，实施人才强国战略是党和国家一项重大而紧迫的任务。习近平总书记曾在中央人才工作会议上强调，要下大气力全方位培养、引进、用好人才。这为新时代人才工作和建设人才强国指明了前进方向、提供了根本遵循。2024年3月5日，李强总理在作政府工作报告时强调，"大力推进现代化产业体系建设，加快发展新质生产力"，新质生产力"关键变量"，恰是人才，要精准把握人才工作的每一环节，环环相扣、层层深入，让人才与新质生产力互促互进。

【摘要】 在企业的成长过程中，人才的引进始终是一个关键性的策略。苏州立琻半导体有限公司，成立于2021年3月，是太仓市重点人才企业，符合苏州市重点支持的"1030"产业体系，主要研发生产光电子芯片、智能传感、新型显示等战略新兴领域的化合物半导体光电产品。企业注册落地后积极推进厂区建设，立足产品研发，引进高层次人才。与此同时，太仓市实施了灵活多样的人才政策，激发了人才的积极性与创造力，降低了人才流失率，助力企业实现了创新能力不断提升的良性循环。短短两年，该企业已获得多项国家级、省级、市级人才荣誉，并入选江苏省潜在独角兽企业、苏州市"独角兽"培育企业名单。太仓市的人才引进培育方法，强调了人才引进与产业发展的契合度，注重人才的全面发展和生活需求，这些做法为其他地区的人才引进工作提供了宝贵的经验和启示。

【关键词】 招才引智；新质生产力；服务保障

扫码看VR

一、基本概况

苏州立琻半导体有限公司成立于 2021 年 3 月，注册资本 8 917.96 万元，同年成功收购世界 500 强之一的韩国 LGInnotek 化合物半导体事业部近万件专利、垂直芯片技术、工艺菜单以及近 2 000 余套成套工艺设备等资产。2022 年，获 LGInnotek 战略投资，2023 年完成超亿元 A 轮融资。

该企业在 GaN、GaAs 等光电化合物半导体的外延、芯片、封装、模组、应用等全产业链拥有完备的知识产权，且在美、欧、日、韩等国进行了专利申请，有利于推动我国光电化合物半导体产业的自主可控发展，并为其进军国际市场保驾护航。2022 年，企业新申请 55 项新专利，其中发明专利 49 项，实用新型专利 5 项；2023 年，企业新申请专利 19 项，其中发明专利 9 项，PCT 国际专利 1 项，并入选了"江苏省潜在独角兽"企业、苏州市"独角兽"培育企业名单，承担了江苏省揭榜挂帅项目、苏州市科技成果转化重大项目、苏州市基础研究试点项目。企业的技术研发团队包括来自耶鲁大学、剑桥大学、新加坡国立大学、新加坡南洋理工大学等多名技术专家，有博士 8 人、硕士 13 人，先后荣获国家 QM 计划创新人才及青年人才、江苏省双创人才、姑苏创新领军创业人才、太仓领军人才等多项荣誉。

企业拥有高精度、高性能、高良率车载光电芯片核心工艺及量产能力，打破了高端车用光电芯片被欧美公司垄断的局面。瞄准汽车"新能源化"趋势，推动汽车向智能化、安全化、健康化发展，实现车规级芯片国产替代，助力国产汽车实现弯道超车，为"中国制造"转型升级开辟"突围破局"之路。

二、做法成效

（一）坚持高点定位，加大政策引领力度

太仓市深入贯彻落实中央和省委、市委人才工作会议精神，紧紧围绕全市中心工作，研究和推进具有突破性、创新性、引领性的人才工作举措。制定出台产业创新集群专项人才政策、"助才十条"，与时俱进打造综合最优政策体系。持续加强科技人才工作财政投入保障，强化科技人才政策刚性兑付，深入企业"一对一"走访，打通政策落地最后一公里。扩大科技人才政策覆盖范围，通过服务驱动让政策主动"找"到企业，深入对接如苏州立琻半导体有限公司等一批重点优质人才企业，设身处地当好服务企业的"店小二"，帮助企业招引优质科技人才，助力企业开展科技创新。苏州立琻半导体有限公司依托太仓科技人才政策，积极开展车规级芯片科研攻关，先后获得多项国家级、省级市级人才项目荣誉，并入选"苏州市独角兽培育企业""江苏省潜在独角兽企业"。

（二）坚持靶向发力，构筑人才集聚高地

太仓市坚持围绕产业链布局创新链，立足产才融合，紧扣创新驱动。先进材料是国民经济先导性产业，太仓出台《太仓市先进材料产业创新集群2025行动计划》，加快推动苏州立琻半导体有限公司等先进材料领域企业高质量发展，促进先进材料产业链提档升级。同时为使立琻半导体这样的优质企业安心、高速在太发展，太仓不断强化产业链招

商，力争使企业在太就能找到上下游配套，降低企业生产销售成本。调配精兵强将设立了科技招商中心，新冠肺炎疫情防控期间开通了招商工作"云对接""云考察""云评审""云签约""云注册"等创新举措，按照"一企一策一团队"配比，高质量高标准推动科技人才项目招引。举办T-MAX"科创太仓""创赢太仓"等招才引智活动，建立创业大赛与人才计划贯通机制，简化获奖项目落户流程，全方位支持优质项目落户发展。2023年，全市新增科技项目1 067个，总投资261.98亿元，引进硕士及以上人才1 425名。

（三）坚持人才赋能，提升科技服务质效

太仓市通过政策引领、精准服务，引进和培育了一批突破关键技术、具备自主知识产权、促进产业升级、符合经济社会发展需要的高层次创新创业领军人才。以苏州立琻半导体有限公司为例，2023年，立琻半导体完成了高端研发专家团队的搭建，通过政策入企服务，企业第一时间获悉申报要求，积极申报姑苏领军创新团队。申报过程中，从团队核心成员名单确定，到申报材料辅导，再到组织专家指导申报，科技局各级领导和工作人员全程参与，以严谨专业的工作态度、尽职尽责的贴心服务，当好企业的"申报管家"，加班加点审核、优化企业的申报材料，用实际行动温暖了企业，使企业多位人才成功入选国家、省级、苏州市级各类人才计划并获得政策补贴，提升了员工满意度和对企业忠诚度，帮助企业引进人才、留住人才、用好人才。

（四）坚持精准高效，打造最优人才生态

太仓市推动"政策＋人才＋技术＋载体＋资本＋服务"六位一体模

式，为优质项目的引进和发展营造良好生态。优化实施太仓科技领军人才计划，围绕"3+3产业"，增设产业专项人才，有效提升人才扶持精准度和实效性。稳步推进线上线下"双创"综合服务平台建设，常态化举办科技人才项目融资路演、产业服务直通车等科技金融活动，用好"苏科贷""娄城科创贷"等专项产品，着力解决人才企业信贷难题，高效运作太仓市人才服务中心，为人才配备专属"一对一"服务管家。开辟外国专家证、永居证办理、人才子女教育等绿色通道，推出上海三甲医院就医、机场出行等专属礼遇，解决好人才关心关注的"关键小事"。开展人才消雪打卡、人才之夜等城市体验活动，不断提升人才获得感、幸福感、归属感。

与此同时，针对项目不同阶段的不同情况，对重点优质项目可给予"一事一议"政策。以苏州立琻半导体有限公司为例，在企业初期过渡阶段，我市给予企业临时办公场所租金全额奖励支持，为其符合条件的员工申请人才公寓；在企业生产扩张阶段，我市为企业代建定制化厂房16 000平方米，并配套代装修服务给予企业"拎包入住"的便利，同时在企业完成对应考核情况下，给予厂房租金三年免除、两年减半奖励，全方位激励企业高质量发展；针对企业海外专利布局情况，特别给予海外专利维护费用补贴，免去企业在知识产权方面的后顾之忧。在太仓市的大力支持下，立琻半导体持续加大引才力度，布局知识产权体系建设，在太仓建立"高精尖"人才高地，不断推进技术创新和进步，加快科技成果转化，用实际行动为地方的经济发展作出贡献。

三、经验启示

（一）聚焦重点人才，全力实现海外引才新突破

一是强化政策支持

用好海外引才专项政策，加大投入力度，在项目扶持、待遇落实等方面持续发力，为人才回国发展提供有力支持。建立海外人才预评审机制，打通海外人才落地"绿色通道"。

二是拓宽海外资源

建强柏林创新中心、亚探创新中心等科创孵化飞地，加强与中国（德国）研发创新联盟等创新平台资源对接，加快在英国、美国等地设立离岸创新中心等，将引人才、引项目的触角延伸至海内外，推动全球智慧资源、创新要素汇聚。

三是做好项目对接

大力实施产才融合，为重大、规模企业院所创新用人主体搭台引才。发挥领军人才、知名乡贤等人才社群作用，挖掘"朋友圈""校友圈"等资源，引导在外优秀人才来太仓创新创业。

（二）聚焦产才融合，不断塑造创新发展新动能

一是紧扣产业集聚人才

着眼"3+3"产业创新集群发展需要，系统梳理重点产业链人才图谱，精准实施科技领军计划，优化完善人才项目遴选机制。大力引进培育发展潜力大、经济效益好、创新性强的规上企业，推动产才对接更匹

配，塑造区域引才"新动力"，为人才发展开辟广阔空间。

二是推动人才引领产业

立足补链固链强链需求，组建以领军人才企业为主导的人才攻关联合体，通过运用市场机制、整合各方资源开展协同攻关，抢占未来产业发展制高点。支持用人主体加大投入引才聚才，全力将人才企业研发优势转化为产业发展竞争优势。

三是承接沪上资源溢出

实施对沪引才专项行动，用好"沪太人才港"、国际创新人才沪太联合引育中心等人才飞地，与上海联合投资、接力创投、中金资本等头部创投机构以及中科院微小卫星创新研究院等中科院系统相关院所合作，推动优质人才项目落户太仓。

（三）聚焦要素集聚，加快构建人才引育新磁场

一是深入推进双招双引

充分发挥科技招商新动能，积极开展城市科技招商推介、高端行业论坛、科创项目路演等招才聚才活动，重点引进"旗舰型、地标型、关键型"重大项目。加强与国内外高水平大学和科研机构合作交流，着力引进重大科创平台、顶尖人才团队。持续深耕优势产业，绘制全市产业链科招地图，攻坚潜在独角兽项目。

二是用好高校院所资源

依托西工大、西交利物浦大学太仓校区等重大载体资源优势，推动创建国家级创新平台，推行企业卡脖子技术清单"揭榜挂帅"机制，强化政校院企"硬结合"，让科研转化、人才培养与产业发展同频共振。

三是提升科创载体能级

高标准建设品牌众创社区等专业化科创载体，引入专业化、市场化头部科创载体运营机构，打造更多集众创空间、孵化器、加速器及综合服务等功能于一体的科创园区样板。

（四）聚焦服务保障，持续打造近悦远来新生态

一是做亮T-MAX"科创太仓"品牌

举办好T-MAX"科创太仓"赛事，以"市级＋区镇""行业＋城市""线上＋线下""政府＋市场"相结合的方式，重点开拓、洽谈和引进一批"高精尖缺"优质项目。加大与大型央企、第三方机构等的合作力度，构建多方位、立体化的招商信息网络。

二是提供金融支撑保障

用好娄城人才科技基金、智汇科创人才直投基金等各类基金资源，带动社会资本加大对人才企业投资力度。探索成立政府主导的政策直投基金，围绕独角兽企业培育、地标型企业打造，对重点人才企业进行盲投，推动优质项目快速成长。

三是提升科技服务效能

实施科招队伍素质提升计划，打造一支懂招商、会招商、能招商的专业"铁军"。在加强产业研判的基础上，围绕企业落户入驻、路径谋划、前期运营、投融资、项目申报、交流合作等事项，为企业提供全生命周期、全创新链的"创业导师"式、"店小二"式服务。

案例点评

太仓市始终坚持人才的第一资源地位，积极推进产业创新集群建设，整合各类招才引智渠道，加大高水平人才集聚力度，通过制定产业专项人才政策、"助才十条"，打通政策落地"最后一公里"。深入对接如苏州立琻半导体有限公司等一批重点优质人才企业，推动"政策＋人才＋技术＋载体＋资本＋服务"六位一体模式，提升人才扶持精准度和实效性，为发展新质生产力注入强大的人才动能。

产研结合打造科技园区发展的创新模式
——张家港市推动科技创新的案例与经验

【引言】 习近平总书记在江苏考察时强调，江苏拥有产业基础坚实、科教资源丰富、营商环境优良、市场规模巨大等优势，有能力也有责任在推进中国式现代化中走在前、做示范。要完整准确全面贯彻新发展理念，继续在改革创新、推动高质量发展上争当表率，在服务全国构建新发展格局上争做示范，在率先实现社会主义现代化上走在前列，奋力推进中国式现代化江苏新实践，谱写"强富美高"新江苏现代化建设新篇章。

习近平总书记在苏州考察时又特别指出：高科技园区在科技自立自强中承担着重大而光荣的历史使命，要加强科技创新和产业创新对接，加强以企业为主导的产学研深度融合，提高科技成果转化和产业化水平，不断以新技术培育新产业、引领产业升级。要继续扩大国际合作，努力打造开放创新的世界一流高科技园区。

【摘要】 张家港市政府积极探索、实践产研结合发展科技园区的创新模式，政府通过院地合作，与科研单位合作共建，结合地方资源优势，结合本地产业特色，将科研和产业发展有效结合，打造专业特色科技产业园区发展的创新模式。

【关键词】 院地共建；产研结合；育成服务

扫码看VR

一、基本概况

中科纳米张家港化合物半导体研究所是由张家港市人民政府、张家港经开区与中科院苏州纳米所三方合作共建的新型研发机构，在建设研究所的同时，张家港政府还配套建设了张家港纳米产业作为产研结合发展的预留成长空间和产业孵化基地。

研究所位于张家港经济开发区内，一期总投资1.86亿元，建设有3 000平方米半导体洁净实验室，于2020年投入运营；研究所位于纳米产业园内，纳米产业园总占地55亩，总建筑面积7.1万平方米，建设费用4.8亿元人民币。纳米产业园建设有"化合物半导体先进外延技术平台""半导体材料外延公共服务平台""化合物半导体产业孵化器"，依托中科纳米张家港化合物半导体研究所，张家港纳米产业园已成为张家港市化合物半导体企业的重要孵化器。作为张家港市第一个专业的半导体企业的孵载体，张家港纳米产业园配套有公共动力站、氮气站、氢气站、甲类化学品库、废水处理站、气体纯化间等专业配套设施，产业园侧重于半导体材料与器件及其配套产业的科技企业引进及孵化。

研究所以张家港市化合物半导体产业发展需求为导向，旨在打造国际一流的化合物半导体材料外延平台，引进高端人才和团队，孵化化合物半导体高新技术企业，培育半导体产业集群，促进张家港市打造成国内一流的化合物半导体产业基地。

二、做法成效

张家港市政府通过积极探索新型研发机构发展的创新模式，在研产结合、精准定位、高效运行的思想指导下，充分调动资源、发挥人才积极性，研究所实行"两块牌子，一套班子"的运行和管理机制，下设1个事业平台和1家运营公司。其中，事业平台中科纳米张家港化合物半导体研究所负责建设和运行过程中，国资投入的设备等固定资产的管理；运营公司为苏州镓港半导体有限公司，负责研究所的日常运行。运营公司由技术团队控股，张家港国资和中科院苏州纳米所全资子公司两家国资占股。

研究所根据张家港市半导体产业部署和实际需求，下设半导体材料与芯片技术平台和半导体测试分析平台。重点围绕5G通信、电力电子、激光通信、光传感器等半导体前沿技术，致力于砷化镓GaAs、磷化铟InP等为代表的化合物半导体领域的关键技术突破、外延技术服务、人才项目引进和产业化。研究所一期拥有研发设备9500万元，包括4台德国AIXTRON公司的金属有机化学气相沉积设备，以及配套的半导体材料检测设备22台套。研究所目前到位团队40人，其中中科院苏州纳米所全职外派5人，研发团队包含中国科学院引进杰出技术人才专家1人。

研究所运营三年来，在张家港已展现出在化合物半导体领域的带动作用。

在技术研发方面：2023年研究所在砷化镓（GaAs）/磷化铟（InP）基"垂直腔激光器""光子晶体面发射激光器""航天器失配高效

太阳能电池"研发方面均取得重要进展。运营三年来研究所已申请核心知识产权发明专利30项。

在产业服务方面：2023年，研究所聚焦以GaAs、InP等为代表的化合物半导体领域的化合物半导体重点企业，对接产业应用需求广泛的头部企业，包括华为海思、度亘芯核、长瑞光电、承芯半导体、芯胜半导体、科谱激光等，深度挖掘该类企业与研究所相关科研应用的合作潜力。研究所半导体外延平台完成和上述重点企业合作协议的签订，协议经费超6 000万元。研究所半导体测试平台已先后为国内超过50家半导体企业提供了专业的半导体材料测试服务，年样品制备量达1 370件，总服务超4 000小时，有力的赋能了企业发展。

在产业育成和集聚方面：依托研究所重点打造的"张家港纳米产业园"，侧重于化合物半导体材料与器件的科技企业引进及孵化，研究所不断探索和创新技术转移模式与特色，以市场化、专业化、高端化为发展方向，持续提升服务水平和能力，加强与各创新主体、产业集群、特色产业基地等的协同，引进高水平项目和团队，在战略性新兴产业培育和高新技术产业发展中发挥支撑作用，推动传统产业转型升级，提升区域的持续创新能力，产业园由张家港化合物半导体研究所团队管理、运营，该产业园侧重于半导体材料与器件及其配套产业的科技企业引进及孵化，依托成熟、专业的配套条件可为入驻企业节省大量立项、安评、环评等审批流程和环节时间，大大加速了企业项目的扩展速度，三年来研究所先后为张家港市孵化/引进了武汉华引芯、熹联光芯、晶歌半导体、辰华半导体、芯汇晶成、微源光子等7家半导体企业入驻，项目总投资超8亿元，2023年孵化企业中获评姑苏创业领军人才重点类项目1项，新增高新技术企业3家，实现主业收入总和1.07亿元，产业聚集效应初步显现。研究所通过一期化合物半导体平台建设，在 GaAs、InP 基材料与芯片方面在国内已形成了一定的优势和特色。

未来规划发展方面：研究所已开工的二期芯片线项目总投资 2.275 亿，其中设备购置 1.35 亿元，超净室建造 1 500 万，新建超净面积 3 000 平方米，规划百级间面积 400 平方米、千级间面积 1 100 平方米。购置 2/4 英寸磷化铟、4/6 英寸砷化镓芯片加工及封装线，可进行化合物半导体芯片的光刻、刻蚀、薄膜生长、CMP 工艺及后道的封装和测试，结合一期已建成的芯片外延生长能力，拟将打造区域一流水准的集化合物半导体芯片外延、晶圆流片及封装测试于一体的全产业链光电子芯片流片公共服务平台。

三、经验启示

张家港政府通过在中科纳米张家港化合物半导体研究所及张家港纳米产业园项目的创新探索和积极运作，回顾取得成果的核心要素，主要离不开以下要素：

（一）专业科研机构和人才团队

研究所的主要核心人才团队是中科院苏州纳米所全职外派在张家港研究所工作的，在领域内具备十多年的相关研发经验，掌握专业化合物半导体项目完整的研发、运营管理经验，不仅可以为入驻企业提供技术咨询、委托开发等技术服务，也能够承担产业园的运维管理，为产业园的入驻企业提供专业的配套支持。

（二）清晰的产业定位

研究所和园区定位清晰，依托张家港在化合物半导体领域的产业优势，专注于化合物半导体领域内的人才引进、产业项目孵化、研发和企业招引，为入驻企业提供对口、完善的配套服务和平台资源，打造特色优势，形成相关产业聚焦效应。

（三）合适的发展模式和制度建设

研究所作为三方共建的新型研发机构，采用事业平台持有国有资产，成立运营公司来运行事业平台的创新模式，这样既保证国有资产的安全性，又能够通过公司化的运营管理和股权激励，积极提高人员积极性和能动性新型研发机构在推动产业升级方面发挥着至关重要的作用。通过聚焦科技创新需求，这种新的模式不仅加速了科技成果的转化，还促进了产业结构的优化和经济的高质量发展。以下是一系列措施，展示了这种新兴研发机构如何推动产业升级。

1. 政策支持与激励

财政资金支持：各级政府通过直接资助、后补助和创新券等方式给予新兴研发机构财政资金支持，激励其研发创新活动。

税收优惠：为新兴研发机构提供税收优惠政策，包括减免房产税、城镇土地使用税等。

人才激励：开辟人才引进"绿色通道"，提供人才补助，支持新型研发机构自主开展职称评审，实施市场化薪酬激励制度。

2. 体制机制创新

自主权赋予：新兴研发机构在人员聘用、经费使用、运营管理等方面具有更大的自主权。

灵活的用人机制：采用市场化用人机制和薪酬制度，建立与创新能力和创新绩效相匹配的收入分配机制。

科研攻关集成化：集成科研、孵化、资本等要素和功能于一体，对关键核心技术和重大科技问题进行集成攻关。

3. 产学研结合

产业技术创新战略联盟：鼓励新兴研发机构与高校、科研机构建立合作，构建产业技术创新战略联盟，推动产学研深度融合。

科技成果转化：通过股权出售、股权奖励、股票期权等方式，激励科技人员开展科技成果转化。

4. 基础设施与资金保障

基础设施建设：优先保障新兴研发机构建设发展用地需求，提供仪器设备保障。

金融资本引入：建立多元化投资机制，引入社会资本，推动新兴研发机构科技成果产业化。

5. 国际合作与交流

国际科技合作：建设国家国际科技合作基地和国家引才引智示范基地，吸纳、集聚、培养国际一流的高层次创新人才。

6. 信息公开与服务

信息披露制度：鼓励新兴研发机构实行信息披露制度，公开重大事项、年度报告等，提高透明度和公信力。

服务市场主体：为市场主体提供产品研发、设计检测、设施共享、咨询等服务，支持企业技术创新。

7. 评价与管理体系建设

统计评价管理体系：建立新型研发机构统计指标体系，开展数据统计工作，建立跟踪评价机制。

通过上述措施，新兴研发机构能够有效地推动产业升级，加速科技创新，促进经济结构的优化和高质量发展。政府和社会各界的共同努力，将进一步提升新兴研发机构的创新能力和服务水平，为构建现代化产业体系和实现创新驱动发展战略目标提供有力支撑。

（四）科研和产业化发展紧密结合

研究所主要专注于化合物半导体产业化方向的研发项目和方向，积极推进相关成果转化，孵化的项目多来自企业的研发项目团队，技术成果有产业化基础，有利于促进产业发展，科技创新和研发向产业的推动和转化，该模式可以持续向配套的产业园输送产业化项目。

（五）注重产业聚集的放大效应

因为自身研发方向定位清晰，研究所通过自身专业特长吸引专注从事的上游外延技术研发项目带动相关企业进驻，而这些项目和企业又可以招引中下游产业链上相关的设备、材料、器件企业入驻，逐渐打造出产业园区的良性发展模式。

以上经验总结，为我们提供了一个清晰的视角，来理解和把握新兴研发机构在推动产业升级和科技创新方面的重要性和作用。从专业科研机构和人才团队的建设，到清晰的定位和合适的发展模式，再到科研与产业化的紧密结合以及产业聚集效应的形成，这些都是推动产业升级和高质量发展的关键因素。

首先，专业科研机构和人才团队是创新的基石。通过拥有一支经验丰富的核心团队，研究所能够为企业提供专业的技术支持和服务，同时也能够承担产业园的运维管理，为入驻企业提供强有力的配套支持。这种专业能力的积累和传承，对于科技成果的转化和产业的发展至关重要。

其次，清晰的定位和发展方向是吸引人才和项目的关键。专注于化合物半导体领域的研发和企业孵化，不仅有助于形成特色优势，还能够通过产业聚焦效应，吸引更多的相关企业和项目入驻，从而推动整个产业链的发展。

再次，合适的发展模式和制度建设是保障研发机构高效运转的基础。通过事业平台和运营公司的创新模式，既保证了国有资产的安全性，又通过公司化运作和股权激励，提高了人员的积极性和创新能力。这种模式的实施，有助于科技成果的快速转化和产业结构的优化。

此外，科研和产业化的紧密结合是推动产业发展的重要途径。通过将科研成果快速转化为实际的产品和服务，可以有效促进产业的升级和经济的高质量发展。这种模式的实施，有助于形成持续的创新动力和产业活力。

最后，产业聚集效应的形成是推动产业升级的重要手段。通过吸引和集聚相关的企业和项目，可以形成良性的产业生态系统，促进产业的协同发展和创新。这种聚集效应的形成，有助于提升整个产业的竞争力和影响力。

综上所述，新兴研发机构在推动产业升级和科技创新方面发挥着至关重要的作用。通过上述措施的有效实施，研发机构可以提升创新能力和服务水平，为构建现代化产业体系和实现创新驱动发展战略目标提供有力支撑。

案例点评

> 张家港市通过院地合作，将科研和产业发展有效结合，打造专业特色科技产业园区发展的创新模式。例如，两块牌子一套班子的运行机制，分设一家事业单位和一家运营公司的机构模式，并且拟将规划的二期产业园打造成为区域一流水准的集化合物半导体芯片外延、晶圆流片及封装测试于一体的全产业链光电子芯片流片公共服务平台。这与张家港市清晰的产业定位和完善的评价与管理体系密不可分，也是其他地区发展主导产业可以重点借鉴的他山之石。

系统集成　融合创新
——易程（苏州）科技创新的实践与启示

【引言】 随着中国式现代化的稳步推进与新质生产力的持续壮大，如何推进交通领域的创新驱动发展成为日益紧迫的重大课题。2021年国务院印发《"十四五"现代综合交通运输体系发展规划》提出了"到2025年，国际性综合交通枢纽集群协同开放水平持续增强"的目标；随后，科学技术部、交通运输部于2022年联合印发《交通领域科技创新中长期发展纲要（2021—2035）》，指出要加快新一代信息技术与交通运输领域全面融合，提升智慧交通发展水平。因此，以科技创新赋能大交通建设将是未来行业发展的重要突破口。

【摘要】 易程（苏州）电子科技股份有限公司坚持遵循国家重大战略导向，首先以"国家引领＋市场主导＋项目主体"三位一体，开拓企业发展空间；其次以"技术自主攻关＋系统集成服务"双轮驱动，促进主业固本培元；最后以"产品融合＋运营链延伸"内外兼修，探索创新裂变可能。

【关键词】 国家与市场；系统集成；融合创新

扫码看VR

一、基本概况

易程（苏州）电子科技股份有限公司［以下简称易程（苏州）］，由易程股份整合清华大学所属企业优势资源和苏州科技城管委会共同投资建设，2011 年落户于苏州市高新区科技城。作为国家高新技术企业与江苏省专精特新中小企业，易程（苏州）具备信息系统建设和服务优秀级 CS4（国内最高级）、住建部电子与智能化一级等多项重要资质，拥有知识产权 200 余项，并创建了国内首家高铁物联网技术应用中心；依托铁路客运服务系统集成产业化基地的主业定位，产品主要围绕大交通和新能源领域。

在大交通方面，易程（苏州）是国内首家全域轨道交通物联网技术应用和智能装备制造商，提供全套客服信息系统解决方案；自 2008 年京津线开始第一条客专线产品的成功投入应用至今，市场范围覆盖全国的八纵八横铁路网，其中自动售检票系统在铁路客运领域位居全国前列。特别是自主研发的综合交通枢纽运营管理系统，为珠三角规划的 2 600 千米城际铁路提供全球领先的客运服务与枢纽客运调度服务。采用数字孪生、大数据分析、客流预测等技术建立基础算法支撑平台，提供智慧运力调配、全方位可视化运营管理等实际方案，促进枢纽经济区的数字化转型。

在新能源方面，易程（苏州）自 2019 年着力拓展新能源领域，通过"人机网物"跨界融合，形成边缘与云端结合的全层次开放架构，实现智能感知、智能运维等多重智能化目标，特别是在风电领域创立了风电一体化智慧运维、风机安全一体化预警两大产品系统。

二、做法成效

（一）"国家引领＋市场主导＋项目主体"三位一体，开拓企业发展空间

易程（苏州）坚定秉持"国家引领＋市场主导＋项目主体"的宏观发展战略，主动创造发展机会、持续拓宽发展空间。国家引领，表现为公司紧跟国家重大战略课题，并积极寻求与各地铁路局的合作；市场主导，表现为公司以市场切实需求出发进行技术突破，解决铁路业务运营难题；项目主体，表现为公司以具体项目为落实抓手，推动国家重大课题项目与市场导向型技术创新发挥实效。

1. "国家引领"是易程（苏州）拓展战略纵深的强大底气

易程（苏州）坚定贯彻《交通领域科技创新中长期发展规划纲要（2021—2035）》等国家战略规划，积极承接国家部委重大课题。自成立以来，通过总部/集团承担课题任务、企业主导完成课题、部门自主开发项目等多种方式，公司为中国铁路客运线路从"四纵四横"到"八纵八横"运行路线网作出积极贡献。例如，易程（苏州）是国内参与原铁道部设计和建设中国铁路客票系统的首家单位，也是国内参与研发铁道部售检票组织关键技术的首批单位；而且在国内最早承接铁路电子客票应用设计、电子客票检票设备上线应用等部委项目，客运售票系统目前已覆盖1个铁道部客票中心、18个路局地区客票中心。

易程（苏州）在京津冀一体化、长三角一体化、粤港澳大湾区建设

等国家区域重大战略的指引下，积极开拓当地的铁路业务，赋能区域交通一体化发展。例如，在京津冀地区，积极承建面向全铁路的票务系统与旅服系统，应用已覆盖京石、京津城际等国家重点客运专线；在长三角地区，建设上海虹桥、南京南等站点的综合枢纽信息系统，目前已完成（在建）枢纽达30多个；在粤港澳大湾区，主动承接广深港专线的港铁项目，包括票务系统、旅客服务、灾备三大系统，独立负责全部系统的设计、制造、维护等工作。

2."市场主导"是易程（苏州）巩固竞争优势的立足支点

易程（苏州）立足于中国铁路市场的独特需求塑造自身技术优势。中国铁路市场的特点可主要归为"三个'超'"：超大的客流量、超多的列车班次、超复杂的交通大枢纽建设任务，这就导致中国铁路市场不仅有巨大的客运需求有待满足，还对各项交通管理体系运行的高效性、精准性、安全性提出了较高的要求。基于此，易程（苏州）扎根于总部/集团的技术传统，参与开发"三系统"的交通管理体系，在解决中国铁路市场的现实需求中塑造技术优势、巩固竞争优势。

首先，开发大规模的中国铁路票务系统。有效支撑每年约40亿旅客的出行需求；通过构建"身份终端＋智能规划"模式，实现旅客的全程电子支付，实现票务管理的高效化与精准化；享有完全自主知识产权，在与美铁竞争中成功把握90%OTA国际标准（全球旅行业运营商接口技术公开标准）的制定权，实现票务管理的自主安全性。

其次，开发面向全铁路的智能登乘系统。旅客持有身份证、磁票等证明即可检票进站的同时，进出站验票的设备通道实现了人、证、票信息同步与对旅客通行的精准感知，实现检票管理的全程数字化、无纸化,提高了检票效率、维护了检票秩序。

最后,开发感知全铁路的旅客综合服务系统。中国铁路市场的"三超"特点必然衍生出客流疏散不及时、部门管理无法有效协同、应急处置能力不足等需求痛点。而旅客综合服务系统的建立,不仅基于数字孪生、客流预测等先进技术实现车次、站点、路局的多层次动态管控,还采用图像识别、视频分析等算法为处理突发异常事件提供快速的决策支撑。

3."项目主体"是易程(苏州)落实发展愿景的具体抓手

易程(苏州)以提高项目运行效率为导向全面改造企业财务管理体系,重点围绕项目建立、研发、实行、验收全环节进行预算管理、风险测算与成本管控。同时将企业内控关注的重点内容与具体项目分别对应,做到各个项目成本盈利等重要数据可视化、数字化,使企业决策者及时跟踪项目进展,并做出决策反馈。以项目为主体推进"业财融合",使企业各部门在项目全生命周期能各司其职,避免传统的部门式管理造成的创新链条衔接不畅、信息孤岛等问题的发生。

(二)"技术自主攻关+系统集成服务"双轮驱动,促进主业固本培元

易程(苏州)严谨遵循着"技术自主攻关+系统集成服务"的微观运营模式,积极挖掘企业发展动能、夯实铁路业务发展根基。

1. "产学研转一体化"是易程（苏州）为技术自主攻关聚能的坚实基础

易程（苏州）始终坚持核心技术自主创新发展理念，持续确保研发资金稳定投入，目前研发投入累计超1.5亿元，占营业收入近8%，筑牢技术创新的资金基础。同时，公司先后与清华大学、山东大学、浙江大学、苏州大学等高校合作项目技术研发，建立专项技术研发中心与江苏省博士后工作站，有力对接人才与教研资源，筑牢技术自主攻关的知识基础。在形成前沿知识体系与基础技术体系之后，积极承担中国铁总多项课题项目，以技术合同等多种形式促进技术成果转化为具体的商业化解决方案，近5年签订技术合同超百项，筑牢技术自主攻关的应用基础。由此，公司得以提高核心技术研发效率、增强技术商业转化动能，在轨道交通核心技术的自主创新上取得显著成绩。特别是在AFC系统（城市轨道交通自动检售票系统）方面得以打破西方技术壁垒，实现电子客票自动检票机、售取票一体机、窗口售票机三大设备的国产替代。

此外，易程（苏州）全自主开发安全升降系统，于2021年12月国内首次落地，实现在较大跨度范围内站台安全保护，适宜多种车型停靠的站台，最大程度规避和降低登程旅客的安全风险，加强对站台旅客的动态引导。

2. 系统集成服务是易程（苏州）迸发技术强优势、塑造管理大格局的重要支撑

易程（苏州）以核心技术为支点整合铁路业务各部分服务产品，建设高铁旅服、票务客运、设备信息的系统集成服务，促进技术优势充分

显现、管理效能充分释放。具体表现为：公司从自助检售票设备等智能产品、旅客服务平台等软件产品、巡检机器人等物联网产品出发，通过建立集成管理平台，提供咨询、设计、研发、生产、采购、实施、培训、维护等完善的集成化一站式服务，从而在综合运用技术优势的同时，促成由传统"火车头拉动"的单一牵引式管理模式到"各车厢自主赋能"的联动式管理大格局的转变。

自2008年京津城际至2022年中老铁路到2024年成兰铁路，易程（苏州）的系统集成服务已覆盖中国铁总下属18个路局，包括京沪、京广、武广等在内的90余个国家重点客运专线；以及北京南站、上海虹桥枢纽、武汉站、西安站、乌鲁木齐站等在内的30余个重点交通枢纽。特别是交付使用的设备遍及全国超过60条线路的1200余个车站，自动售检票系统产品在铁路客运上平均每年服务人流量约40亿人次。

（三）"产品融合＋运营链延伸"内外兼修，探索创新裂变可能

易程（苏州）主动探索"产品融合＋运营链延伸"的企业成长路径，确保作为一个高新技术企业能始终站在时代前沿，与时俱进地推动技术创新与应用场景的挖掘。

1. 产品融合是易程（苏州）节约路内各项子产品创新成本的主动选择

产品融合，是指易程（苏州）以图像分析、定位检测等优势底层技术为基础，对各类服务产品进行联合创新。这种方案通常利用交通运输业内部各子产业的相互联系，构建多种服务产品创新的关联网，达到降低创新成本、发挥技术优势等目的。例如，易程（苏州）基于图像分

析、数据挖掘等方面的技术基础，系统推出铁路运营管理、列车运行监测、能源效率管理、旅客信息服务等多样化产品，充分发掘路内产品的创新效能。

2. 运营链延伸是易程（苏州）探索创新效益增长点的必要方案

（1）运营链延伸，指易程（苏州）基于先进的技术算法，通过交通枢纽的智能化建设来贯彻"大交通"的运营链综合管理思想。利用数字孪生、大数据分析、客流预测、图像分析四大技术，开发以运力协同、智能决策等算法为核心的基础支撑平台，并在全方位可视化管理、标准化应急指挥等多个场景开发配套应用，从而形成综合交通枢纽运营管理平台。该平台随之就成为公司联结产业链各部门的纽带。一方面各业务主体与枢纽平台通过接口方式实现信息汇聚与共享；另一方面，枢纽平台采集相关运营信息，对各业务主体与旅客提供专门信息服务。从而促进政府主管部门、枢纽职能部门、道路交通部门等多主体的协同行动与内外融合，实现创新效益的跨主体释放。

（2）运营链延伸，指易程（苏州）广泛探索数字化技术在新能源、农业等其他产业的应用可能。这种方案通常利用交通运输领域的底层数字技术，挖掘其他产业的数字化转型需求，实现创新效益的跨产业释放。例如，易程（苏州）将数字孪生、边缘计算等路内底层技术引入风电新能源产业，与国家电投等客户企业合作建立标准化的风电集控中心，通过提高风电管理的数字化水平实现降本增效。

三、经验启示

（一）协调好国家引领与市场导向的关系，是企业战略地位稳固的基础

高新技术企业如何避免陷入政府补贴连年上升但企业市场竞争力停滞不前的"政府扶持陷阱"，是各地政府、企业都要思考的重大问题。易程（苏州）的经验告诉我们，以"项目主体"为抓手，或许是一种脱离陷阱的可行方案。一方面，易程（苏州）以具体项目的形式在承接国家专项补贴的同时着力解决中国铁路市场的需求痛点，推动国家补贴扶持效率的上升与企业技术竞争优势的持续发育；另一方面，易程（苏州）以落实具体项目为导向改造企业财务管理体系，夯实企业技术创新的内生能力。

（二）以提高技术研发能力为基础统筹产业链多主体合作，是以低交易成本实现互利共赢的关键

科技创新是一个聚合产业链各环节主体能量的协同工程。易程（苏州）以提高技术研发能力来增强自身的产业影响力与标准制定权，以此为基础打造系统集成服务，促进产业链上下游各服务主体的信息共享与行动协调，从而降低科技创新的内部交易成本与技术商业转化的不确定性，有力地促进企业集群的形成与产业实力的壮大；反过来在产业链各主体的合作中，易程（苏州）与其他主体的技术、知识与人员交流日益紧密，为本企业提高自主研发能力提供环境。

（三）如何使技术创新发挥报酬递增的多维效能，是关系到高新技术企业能否保持长久生命力的重大问题

在高新技术企业的长期竞争中，技术格局基本确定，市场需求趋于饱和。高新技术企业虽然仍能在主业的技术创新中取得边际突破来实现降本增效，但随着技术复杂度的上升与现有创新范式的路径依赖，取得新的技术创新的边际成本会逐渐上升，研发难度也持续加大。此时若仍只停留在主业的单一赛道，企业难免会面临发展空间受限、业务增长乏力等瓶颈。

高新技术企业的科技创新具有很强的正外部性。企业自身的创新成果不仅为自身带来利润的增长，在知识扩散、产品推广的过程中也会带动其他企业乃至产业进行增量创新与协同进步，即产生技术创新的报酬递增效能。这一天然的有利条件为高新技术企业的可持续发展提供了破局之道。

案例点评

易程（苏州）的经验告诉我们，高新技术企业要思考技术的可迁移性、拓展技术的应用场景，从把握技术的功能本质出发，广泛挖掘本领域与其他领域应用的多重可能性。一方面增强一个领域内部多种产品的技术融合互促，另一方面是在跨行业中找到技术的互通性，尝试拓展企业运营链来激发增量创新的思维火花，从而实现创新报酬的跃升与高新技术企业的长期发展。

以开放共享赋能新型研发机构可持续发展
——中科苏州药物研究院创新模式与启示

【引言】 以习近平同志为核心的党中央高度重视科技创新工作，把促进科技成果转化摆在十分重要的位置进行谋划部署。习近平总书记强调，"加快科研成果从样品到产品再到商品的转化，把科技成果充分应用到现代化事业中去"。在党中央坚强领导下，各地方、各部门对完善科技成果转化体制机制、保护和激励科技人员积极性与创造性作出了一系列政策，科技界、经济界转化科技成果的积极性显著提升。

【摘要】 中科苏州药物研究院（以下简称苏研院）经过八年的时间，搭建了包括专业研发载体、科技项目孵化、转化研究、投资基金等完善的产业生态，培育孵化了近90个药物研发及服务型企业，为国内众多传统药企及创新性企业提供了高水平技术服务。同时，苏研院自建研发团队逾百人，通过技术服务实现自我造血，并以转化研究为重点，立项布局超过20个药物管线。2023，苏研院与上海药物所首个合作创新药项目成功转让国内知名头部药企，合同总金额1.5亿元，苏研院权益超过2 200万元。苏研院坚持开放、合作、共享的合作理念，以"1—100"的转化研究及技术服务实现了自我造血及创新发展，成为苏州新型研发机构可持续发展的典范。

【关键词】 技术平台；成果转化；新型研发机构

扫码看VR

通过引进大院大所，建立高水平专业技术服务平台及成果转化体系，推动院所科研成果"1—100"的产业化落地，以转化研究及专业化平台为支撑，实现原始创新与产业化落地有效衔接，有助于打造生物医药产业创新成果、创新企业和创新人才等各要素集聚的高地。

一、基本概况

作为苏州工业园区生物医药产业引进的重点平台型项目，中科苏州药物研究院（以下简称苏研院）于2015年8月注册成立，是事业法人性质的新型研发机构。成立之初，苏研院定位为中国科学院上海药物研究所专业技术平台的补充和延伸，并鼓励上海本所研究人员到苏州创新创业。

而今，苏研院围绕药物研发的产业链部署创新链，搭建了包括专业研发载体、科技项目孵化、转化研究、投资基金等完善的产业生态。技术平台覆盖了药物发现、临床前研究、临床研究、原料药生产、制剂中试及上市生产等完整的生命周期，孵化企业超过90家，全载体每年对外提供技术服务可达6亿元。此外，研究院自建研发团队，通过提供技术服务实现短期收入累计已接近2亿元，同时布局了超过20个药物研发管线，并逐步推进创新成果向大企业转让。

经过八年的发展，苏研院通过自有布局，不仅完成了研发载体建设，还通过技术服务、成果转让、项目投资等形式，实现了资产的增值及创新成果的持续产出，达到了自负盈亏的可持续发展目标。作为苏州市新型研发机构的典范，苏研院连续多年在苏州工业园区共建机构考核中获得优秀，并先后获得姑苏顶尖人才团队、姑苏重大团队、苏州市产学研合作示范载体、苏州市医教研产融合发展示范单位，承担省级项目1项，参与部级项目1项。

二、做法成效

（一）建设自有研发载体，提供专业实验室管理

为解决建设资金缺口，在苏州工业园区和上海药物所批准下，苏研院 2016 年与协鑫合资成立"苏州创药生物技术产业有限公司"，以合资公司形式购买 70 亩研发用地，并通过贷款开发建设了 11.5 万平方米研发载体，总投入超过 10 亿元。

2019 年 3 月，一期载体 3.4 万平方建成运营；二期 6 万平方米于 2023 年 4 月投入使用；三期 2 万平方米计划于 2024 年年底竣工。载体内建有专业的化学实验室、生物实验室、高标准动物设施及共享办公空间，利用苏研院专业的技术团队为载体内的安全生产管理、专业实验室运维提供了高质量服务，可以支撑孵化项目快速入驻并开展研发工作，目前已建成的载体空间使用率达到 80％。

（二）建设公共技术平台，提供高水平技术服务

苏研院在载体内通过自建、共建、引进的创新模式，布局了 AI 药物筛选平台、药物化学平台、药效研究平台、代谢研究平台、制剂研究平台、安全性评价平台等全面的临床前研究体系，并通过与苏州市主要医疗机构的临床研究合作，实现了高效服务创新药物研发的一站式服务。

各技术平台拥有国内一流的技术团队及服务体系，并在建设初期填补了苏州或园区的领域空白。苏研院内拥有园区第一个获得GLP资质的临床前安全性评价平台，苏州市第一个获得乙级辐射安全许可证的放射性代谢研究平台。目前各平台已经服务逾500家企业，各平台年服务收入超过6亿元。

（三）建设专业化众创空间，提供高效孵化环境

依托苏研院建设的新药篮孵化器，在2020年获得科技部认可的国家级生物医药专业化众创空间，这是国内第二家该方向的专业化众创空间。通过苏研院研发技术平台支撑、众创空间在实验空间共享、仪器设备共享、技术咨询、金融对接、人才服务、行政支持等方面的集约化运营，有效缩短项目启动时间3—6个月。目前已经累计孵化引进逾90家企业，涉及化药、小核酸药物、ADC药物、多肽药物、临床服务等多个细分领域。

孵化企业中7家获评高新技术企业、3家获评瞪羚培育企业；孵化企业获得融资金额超过6亿元；引进孵化的项目公司在苏州已形成700余人团队，36个项目入选园区本级或上级人才项目。目前首家孵化企业苏州旺山旺水已经完成股改，研发总部大楼开始建设，1个产品已经实现国内外上市。

（四）建设临床资源对接体系，提供医工对接途径

苏研院联合苏州工业园区生物产业发展有限公司（BIOBAY）在2021年发起设立苏州市临床研究服务平台，在苏州市卫健委、苏州市科技局支持下，通过临床试验病区规划设计、GCP资格的备案辅导、

临床研究医生培训、临床试验产业人才（CRA/CRC）培养、企业临床项目对接、医工早期研发合作对接，已经服务了超过50家企业，形成了覆盖苏州并逐步扩展到了江苏、上海等地主要三甲医院的创新药临床服务网络。

近期苏研院还联合姑苏实验室、研究院所、细胞基因治疗相关的典型创新企业及医疗机构共同推进细胞及基因治疗创新疗法中心，以临床需求为出发点，推动苏州在新一波生物医药创新赛道及研究型医院建设领域抢占先导地位。

（五）发起设立投资基金，投资早期创业项目

由苏研院发起的协耀私募基金设立于2018年，是苏州市唯一一家由科研机构主导GP管理的投资基金。2019年，基金一期1亿元2019年完成备案，聚焦中科院相关的早期技术成果，已投资项目13个，其中7个为中科院关联项目，投资项目已产出国内外上市药品4个。所有项目均通过基金投资、平台服务等方式引进落户苏州。

二期基金预计规模2亿元，目前在募资与投资工作同时推进。基金重点关注药物研发、新型诊疗技术等领域，与苏研院的技术平台和人才培养体系协作，共同推进被投项目的研发进度。

三、经验启示

（一）对接社会资本，开放共享

成立合资公司，负责基础设施建设。为推进基础设施建设，苏州研

究院与协鑫集团合资成立了苏州创药生物技术产业发展有限公司,以合资公司投资基础设施,并利用协鑫集团现有的工程建设团队、法务、商务、资本化运作等经验,助力研究院快速发展。

成立投资基金,打通资本化路径。苏研院与协鑫、其他社会资本共同发起的生物医药投资基金,主要聚焦中科院相关、苏研院内部及衍生的合作项目,在解决项目研发早期资金投入问题的同时,为技术团队输入资本化运作理念,推动项目研发进程,加速进入资本市场,同时还能够保证项目团队及研究院的收益最大化。

除此之外,苏研院还与浦发银行、建设银行等金融服务机构达成战略合作,利用各银行在苏州地区特有的科技金融政策,共同为项目的研发及产业化提供支持,共享企业发展收益。

(二)企业化运作,激发活力

成立平台公司,企业化运作激发活力。苏研院现在已有的技术支撑体系及研发项目,均以项目公司形式存在,企业化用人、市场化运营,充分激发技术人员的动力。苏研院载体落成后,各平台开始陆续投入运营。从2019年起,苏研院的平台公司总体服务收入就达到了1.5亿元,服务对象包括恒瑞、康缘等国内大型药企,也有亚盛药业、盛世泰科等创新研发型企业。

成立专业众创空间,集约化服务创业项目。对于早期项目公司,以研发投入为主,苏研院成立的新药篮专业众创空间,为早期项目提供专业实验场地,高效的人事、财务等行政后勤服务,还可以辅导项目进行科技项目申报,组织专业交流培训等,整合现有资源提供从药化、代谢、制剂等专业服务,降低项目运营成本,集中精力搞研发。

（三）补全短板，延伸产业链布局

苏研院的定位之一是延伸和扩大上海药物所得服务能力，补全产业链条的空白。目前，苏研院除代谢、制剂、早期药效及安评等平台是扩大了上海药物所现有的服务能力，在临床医院、临床CRO、原料药生产、制剂生产等关键环节上的布局则是对上海药物所现有体系的补充。这些环节的合作模式有自建、参股、战略合作等多种形式。

（四）注重转化，实现机构良性发展

苏研院聚焦肿瘤药物、精神神经类等疾病领域，重点自建药物设计、药物化学、药效评价等团队，研发团队规模已经超过100人。通过技术服务和合作开发等形式，实现了短期及中长期资金持续流入，自苏州工业园区1.5亿元共建资金完全拨付完成后，仍然可以支撑团队发展及项目研发投入，实现真正的良性可持续发展。

一方面，苏研院通过短期技术服务实现机构拥有持续现金流入。截至目前苏研院技术服务收入累计已近2亿元，其中2023年度服务收入约4000万元，服务对象包括济川药业、吴中医药等传统企业，也包括先声、再鼎、亚宝、派格、丹诺、福贝等创新企业。

另一方面，苏研院通过中长期的项目合作开发进行早期技术孵。苏研院与上海药物所、华东师范大学、上海科技大学、中国药科大学、瑞金医院、北京肿瘤医院等国内高校院所合作开展项目十余个，高校从事0—1的原始创新，苏研院承担1—100的转化研究，推动原始创新成果向产业化再迈进一步。目前，首个合作研发项目已经实现转让大型药企，合同额约1.5亿元，苏研院权益超过2 200万元。

案例点评

中科苏州药物研究院以共建共享、开放合作的理念，不仅建设自有的研发载体平台，还建设公共技术平台和专业化众创空间，辅以临床资源对接体系，提供医工对接途径，实现了医药研发的良性循环，研究院对接社会资本成立的投资基金，对持续产生具有影响力的药物品种注入源源不断的资金支持，为苏州生物医药产业及长三角生物医药创新集群建设贡献力量。

强化科技创新引领　构建产业孵化生态
——哈工大苏州研究院的科创"心路"

【引言】 习近平总书记指出,"科技创新能够催生新产业、新模式、新动能,是发展新质生产力的核心要素","要以科技创新引领产业创新,积极培育和发展新质生产力"。高校是科技(第一生产力)、人才(第一资源)、创新(第一主体)的关键结合点,是发展新质生产力的重要支撑。校地合作的重大科技创新平台是构成国家和地区的重要战略科技力量,是促进科技创新和产业发展的重要载体,能加快科技成果向现实生产力转化,推动创新链、产业链、资金链、人才链深度融合,为高质量发展注入创新驱动力量和强大动力。

【摘要】 哈尔滨工业大学(以下简称哈工大)苏州研究院自落地建设以来,研究院认真贯彻苏州市委、市政府,吴中区委、区政府关于科技创新的系列重大决策部署,积极投身服务国家战略需求和区域经济发展,紧密围绕地方产业需要和学校学科建设需求,着力构建创新资源有机整合、创新人才快速聚集、创新成果高效转化的生态体系。校地合作成果不断涌现,首批十余个科研团队、百余名高层次人才入驻;合作不断走深走实,航空航天产业园开园,一批产业化项目逐步落地,建设水资源国家工程中心苏州分中心,申报建设省智能机器人技术创新中心;合作领域不断拓展,合作方式不断创新,正发展成为共生共长的命运共同体。

【关键词】 校地合作;产业科技创新;产学研协同

扫码看VR

吴中区深入学习贯彻习近平总书记关于创新驱动发展和新质生产力的重要论述精神，坚持创新在现代化建设全局中的核心地位，以优势产业为基础，以科技创新为动力，以产业集群为依托，以融合发展为方向，以科技招商为手段，落地建设哈工大苏州研究院，开展具有吴中特色的高能级创新载体建设生动实践。

一、基本概况

哈工大苏州研究院于2022年11月19日签约落地，采取苏州市人民政府、吴中区人民政府和哈尔滨工业大学三方共建的模式，旨在打造"科技创新、成果转化、产业孵化、人才培养、国际交流"五位一体的新型研发机构。研究院面向国家重大战略发展需求和国民经济主战场，主攻"卡脖子"和国产替代技术，以产业需求为导向、科技研发为支撑、机制创新为驱动，深入推动科技成果转化，为地方区域产业经济转型升级和产业创新发展提供技术支持。研究院重点建设"一基地、两平台、七大研究中心"，即产教融合人才培养基地，产业创新孵化平台、国际交流合作平台，机器人及装备制造研究中心、航空航天先进技术转化中心、新材料研究中心、信息与通信研究中心、新能源和节能环保研究中心、金融科技研究中心、重大技术创新中心。

哈工大苏州研究院实行理事会领导下的院长负责制，理事会作为决策机构和监督机构，成员由苏州市、吴中区、哈工大共同指派。研究院围绕"产、学、研"形成平台型组织架构，设置科技创新、投资运营、人才培养、行政事业、财务合规部门。为实现技术和市场高效对接，在竞争中提高决策效率和灵活性，研究院按照"一体两翼"模式建设事业平台、企业控股平台和资本投融平台。

二、做法成效

（一）创新平台建设取得明显成效

研究院紧密围绕"十四五"国家科技创新规划，专题研究落实国家创新驱动发展战略纲要、国家中长期科技发展规划、五年科技创新规划及新一代人工智能等专项规划，持续加强原创性、引领性科技攻关。发挥哈工大机器人技术与系统国家级实验室、国家机器人技术创新中心等科研平台优势，研究院组建院士领衔的专业团队，开展人形机器人重大专项攻关，面向工业生产、军事国防、航天及星表探测、养老服务、医疗康复等产业应用方向突破一批关键技术，助推苏州机器人产业发展，为吴中打造"全国机器人产业集群第一区"目标贡献力量。紧密围绕苏州太湖治理关键课题，在苏州建设水资源国家工程苏州分中心，从根本上解决太湖流域水泥污染物综合治理难题。谋划智能材料国家级实验室在苏州落地，解决"人工智能技术与新型智能复合材料深度融合"重大科学和工程技术难题。高标准建设航空航天、机器人及装备制造、新材料、信息与通信、新能源与节能环保、金融科技、重大技术等7大创新研究中心，首批13支入驻团队全部由国家级高层次人才牵头。申报建设江苏省智能机器人技术创新中心。

（二）共性技术供给体系支撑有力

研究院积极与苏州材料国家实验室、江苏省产业技术研究院、国防科工局长三角技术转化中心等一批先进机构开展深度互动交流，与科技领军企业全方位深度合作，整合各方创新资源、打造创新联合体，开展联合技术攻关。哈工大苏州研究院在苏州主办第一届中国智能材料与结构系统大会，杜善义、徐南平等9位院士、全国1 200余名学者参加会议。与追觅科技等13家单位共同申报并获批"2023年第一批苏州市智能服务机器人创新联合体"；联合苏州大学、科沃斯机器人等单位组建人形机器人联盟；15家行业头部企业向研究院报送共建联合创新中心合作协议。与143家行业企业建立合作，对接苏州市"揭榜挂帅"50余项课题。

（三）科技成果转化成效显著提升

研究院紧密围绕苏州市制造业"1030"产业体系和吴中区"机器人＋人工智能""生物医药＋大健康"两大现代产业集群，落地力矩传感与控制模组、高刚性紧凑型精密减速器、无人系统融合感知技术、医用铥光纤激光器、肿瘤纳米光声光热诊疗一体化设备等20余个成熟度较高、产业化前景良好的科创项目。为加快促进产业集群效应，研究院与吴中区联合打造16.6万平方米"航空航天产业园"作为产业孵化基地。搭建共享服务平台，学习借鉴江苏省产业技术研究院先进模式，对落地项目实施"拨投联动"项目支持，畅通技术成果支持渠道和容错机制。与海通证券、苏州集萃华财中心等投资机构推进组建产业化投资基金，对接北京国新基金、中电科投资控股等一批大型国企、央企，为落地项目赋能。吴中区、吴中经开区和太湖新城、哈工大苏州校友会与研究院联合组建平台公司，共同支撑落地项目成果快速起步发展。

（四）创新人才引育能力明显增强

苏州研究院牢牢把握服务强国战略急需的"主题主线"，紧密围绕地方经济发展需要，充分依托长三角地区对高端人才的吸引力，以才引才、用存量带动增量，首批团队80余名高层次人才入驻，其中包括12名国家级高层次人才，9名国家级青年人才，49名教授、研究员和15名外籍专家。产教融合人才培养基地加快布局，研究院已启动2024年"苏州专项研究生"招生计划，与31家企业明确84个研究生联合培养课题，与20家企事业单位明确共建"实践育人基地"意向。未来五年，研究院将不断优化领军人才发现机制和项目团队遴选机制，计划新增20名以上的"四青"人才，培育1 200名以上的善于解决复杂工程问题的硕博研究生。

三、经验启示

（一）以党的领导为引领，找准校地融合正确方向

习近平总书记强调："中国共产党领导是中国特色科技创新事业不断前进的根本政治保证。"校地融合是一项系统工程，是推动人才培养、科技创新、产业创新、和社会进步的重要手段，是优化科技资源配置、促进科技成果转化、实现科技与经济融合的有效模式，涉及主体多、要素全、环节繁，强化党的领导是做好校地融合发展的根本保证。吴中区切实发挥党委在这项工作中把方向、管大局、保落实作用，强化顶层设计、总体布局、统筹协调、总体推进和督促落实。为加快推进哈工大苏

州研究院落地，吴中区委、区政府"一把手"亲自抓、带头干，组织动员全区上下统一思想、凝聚共识，区委主要领导带队赴哈尔滨工业大学，商讨合作事宜。区政府主要领导多次召开专题工作会议，全方位、精准化做好研究院载体支持、人才公寓、经费拨付、行政审批等方面服务保障工作。2022年6月，吴中区正式启动校地合作项目洽谈；8月，吴中区委主要领导带队赴哈尔滨工业大学考察；11月，苏州市、吴中区、哈工大三方正式签订合作协议；2023年2月，吴中区组建哈工大苏州研究院工作专班，派驻专人协助研究院开展前期工作，见证"吴中速度"。经过磨合，双方已形成多层次、高规格、常态化的校地合作机制，形成全方位的良好互动与交流合作氛围，充分证明和发挥了党的领导在重大项目中的引领作用和效用。

（二）以产业需求为导向，共谋校地合作互利共赢

习近平总书记强调，"要及时将科技创新成果应用到具体产业和产业链上，改造提升传统产业，培育壮大新兴产业，布局建设未来产业，完善现代化产业体系"。这些重要论述指明了科技创新和产业创新深度融合的重要意义和实践路径。加强科技创新和产业创新深度融合是发展新质生产力的本质要求，是生产力跃迁的必然选择。培育发展新质生产力，关键在创新，根基在产业。近年来，吴中区牢牢把握高质量发展这个首要任务，深入实施"产业强区 创新引领"发展战略，因地制宜加快发展新质生产力，牢固锚定主导产业、推进新兴产业壮大、加快培育未来产业，围绕产业链部署创新链、围绕创新链布局产业链，聚力打造哈工大苏州研究院。研究院将加速引导哈工大优势科技创新成果赋能地方产业创新、促进未来发展，重点建设的七大研究中心，包括机器人、

航空航天、新材料、新能源与环保等产业领域建设的研究中心，正是找到地方产业基础优势和哈工大科研优势的结合点，地方技术创新需求和高校学科人才建设的共赢点，把高校战略性科技力量转化为地方产业竞争优势，把产业创新作为科技创新价值实现的根本途径。

（三）以科技研发为支撑，打造产学研协同创新体

习近平总书记指出，"强化企业创新主体地位，构建上下游紧密合作的创新联合体，促进产学研融通创新，加快科技成果向现实生产力转化"。创新联合体是加快促进创新链产业链融合发展的有组织创新模式，而促进产学研融通创新，提高科技成果转化率和产业化水平，是培育和发展新质生产力的重要举措。哈工大苏州研究院作为吴中区聚力打造的多层次产学研融通创新平台载体，坚持技术创新和需求牵引"双轮驱动"，强化创新体系互联互通，探索共建高效强大的共性技术供给体系，重点建设的"一基地、两平台"，即产教融合人才培养基地、产业孵化创新平台和国家交流合作平台，正是加快构建教育链、产业链、创新链、人才链"四链融通"的创新实践。自成立以来，研究院始终突出多元共建和协同创新理念，联合行业头部企业、高校院所组建人形机器人产业联盟，获批苏州市智能服务机器人创新联合体，航空航天产业园开园，申报建设江苏省智能机器人技术创新中心，着力放大产学研协同效应，打破界限堵点，识别各自的利益契合点和共通点，加快构建产学研融通创新的良好生态。

（四）以机制创新为驱动，聚力深化科技体制改革

习近平总书记强调："创新决胜未来，改革关乎国运。"哈工大苏州

研究院积极探索符合创新规律的管理体制。哈工大苏州研究院为吴中区人民政府举办的独立事业单位，实行理事会领导下的院长负责制，无行政级别、无主管部门，实现了多元主体共同参与研究院管理。研究院构建"产研教"一体化人才培养机制，坚持在产业创新实践中识别培养创新创业人才，致力于培养创新能力强、实践技能精、协同意识高的卓越工程师。研究院着力推动科技与金融深度融合，一方面采用拨投联动模式实现"自我造血"功能，提供专项扶持资金解决创业早期估值和研发资金需求难以确定、项目融资市场失灵的问题，在项目市场化股权融资时，将研究院投入的专项扶持资金转化为相应投资权益，从而发挥专项扶持资金引导和风险承担作用；另一方面，研究院通过成立苏州太旺科技发展有限公司和苏州太旺资产管理有限公司等平台公司，代表研究院积极开展产业研发创新投资、引导基金组建等工作，以金融赋能知识产权、成果转化、人才团队。

案例点评

> 哈工大苏州研究院是高校与地方双向奔赴，高校优势学科与地方资源合作共赢的创新实践，理事会的管理体制为研究院的发展保驾护航，在创新平台、供给体系、成果转化和人才引育方面三方齐头并进。这启示我们在科研院所的市场化发展中，党的引领是方向，产业需求是目标，科技研发是支撑，机制创新是驱动。合力打造"科技创新、成果转化、产业孵化、人才培养、国际交流"五位一体的新型研发机构。

构建校地融合一体化产业技术创新体系
——浙大苏研院的创新实践与经验启示

【引言】 习近平总书记指出"要完整、准确、全面贯彻新发展理念，加快构建新发展格局，深入实施科教兴国战略、人才强国战略、创新驱动发展战略，着力提升科技自立自强能力，推动产业转型升级"，浙江大学苏州工业技术研究院作为江苏省较早建设的一批校地共建新型研发机构，打造了一体化产业技术创新体系，对区域科技成果转化作出了积极贡献，促进了苏州产业结构的优化升级，推动了地方经济的持续健康发展。

【摘要】 浙江大学苏州工业技术研究院作为浙江大学在浙江省外布局建设的第一家校设独立法人新型研发机构，研究院充分发挥学校"多样性共生型创新、多层次交互性协同、多中心分布式融合"的生态优势，紧扣"战略性人才＋战略性技术＋战略性市场"三个关键创新要素，在13年的探索性建设过程中，构建形成了"学校＋研究院＋创新型企业集群"一体化产业技术创新体系，培养了一批具备丰富实战经验的专业化师资与产业化队伍，磨炼了一批新型研发机构创新管理人才，建设了一批紧密围绕区域产业需求与学科建设的公共研发平台，开发了多项国际先进的标志性产业技术，促成了一批院企协同创新科技成果转化，孵化了一群以高精尖科技企业和上市公司为核心目标的创业群，已基本实现自我造血，形成相对完整的新型研发机构建设体系，入选火炬中心《新型研发机构发展报告》全国新型研发机构典型案例（江苏唯二、苏州唯一）。

【关键词】 新型研发机构；科技成果转化；产业协同创新

扫码看VR

为全面贯彻习近平总书记对浙江大学提出的"以服务求发展，用贡献求辉煌"重要指示精神与"立足浙江、面向全国、走向世界"总要求，作为浙江大学在浙江省外布局建设的第一家校设独立法人新型研发机构、江苏省较早建设的一批校地共建新型研发机构，浙江大学苏州工业技术研究院扎根江苏13年，已构建形成"学校＋研究院＋创新型企业集群"一体化产业技术创新体系，已基本实现自我造血与可持续运转，形成相对完整的新型研发机构建设体系，为区域经济社会发展和产业升级作出了积极的贡献。

一、基本概况

2010年12月，为全面贯彻习近平总书记提出的"以服务求发展，用贡献求辉煌"重要指示精神与"立足浙江、面向全国、走向世界"总要求，我校与苏州高新区签署《关于共建浙江大学苏州工业技术研究院框架协议》。2011年4月，研究院成立，是学校走出省外的第一家独立法人事业性质新型研发机构。

13年来，研究院充分发挥学校"多样性共生型创新、多层次交互性协同、多中心分布式融合"的生态优势，紧扣"战略性人才＋战略性技术＋战略性市场"三个关键创新要素，已构建形成"学校＋研究院＋创新型企业集群"一体化产业技术创新体系，聚焦大健康、信息技术和智能制造等领域，建成11个研究中心和若干联合研发中心，集聚了700多人的双创队伍；累计院企技术合作经费2亿元，在中国空间站"天和"核心舱产品供应、新冠疫苗检验检测、首艘国产航母下水技术等国家战略技术方面发挥了实质性作用，在高端装备、生物医药、电子信息等领域支撑当地企业转型升级；累计孵化技术创新型企业72家，其中国家高新技术企业20家，目前排队上市企业2家，直接产值50余亿元，累计在苏州高新区纳税超5亿元。

在13年的发展建设中，研究院持续践行打造"十位一体"智慧双创生态体系，基本形成了符合自身持续发展的新型研发机构建设体系。研究院陆续获批为国家级科技企业孵化器、国家技术转移示范机构、国家博士后科研工作站、国家中小企业公共服务示范平台、中国孵化器50强等，在历年省市新型研发机构绩效考评中均名列前茅，入选火炬中心《新型研发机构发展报告》全国新型研发机构典型案例（江苏唯二、苏州唯一），获评中国生产力促进（服务贡献）二等奖等。

二、做法成效

（一）发挥母体雄厚创新优势，构建产业创新协同平台

研究院13年来，扎根江苏、服务苏州，坚持创新驱动发展，推动产学研用深度融合，打造高效能科创孵化平台，不断探索和深化创新机制。

一是研究院充分发挥母体雄厚创新资源优势，积极引进和培养高层次人才，与母体及国内外知名高校、科研机构紧密合作，组建具备强大研发能力和产业化能力的双创团队，为研究院创新发展提供坚实人才保障，累计集聚了700多人双创队伍，其中国家、省、市、区各级领军人才69人次，含教育部长江特聘教授2位、中国国家杰出青年2位、国家级领军人才7位、省级领军人才8位、姑苏领军人才16位、区级领军

人才35位。

二是研究院聚焦区域重点产业领域，搭建"概念验证—中试—产业化"全链式高能级成果转化平台，为团队提供先进实验设备和研究条件，有力推动科技成果产出与转化，累计获批国家电力电子器件中心分中心、江苏省高端医疗器械技术创新中心、苏州市数字和智能中试工程化服务平台、苏州市先进光学制造技术重点实验室、苏州高新区电子信息与数字智能概念验证中心等，聚焦"大健康"与"信息技术与智能制造"两大领域，建成了11个研究中心和若干联合研发中心，其中江苏省工程技术研究中心6个、苏州市工程技术研究中心16个。

三是研究院注重创新机制的建设和完善，积极构建校地协同创新体系，并逐步完善内部创新机制，激发科研团队创新活力，发挥学校"多样性共生型创新、多层次交互性协同、多中心分布式融合"的生态优势，紧扣"战略型人才＋战略性技术＋战略性市场"三个关键创新要素，构建形成了"学校＋研究院＋创新型企业集群"一体化产业技术创新体系，已基本实现自我造血与可持续运转，形成相对完整的新型研发机构建设体系。

（二）发挥院所创新策源作用，助推产业创新集群发展

作为浙江大学在浙江省外布局建设的第一家校设独立法人新型研发机构、江苏省较早建设的一批校地共建新型研发机构，研究院贯彻落实习近平总书记对学校提出的"以服务求发展，用贡献求辉煌"重要指示精神与"立足浙江、面向全国、走向世界"总要求，围绕"聚焦苏州市、服务江苏省、辐射长三角"使命。

一是研究院坚持以市场需求为导向，积极整合创新资源，精准对接

区域科技型企业和学校老师团队，为企业提供定制化技术解决方案，助力企业开展技术研发和产品升级，提升企业技术创新能力，促进区域产业提高核心竞争力，将高校科研成果转化为新质生产力，累计技术合作经费超2亿元，在中国空间站"天和"核心舱产品供应、新冠病毒检验检测、首艘国产航母下水技术等国家战略技术方面发挥了实质性作用，在高端装备、生物医药、电子信息等领域支撑当地企业转型升级。

二是研究院聚焦服务区域"链长"企业，搭建产学研用一体化平台，为地方产业全链补链提供坚实支撑。研究院紧密联动学校相关院系，参与建设了江苏省高功率半导体激光人才攻关联合体培育创建，参与苏州市高功率半导体激光创新联合体升级建设，苏州市数字光刻技术、化合物半导体测试及应用开发、锂电池储能系统技术、新能源电池电芯关键核心部件产品精密制造技术及装备等5家创新联合体培育工作，参与苏州市脂质体试剂合成工艺开发重点实验室建设。通过优化资源配置和强化协同创新，为地方产业的升级与发展注入新动力。

三是研究院积极建设国家级博士后科研工作站，联动校企培养高层次创新型人才，选派高水平学术专家教授＋丰富创业经验企业家为博士后指导老师，将人才培养和效益产出相结合，聚焦企业创新发展需求，为企业培养使用博士后人才提供平台，实现校地资源有机结合和优化共享，累计培养博士后9人，博士后累计产出知识产权30余件，发表论文20余篇，成果直接经济效益达5000余万元，获评苏州高新区优秀博士后科研工作站。

（三）持续打造先进服务体系，提升平台科创服务能级

在13年探索性建设过程中，研究院致力于高能级公共平台建设、

高质量创业孵化服务、高水平技术研发服务、全链条科技金融服务、高密度孵化生态建设，持续以先进的机制与模式践行打造"十位一体"智慧双创生态体系。

一是依托

依托政府、浙江大学、校友等雄厚优势，实现了学校、江苏省、苏州市、高新区、社会资本等多方投入，保障机构持续投入与发展。

二是管理

实行理事会下的院长负责制，制定实施全面专业现代化管理制度体系，组建 22 人全天候智慧型高水平高效率管理服务团队，在日常运营管理等关键要事上形成标准化工作流程，实现机构精细化管理。

三是研发

聚焦"大健康"与"信息技术与智能制造"两大产业领域，建成 11 个研究中心和若干联合研发中心，累计与企业签订技术开发合同总经费超 2 亿元。

四是创业

集聚高精尖科技企业和上市公司为核心目标的创业群，累计孵化科技型企业 72 家，直接产值 50 余亿元，在苏州高新区纳税超 5 亿元。

五是导师

组建了各类高端复合技术人才、企业家、财务专家、投资专家创业导师队伍，其中专职管理人员 22 名，聘用创业导师 30 余名，在库专家学者近万名。

六是培训

依托学校雄厚科研优势，发挥研究院丰富实践优势，开展面向产业高端技术人才、创新创业领军人才、苏州传统企业主及新生代接班人、政府及国企党政干部的双创培训，打造"创新文化＋创业管理＋考察交流＋实践分享（以老带新）"的双创培训，累计举办超 70 期，超 7 000 人次。

七是金融

已基本形成"自筹＋'种子＋天使＋风险＋产业'合作基金＋合作银行"金融服务体系，依托区域良好的科技金融相关政策，积极整合资源，累计为孵化企业争取各类投资超亿元，银行信用贷款近 5 亿元。

八是社群

2017 年在苏州设立了江苏省内首家由新型研发机构发起设立的当地企业领军人才创新型智慧社群——太湖群鹰汇，并于 2018 年进行首次模式推广，在南京成立了"金陵群鹰汇"，持续为江苏省中小企业的高质量发展深度助力。

九是园区

打造高浓度的创新创业要素集聚区，基本形成集技术研发、科技孵化、产业培育、科技咨询及科技培训为一体的创新创业服务大平台。

十是社区

发展成熟后，将团队、创业集群进行行业细分，然后统一规划与设计，形成广开放性、强功能性的生活和创业高质量社区。

三、经验启示

（一）资源融合与机制创新，驱动产业升级与发展

研究院通过构建产业创新协同平台，深度融合校地资源，创新机制

与模式，构建形成"学校＋研究院＋创新型企业集群"一体化产业技术创新体系，有效驱动了产业新升级。这启示在推动产业升级与发展的过程中，应注重资源的有效融合和机制的创新，通过整合政府、高校、企业等多方资源形成合力；同时，探索新的合作模式与机制，进一步推动科技创新与产业升级的深度融合，实现产业的高质量发展。

（二）服务体系完善与专业化，提升服务效能与质量

研究院致力于完善服务体系，提升平台科创服务能级，践行打造"十位一体"智慧双创生态体系，通过专业化的管理和运营，实现了服务效能与质量双提升。这启示在构建和完善服务体系时，应注重服务工作的专业化和精细化，通过建立完善的管理制度和服务流程，提升服务团队的专业素养和服务能力，提高服务工作规范化和高效化，进而提升服务效能和质量，满足中国式现代化发展模式企业的多元化需求。

（三）社群平台搭建与生态打造，强化创新创业生态

研究院积极构建以企业领军人才为核心的创新型智慧社群平台，为区域营造了浓厚的创新创业氛围，有效促进了创新创业活动的深入开展。这启示在推动创新创业发展的过程中，应重视社群平台的搭建和创新创业生态的精心打造，通过搭建社群组织，可以有效集结创新创业人才与资源，形成强大创新创业合力；同时，注重完善区域创新创业平台，提供全方位一站式服务支持，进一步构建优质的区域创新创业生态，有助于激发区域创新创业活力，促进区域创新创业活动蓬勃发展。

案例点评

作为浙江大学在浙江省外布局建设的第一家校设独立法人新型研发机构、江苏省较早建设的一批校地共建新型研发机构,浙江大学苏州工业技术研究院构建的"学校+研究院+创新型企业集群"一体化产业技术创新体系,是具有自身特色的多方共建研发机构,浙江大学作为科研实力雄厚的C9高校,仅双创人才队伍规模就达到700多人,做出了校地共建科研平台的引领典范。

培育生物医药领域的区域战略科技力量
——苏州系统医学研究所的创新引领之路

【引言】 习近平总书记指出,"要强化国家战略科技力量,有组织推进战略导向的体系化基础研究、前沿导向的探索性基础研究、市场导向的应用性基础研究,注重发挥国家实验室引领作用、国家科研机构建制化组织作用、高水平研究型大学主力军作用和科技领军企业'出题人''答题人''阅卷人'作用"。

【摘要】 苏州系统医学研究所是中国医学科学院北京协和医学院与江苏省、苏州市、苏州工业园区于2014年合作共建的国家级医学研究机构。自成立以来,深入融入苏州市经济社会发展大局,人才高地建设加速发力,国家级平台建设取得重大突破,创新领头羊地位初步显现,为区域生物医药产业发展提供关键支撑。

【关键词】 生物医药;高层次人才;战略科技力量

扫码看VR

苏州系统医学研究所融入苏州市生物医药产业发展，大力引进医学领域国际高水平人才，争创两个全国重点实验室，培育区域战略科技力量，提升区域产业科技创新能级，支撑地方产业转型发展，为苏州市培育新质生产力做出贡献。

一、基本概况

苏州系统医学研究所（以下简称系统所）是中国医学科学院北京协和医学院（以下简称医科院）与江苏省、苏州市、苏州工业园区于2014年合作共建的国家级科研机构。自成立以来，广纳海内外一流人才，现有1个省级院士工作站、1个海外院士联合实验室、20个独立课题组。20个课题组负责人中，国家级人才占比65%、海外引进占比75%。现为北京协和医学院研究生和博士后培养单位，拥有博士生导师17名、硕士生导师9名，设立生物化学与分子生物学、细胞生物学等6个招生专业。自2018年起招收博士研究生，现有学生120多人。建设有高通量测序和高性能计算、免疫功能检测分析、实验动物中心、RNA和蛋白质技术平台等5个平台，积极对外开展技术服务，累计为100多家企业提供技术服务，到账收入超8 000万元。近期，系统所在国家级基地平台建设上取得突破，获批参与"重大疾病共性机制研究""免疫与炎症"2个全国重点实验室，与国家生物药技术创新中心合作共建"细胞与基因治疗研发与转化平台"。此外，系统所还获批建设江苏省新型免疫治疗研发与转化工程研究中心、苏州市重点实验室、苏州市新型研发机构等平台项目。

二、做法成效

（一）人才高地建设加速发力

作为院地共建的国家级医学研究机构，系统所瞄准苏州市生物医药产业重点布局领域，与国家生物药技术创新中心合作共建技术平台，对标清华、北大、中科院等国内顶尖机构的人才引进标准，通过主动调研、专家咨询等方式，大力引进生物医药领域高层次人才。同时，立足院地双方政策叠加的优势，通过北京协和医学院的准聘长聘教职体系，为每位青年人才提供至少500万元科研启动经费、150万元安家费，保证高层次人才在苏州专心、安心开展科研。此外，利用好苏州地方的乐居工程、子女就学、人才落户政策，及时做好服务，让人才扎根苏州。近两年，通过加大人才引进力度，新引进12个海外高层次人才团队，现有中国工程院外籍院士1名、国家级领军人才3名、"四青人才"8名、准聘长聘教授15名，系统所已发展成为苏州市生物医药高层次人才集聚地。

（二）国家级平台建设取得重大突破

2021年，为了更好推动我国实验室体系的完善，科技部提出了重组国家重点实验室体系，加强国家实验室和全国重点实验室的建设。以全国重点实验室重组为契机，系统所抓住机遇、迎难而上，在苏州地方政府的大力支持下，联合海军军医大学、中国医学科学院基础医学研究所等单位，共同组建重大疾病共性机制研究、免疫与炎症2个全国重点实验室，经过激烈的竞争，于2023年获得科技部批复并落地建设，占苏州市获批全国重点实验室数量的一半，为培育区域战略科技力量、提升区域创新能级做出新的贡献。

（三）创新领头羊地位初步显现

系统所以免疫学为特色，以抗感染和抗肿瘤为重点，成立以来，在新发突发传染性疾病的迅速响应、肿瘤微环境与抗肿瘤免疫的调控机制、肿瘤免疫治疗技术体系建立等方面取得一系列代表性原创成果，共承担各类科技项目170多项，立项经费超2.8亿元，在国内外学术期刊上累计发表第一、通讯作者论文200多篇，其中部分发表于 *Nature Medicine*、*Immunity*、*Cell Research* 等细分领域顶级期刊上；以第一专利权人申请国内、国际发明专利39项，目前获得授权11项，各项创新指标位居江苏省医学研究机构前列。

（四）为区域产业发展提供关键支撑

系统所深入融入地方产业发展，围绕苏州市生物医药产业链关键环节，建立5个国际水平技术平台，累计为100多家当地企业提供技术服务，成为本地创新药研发企业的重要保障基地。同时，积极协助苏州地方政府引进赛诺菲中国研究院、博腾生物等产业链补链延链项目，项目总投资额超5亿元，努力为苏州市生物医药产业集群建设提供支撑。

三、经验启示

未来，系统所将继续以"国际一流、中国特色、苏州优势"为发展目标，坚持"顶天立地"的发展原则。"顶天"即瞄准世界和国家医学科技领域的重大科学问题，实现原始创新和技术突破；"立地"即面向人民生命健康，以临床重大需求和地方产业发展需求为己任，突破核心关键技术，推动产业升级。

（一）胸怀大局、高位竞争

将系统建设发展摆入国家医学科技创新体系建设和区域经济发展的"两个大局"中，以全球视野、国际标准，加快高端要素资源集聚，激发重大原创成果产出，支撑地方产业发展，努力打造引领医学科技创新体系建设的标杆、推动地方高质量发展的重要范例，代表国家参与全球竞争与合作的战略力量。

（二）人才驱动、群体带动

贯彻落实人才驱动发展战略，以高端人才的引进和培养作为重要抓手，以引领现代医学前沿和临床重大疾病攻关为导向，高标准引进复合型、交叉型、创新型人才，打造结构合理、梯队完善的人才队伍，形成人才群体带动效应，打造系统医学创新人才高地。

（三）突出特色、前沿引领

紧跟现代医学发展趋势，聚焦系统生物医学前沿学科，突出学科交叉特色，充分发挥基础研究对科技创新的源头供给和引领作用，努力探索基础研究、应用研发、临床转化为一体的研究模式。

（四）高位引领、提升能级

以重大疾病共性机制研究、免疫与炎症2个全国重点实验室建设为重点，积极承担国家重大科技任务，围绕医学和临床重大科学问题，变革创新范式，深化有组织科研，加强学术交流与合作，力争产出一批高水平原创成果。

（五）多维融合、自主发展

融入医科院"国家医学科技创新体系核心基地"、苏州市"中国药谷"、园区"世界一流高科技园区"等重要目标，抓住机遇，逐步实现自身可持续发展。

（六）机制创新、激发活力

发挥新型研发机构优势，以创新质量、贡献和能力为导向，灵活用人机制，完善评价激励模式，创新组织模式，促进资源良性循环，充分激发创新活力、释放创新热情。

📖 案例点评

> 苏州系统医学研究所是中国医学科学院北京协和医学院与江苏省、苏州市、苏州工业园区合作共建的国家级科研机构，现为北京协和医学院研究生和博士后培养单位，同时联合海军军医大学等单位建设了2个全国重点实验室，其较高的建设起点为研究院高质量发展提供了不可复制的资源优势。研究所自成立以来，重视人才培育、重视平台搭建、重视服务地方发展的运营思路，值得我们借鉴，其为培育苏州地区战略科技力量、提升区域创新能级做出了持续重大的贡献。

后 记

经过大家的不懈努力,《产业科技双融互促》终于付梓。全书紧扣习近平总书记江苏苏州重要讲话指示精神,在市科技局的支持、指导之下,锚定"科技自立自强上走在前""因地制宜发展新质生产力"等要求和省委工作部署,结合苏州科技创新的特色亮点,全书分为"企业篇""人才篇""制度篇",共收录 39 个优秀典型案例,涉及苏州在科技领域最具代表性的科创企业、最优秀的科创团队和最突出的科创举措,是对苏州构建科技创新生态、推动高水平科技自立自强的全景展示,是贯彻落实习近平总书记"在科技创新上有新突破""打造具有全球影响力的产业科技创新中心主承载区"的现实注解,是向社会各界全面呈现展示苏州科技创新中国故事的苏州篇章。本书可以作为了解苏州科技创新领域和对外宣传推广的交流材料,也可以作为干部教育履职能力提升的辅助教材和参考阅读读物。

本书由苏州市科技局和江苏苏州干部学院共同编撰。苏州市科技局局长徐积明、江苏苏州干部学院院长张健审阅框架和文稿,苏州市科技局副局长顾万勇、江苏苏州干部学院副院长金伟栋全程指导。本书编撰过程中,苏州市科技局政策法规处陆晓春、顾静、袁挺等多位专家提出了很多宝贵指导意见和建议,江苏苏州干部学院吉永峰负责具体编撰工作。本书得到了张家港、常熟、太仓、昆山、姑苏区、吴中区、吴江区、虎丘区、相城区、工业园区科技部以及南京大学出版社的大力支持，在此一并表示感谢。

本书难免存在疏漏和错误，敬请读者不吝指正。

编　者

2024 年 7 月

图书在版编目(CIP)数据

产业科技双融互促 / 吉永峰主编. -- 南京：南京大学出版社，2024.12. -- (中国式现代化苏州新实践 / 张健主编). -- ISBN 978-7-305-28599-8

Ⅰ.F269.275.33

中国国家版本馆CIP数据核字第2024LN3856号

出版发行	南京大学出版社		
社　　址	南京市汉口路22号	邮　编	210093

丛 书 名　中国式现代化苏州新实践
主　　编　张　健
书　　名　产业科技双融互促
　　　　　CHANYE KEJI SHUANGRONG HUCU
本册主编　吉永峰
责任编辑　陈　佳

照　　排　南京南琳图文制作有限公司
印　　刷　南京新洲印刷有限公司
开　　本　718 mm×1000 mm　1/16开　印张 20.75　字数 270千
版　　次　2024年12月第1版　2024年12月第1次印刷
ISBN 978-7-305-28599-8
定　　价　68.00元

网址：http://www.njupco.com
官方微博：http://weibo.com/njupco
官方微信号：njupress
销售咨询热线：(025) 83594756

＊版权所有，侵权必究
＊凡购买南大版图书，如有印装质量问题，请与所购
　图书销售部门联系调换